图书在版编目（CIP）数据

上海共生：都市·理想·生活/《时代建筑》杂志，上海万科企业有限公司编著. -- 上海：同济大学出版社，2023.9
ISBN 978-7-5765-0931-1

Ⅰ.①上… Ⅱ.①时…②上… Ⅲ.①城市建设－研究－上海 Ⅳ.① F299.275.1

中国国家版本馆 CIP 数据核字 (2023) 第 188800 号

上海共生　都市·理想·生活

《时代建筑》杂志　上海万科企业有限公司 编著

责任编辑 由爱华　金言　　**责任校对** 徐春莲
出版发行 同济大学出版社　www.tongjipress.com.cn
　　　　　（地址：上海市四平路1239号　邮编：200092　电话：021-65985622）
经　销 全国各地新华书店
印　刷 上海雅昌艺术印刷有限公司
开　本 787mm × 1092mm　1/12
印　张 26.67　　插页　4
字　数 672 000
版　次 2023年9月第1版
印　次 2023年9月第1次印刷
书　号 ISBN 978-7-5765-0931-1
定　价 258.00元

本书若有印装质量问题，请向本社发行部调换　版权所有　侵权必究

编写团队

主　　编： 支文军、徐　洁、戴　春

书籍顾问： 陆　娜、张海涛

编写成员： 郭小溪、韩　飞、刘　强、苏　杭、王　丰、熊　婷、杨文韬、王欣蕊、许　鑫、刘冰清、朱辰辰

致谢成员：（按姓名拼音排序）
　　　　　　常　青、付志强、葛剑雄、龚　彦、李翔宁、李振宇、刘宇扬、陆　铭、司徒文聪、童　明、王　辉、
　　　　　　隈研吾、吴志强、伍　江、奚文沁、许知远、薛理勇、袁　烽、詹　玲、张迪新、张佳晶、张　扬、
　　　　　　郑时龄、周　俭、庄　慎

书籍设计： SenseTeam 感观体、杨　勇

特邀摄影： 恒中摄影工作室/吕恒中、车　凯、薛钰滔

想 · 生活

SHANGHAI SYMBIOSIS

ALS · LIVES

读《上海共生 都市·理想·生活》

共生是哲学概念也是生态概念，是人与自然的共生，人与技术的共生，人与城市的共生，历史与未来的共生，理性与感性的共生，异质文化的共生，部分与整体的共生。上海共生，意味着城市的可持续发展，城市自然生态和社会生态的共生，是生态、经济、政治、文化的共生，是生活化、多元化、异质化的城市空间、城市生活、城市建筑和公共艺术的共生。

上海城市百多年来的发展虽然曾经经历了大起大落，拆掉了许多历史建筑，建造了大量新建筑，但是城市历史切片的连续性和城市不断更新的脉络依然存在，现在的发展既是织补，也是在城市上建设城市。上海的城市空间充分体现了传统与现代的共生、传统的延续和再生，创造了现代建筑的新传统，形成了独特的城市空间和生活方式。

《上海共生 都市·理想·生活》让真实的城市历史和城市生活跃然出现在我们面前，记得在申办中国 2010 年上海世博会时，我们的申办报告有许多辉煌壮丽的图片，

展示宏大叙事，但是人和人的生活却淡化了。经过这 10 多年的变化，卓越的全球城市和卓越的全球城市人渐渐成为城市发展的主题。城市是人类社会生活的凝聚所在，是我们的家园。城市不仅化育人类的生活形态和行为模式，也塑造了人类社会文明。联合国人居组织在 1996 年的《伊斯坦布尔宣言》中强调："我们的城市必须成为人类能够过上有尊严的、健康、安全、幸福和充满希望的美满生活的地方。"这就是我们的理想城市，能够让所有的城市人过上这种美满生活，能够让上海成为大众宜居城市的梦。

SHANGHAI SYMBIOSIS

CITY · IDEALS · LIVES

上海作为国际文化大都市需要观念的现代化，需要吸收并总结经验，更重要的是需要我们反思过去，思考未来。伦敦、巴黎、东京、纽约、巴塞罗那等城市之所以成为富于创造性的国际大都市，并不是因为大规模的开发，而是因为这些城市拥有文化氛围和新观念，以及推进新思想和新观念的环境。

万科自1991年进入上海以来，建设领域从居住社区拓展至办公建筑和商务区，再拓展至城市综合体、购物中心和旧城改造，深度参与历史文化保护和城市更新。根据我的观察，万科的特点是坚持理性，与城市共同成长，虽然艰难，但每一步都走得踏实，每一步都是进步，每一步都有创造。既创造新的城市空间，也创造新的生活方式。对于上海来说，重要的不再是追求建筑面积的多寡，或高层建筑的高度，而是空间环境和建筑的品质、物质和非物质的更新，既营造看得见的和谐，也营造看不见的和谐。

郑时龄

中国科学院院士

法国建筑科学院院士

同济大学建筑与城市规划学院教授、博士生导师

同济大学建筑与城市空间研究所所长

什么样的城市使生活更美好

建筑·民居·文化

2010年上海世博会的主题是"城市,让生活更美好"。这句口号的英文是 Better city, Better life,两者之间还是有意境上的差别。英文的原意是有了更美好的城市,才能有更美好的生活。或者说城市越美好,生活才能更美好。而中文却会给人错觉,只要是城市都能使生活更美好,或者是所有的城市都能给人以美好生活。当时我就发表过这样的意见,目的就是希望不要产生这样的误解,应该特别强调更美好的城市才是更美好生活的前提和保证。

美好城市的标准是什么?不同的文明、不同的时间和空间条件下会有不同的标准。中国古代的首都气势恢宏,规模巨大,中轴线完整,但西汉的长安城几乎没有民居的位置,连贵族高官也得住在城外的陵县。唐朝的长安城内只有两个封闭式的市场,全部民居集中在一百多个坊内,坊门定时启闭。明、清的北京城内,除了内城、外城的街道,几乎没有任何公共空间。这样的城市,是帝王的豪宅、神祇的殿堂、权力的标志、艺术的奢侈、财富的堆积,却从来不是民众的美好城市。

上海作为一座现代都市,始终具有公共性的发展理念和趋势。1949年后,特别是改革开放以来,"人民城市人民建,人民城市为人民"的理念得到确立,深入人心。使上海更美好的目的,完全是为了使这座城市的居民能过更美好的生活。

美好城市有很多标准,我认为,建筑和民居是两个基本的重要因素,而美好的建筑和民居都离不开美好的城市文化。

WHAT KIND OF CITY MAKES LIFE BETTER

ARCHITECTURE, DWELLING, AND CULTURE

现代城市的公共设施和公共空间是靠建筑承载的。标志性建筑不仅是城市的物质基础和地理标志，也是城市文明程度和文化特色的显示，和文化人物同样是城市文脉的传承。上海"万国建筑博览会"的特色既体现文明互鉴、美美与共的价值观念，也展示了上海人海纳百川、建设世界卓越城市的不懈追求。

民居是城市居民的基本需求，也是地域文化的主要方面。恩格斯将马克思的唯物史观总结为"人们首先必须吃、喝、住、穿，然后才能从事政治、科学、艺术、宗教等等"；城市居民"吃、喝、住、穿"的主要场所就是自己的居所。一百多年前，租界面临大量人口涌入、人口密集、土地狭窄的紧迫状况，当局从英国引进连排式民居的概念，起到了节约土地、容纳更多居民的作用。但为了适应江南文化和富裕、小康家庭的需求，将前面的公共草地改成了一个个私密空间——围墙中的小小"天井"，配上厚重的黑漆大门，还增加了后门，以区别前后门的不同功能，维护居所内部的等级。这种外来的建筑形态很快发展为本土化的民居主体——石库门，至今还是海派文化引为自豪、视为宝贵遗产的要素。以后形成的新式弄堂、西式公寓、工人新村、高层住宅、连排别墅，凡是能够持续存在和发展的民居形态，都是满足居民物质和精神需求的产物。

在世博会召开后的 13 年间，上海的建筑和民居有了新的改善和发展，为使生活更美好发挥了更大的作用，其中就有万科的参与和努力。《上海共生 都市·理想·生活》的问世，显示了万科的理念和贡献。

葛剑雄

葛剑雄
复旦大学文科特聘资深教授
教育部社会科学委员会历史学部委员
中央文史研究馆馆员，上海市文史研究馆馆员

上海的魅力

上海是一座极富魅力的城市。

上海的魅力首先表现在她的繁华魔幻、都市气派。高楼林立大都会，万家灯火不夜城；车水马龙人潮涌，摩登奢华引时尚。1949年后，纸醉金迷不再，灯红酒绿匿藏。但火红的工业建设如火如荼，使这座曾经的消费型大都市又增加了引领新中国工业化的宏大气势。改革开放，给上海带来了再一次爆炸式崛起的历史机遇。上海被推到了世界城市发展的前列，上海的新建筑一次又一次地改变着世界建筑史。

上海的魅力更表现在她的雄心勃勃、不断进取。浦东开发，陆家嘴崛起，上海已然从中国的中心城市跻身于世界的中心城市。《上海市城市总体规划（2017—2035年）》将城市发展目标定位在"卓越的全球城市"。勃勃雄心，跃然纸上。而上海为"卓越的全球城市"所作出的注解，是"创新之城，人文之城，生态之城"。对比上一轮规划的"四个中心"定位，上海未来发展的新定位，已经从单一的经济目标，转向更为本质、更为理性的综合目标。

上海的魅力还表现在她的包容开放、活力四射。自开埠以来，西风东渐，使这座本来就江海交汇、五方杂处的江南小城彻底打开了全球视野。植根江南文化，拥抱五湖四海，上海的包容造就了上海的开放，上海的开放带来了上海的活力。上海人从来就不仅指祖祖辈辈在此繁息的本地土著，上海每天都张开臂膀迎接着来自全国各地和世界各国的新上海人，而他们每天都为上海带来新的活力。

THE LOVELINESS OF SHANGHAI

上海的魅力也表现在她的生活精致、充满温情。这座快节奏的现代都市，人们喜爱市井味浓郁、烟火气十足的生活空间。在这里，人们不崇尚城市空间的超人尺度，对高品质生活的追求无处不在，"城市有温度，建筑可阅读，街道可漫步"成为这座城市的理想生活的标志。这种人性，这种人情，这种人文，正是这座城市真正的魅力所在。

正是上海的魅力吸引了万科来到这里，加入这座城市建设者的行列。30多年来，万科一直试图理解这座城市，融入这座城市，并为这座城市的形象塑造和文化沉淀贡献自己的力量。

这本书展现了上海魔都的魅力，也是万科对上海的解读。相信读者一定会喜欢并从中受益。

伍江
同济大学教授、博士生导师
上海市领军人才
法国建筑科学院院士

编者序

在华夏五千年的文明中，上海的历史算不上悠久，在中国约九百六十万平方公里的疆土上，她也仅仅偏安东海海滨一隅，但是这座逐水而居的城市，有着水一般的韧劲和包容：海绵城市、嵌入式养老、国际化和本土化相融合……这些创新理念不断地融入城市的建设之中。因水而生，因人而盛，因文而兴，因变而活，这四个主题贯穿了上海的发展历程，也因此，在不断求索中，这座城市一遍遍扩充着它的内涵，一次次突破着它的上限。

未来已来，人随其变。上海，正用行动探索着属于自己的创新求变之路。2021年8月18日午后，在上海市政府大楼，上海市人民政府与万科企业股份有限公司签订了战略合作框架协议，协议涵盖了包括城市更新、物业管理、住房保障、未来城市、韧性城市等领域的合作，也开启了政府和企业发挥各自优势、探索建立灵活多样的合作模式的道路。

与万科的联合是实践，是创新，亦是谱新篇的阔笔。正如20世纪90年代初万科提出的：明天，我们将住在哪里？这个开放性问题，也是身处其中的城市、社区、人、机构都值得探讨的"永恒"的话题。围绕这一话题，探析如何在上海营造理想人居、追溯上海城市百年来不断的追索就有了更加深刻的意义。

作为一本基于专业视角全方位观察上海城市发展与都市生活的大众城市读本，《上海共生 都市·理想·生活》旨在致敬上海的历史，对话当下的城市，将上海城市发展与万科在上海30余年的成长放置于共同的议题和框架内，探讨上海城市百年来的不断进取和对都市生活理想的追索，并以切片的形式，串起一段段上海城市的变迁历史。

EDITORIAL

可以说，如今在上海这片试验田上正在或者已经建立的种种，皆是上海对未来的野望，亦是上海对未来的邀约。她，在 2035 年，将会蜕变成令人向往的创新之城，人文之城，生态之城，但这或许永远不是她的终点，因为"变革"一词，从始至终流淌在上海的血脉经络中，赓续绵延。

时至今日，这座曾被誉为"东方的小巴黎"的城市已经不再是西方城市的映射。她思变求新，借古融今，走出了独属于自己的风采。由她所诞生的文明之耀眼，叫人无法忽视。上海，这颗立于东方的璀璨新星，是全球化时代的产物，更是中国走向世界舞台中央的拓路者。

目录 CONTENTS

序言 PREFACE — 006

006
读《上海共生 都市·理想·生活》
郑时龄
SHANGHAI SYMBIOSIS
CITY · IDEALS · LIVES

008
什么样的城市使生活更美好
建筑·民居·文化
葛剑雄
WHAT KIND OF CITY MAKES LIFE BETTER
ARCHITECTURE, DWELLING, AND CULTURE

010
上海的魅力
伍江
THE LOVELINESS OF SHANGHAI

编者序 EDITORIAL — 012

因水而生 江海孕育城市 021

A CITY OF WATER RIVERS AND SEAS CULTIVATE URBAN LIVES

028 都市涌动
浦江涨潮
上海升帆

030 我从水边来
"青龙"与"上海"
文明的熔炉
江河入海

034 世界走进上海滩
未曾逾越的红线
现代城市的雏形

038 浦江潮头向世界
上海的跨越
海洋的召唤

042 水岸新生
城市,让生活更美好

044 水岸塑造的全球城市
城市水岸的中国提案
黄浦江的"嘴"

050 人潮再现江河
走向开放的城市滨水空间
对话历史的建筑空间再生
建筑赋能向未来

060 建筑改变生活
纱厂转身拓宽就业之路
筒仓里的艺术殿堂

064 自然共生
生生不息的水脉

066 水生万物之生命循环
水波里的旧时光
新都市水生活

070 城市的生命力
从河网到路网
编织出一幅蓝绿图景
围绕湿地的栖居

076 建构城市的生态系统
天蓝水清的韧性城市
低碳城市里的低碳日常

平行阅读
081 奔跑吧,上海
徐洁

专家视角
083 外滩源保护与再生札记
常青

084 "横塘纵浦"与"江浦合流"
薛理勇

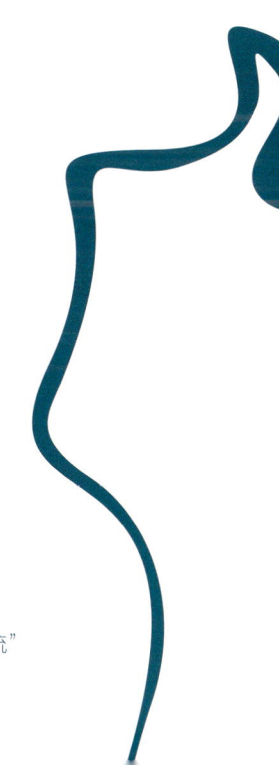

087 因人而感 居住改变生活

PEOPLE-ORIENTED PROSPERITY HOW DWELLINGS CHANGE LIFESTYLES

094 生活繁花
新市民的新生活

096 万家灯火：他者的现代性
上海弄堂：居住从此走向现代
高层公寓与花园洋房：现代生活的理想与憧憬

104 市井邻里：日常生活的世界
上海工人的大喜事：入住工人新村
平衡与平均：福利分房时代的社会理想

112 人居探索
回归生活世界

114 居更佳：我们的房子
拥有的时代
小空间大学问

120 宜居与关怀：融入社区的生活
住区形态优化：重塑我们的生活
社区公共空间营造：共建共享的生活

128 布局与变迁：把住房建在需要的地方
调房子大动迁：臻善住房条件
安亭新镇：产城融合的实践样本
有机更新：焕活中心城

138 寓见未来
明天我们将住在这里

140 未来社区：步行丈量生活
开放社区：打开生活的围墙
社区生活圈：生活就是圆心
嵌入式养老：一碗汤的距离

150 科技改变生活
科技住宅：绿色生态 智慧健康

平行阅读
155 现代性，上海公寓大楼的腔调
徐洁

专家视角
158 曹杨新村的故事
周俭
160 上海的居住基因和住宅发展
李振宇
162 回归住宅的多样性
张佳晶
163 新公共性：
关于社区营建的理论和实践话语
奚文沁 袁烽 刘宇扬 庄慎 童明 王辉

因文而兴 167
人文塑造上海
FLOURISHING CULTURES HUMANITIES SHAPE SHANGHAI

174 建筑中的文化沉淀

176 城市底色
东西交汇，建筑文化的基因
里弄更新，上海城市的人文

182 城市高地：从徐家汇、龙华到西岸
徐家汇源，人文汇聚之地
龙华，不灭的灯火
西岸，创新与传播

192 穿行百年都市
从荣宅到孙科别墅
打开哥伦比亚生活圈

200 新都市文化 孕育与勃发

202 思想的撼动：新文化运动
不只是书馆
思想的盒子：茑屋书店

208 文化改变生活：国际化融合本土化
戏如人生：银幕与生活叠印
游走街巷和殿堂：音乐与戏剧
市民的童话：游戏世界的多次元

218 生活 STYLE 魔都棱镜

220 爱上一座城市的温度：咖啡生活
浓缩的都市社交空间
掌心里的温暖，一杯咖啡
由咖啡连接而成的"社区"

226 精致与精明：小可以是美好的
量衣裳料子候准足
小菜场的美味与烟火
兜兜上海的"小马路"

平行阅读
233
烟火气、国际范，这才是上海
徐洁

专家视角
236
建筑的环境与公共空间
隈研吾
238
城市是一个不断生长的生命体
李翔宁
240
在历史的视角中期待新的城市浪潮
许知远
242
上海双年展，思想闪耀的星空
龚彦

因变而活 创新点亮上海

CHANGES TRIGGER VITALITY INNOVATION ILLUMINATES SHANGHAI

245

252 后浪时代
多元创新枢纽

254
海上明珠：中国遇见世界
世界之中国
两厘米连接未来

260
浪花涌动：超现实的折叠
漕河泾青年图鉴
流量、文化和创新力量的枢纽

266 都会共生
让我们相连

268
站城一体：活力的原点
站城人一体化
TOD 模式的未来在哪里？

274
城际互联：长三角一体化
地铁网络组成城市公共交通动脉
大虹桥的版图
多中心城市的发展动力
人才、资源、科技的聚集效应

284
万物互联：从云端到地面
超大城市精细化管理的新尝试
城市服务者的"出圈"之路

290 上海 2035
永未完成的都市

292
上海的邀约
变局下的全球合作
自贸区的先试先行

298
未来已来 将至已至
未来共同生活空间的畅想
2035 的约定

平行阅读
305
拥抱未来与世界，理想之城
徐洁

专家视角
308
智慧城市与精细化城市建设
吴志强

310
迈向一体化发展格局的城市群建设
陆铭

312
做年轻人的潮流专家
司徒文聪

都市共生 万科在上海
VANKE IN SHANGHAI

结语 315
EPILOGUE

参考文献 316
REFERENCE

A CITY OF RIVERS AND SEAS CULTIVATE URBAN LIVES

WATER

因水而生 江海孕育城市

图片来源：同济大学原作设计工作室 提供

图片来源：上海万科 提供

"上海"二字，展现出一种奔向广阔海洋的雄心和气势。以"上海"为名，这座黄浦江畔的城市从诞生之日起，便赋予自己勇敢乐观、开拓奋进的精神。正如学者熊月之在《寻找上海的历史文脉》中写道，中国沿海城镇的名称，多用宁、静、平、安、昌、康、靖等字，多是祈愿性的，希望大海不要危害人民，只有上海没有畏惧海洋的意思。

追溯东海之滨这一地理板块的成陆轨迹，一种自西向东推进的方向性很是明显——数条南北向的冈身，便是上海不断向海洋拓展空间的印痕。这期间，先民们留下了以渔业、盐业、造船业、航运业等为代表的海洋产业文化，这些文化绵延千年，冥冥中为上海走向深蓝、融入世界做足了铺垫。

当海洋的潮流涌入"一江一河"，开埠后的上海在东西方文明长达百年的碰撞与融合中，无论功能还是规模都获得了长足的拓展。随着城市在航运、金融、贸易和制造业等领域逐渐蜚声国际，一座以开放、包容、创新为特色的"远东第一大都市"的雏形得以展现。紧跟浦东开发开放的脚步，筹备多时的世博会在2010年来到黄浦江边，在"城市，让生活更美好"的主题下，上海凝聚全球智慧，通过对城市滨水公共空间的营造，为存量时代的城市建设树立了标杆。与此同时，这座因水而生的城市开始回归自然，探索出一条生态、低碳的现代化发展路线。

A CITY OF WATER RIVERS AND SEAS CULTIVATE URBAN LIVES

浦江涨潮，上海升帆

纵观上海城市发展史，基于水脉的两次东迁分别开启了两个重要的时代。首先是从吴淞江到黄浦江的第一次东迁，使得上海早在宋元时期就与世界进行了初步的交流。第二次东迁——从黄浦江到海洋——有着更为深远的意义。此举把黄浦江这一原来的城市边界变为城市繁荣发展的中轴线，使得上海能够通过浦东开发开放来主动融入世界，从而开启新一轮的现代化发展。

都市涌动

码头、船与城市建筑组成的上海图景
图片来源：恒中摄影工作室 车凯 摄影

我从水边来

上海因水而生,从吴淞江上游到黄浦江下游,迁徙中的城市经历了一段"逐水而居"的历史。基于自身经济、社会、文化与地理位置等独特条件,明清之际的上海一度发展成为一座富饶的商业市镇。随着 1843 年开埠,上海原先的历史轨迹被改变,却也收之桑榆般地加速了自身的现代化进程。在后续的岁月中,这座黄浦江边的新兴城市在多元文化的熏陶下,逐渐开始了一段颇具传奇色彩的国际化旅程。

繁忙的外滩岸线
图片来源:金经昌 摄影

"青龙"与"上海"

关于上海城市的起源，民间一度认为其是一座东海之滨的小渔村。然而随着考古研究的不断深入，新的发现刷新了世人的认知。研究发现，上海的历史可以追溯到一千多年前吴淞江上游的一系列贸易集镇。据宋代《元丰九域志》《绍熙云间志》等史籍记载，这些集镇当中规模最大、影响力最广的当数形成于唐代天宝年间，素有"小杭州"之称的青龙镇。

在中国古代神话传说中，青龙又称苍龙、孟章，为"天之四灵"之一的东方之神，象征着充满生机的春季。先民结合大陆东极的地理区位，以"青龙"之名赋予一座新兴的商贸集镇，是"天人合一"自然观在这片土地上的早期体现——他们想祈愿自己的家乡在神明的护佑下，呈现出春天一般生生不息的姿态。

虔诚的祈祷仿佛真的得到了回应，青龙镇以蒸蒸日上的姿态发展了几百年，终于在宋代达到了巅峰。据同时代的《隆平寺宝塔铭》记载，嘉祐年间的青龙镇，无论是来自苏浙和两广地区的国内商船，还是来自日本、高丽等地的国际商船，皆寻常可见。当局甚至为取与各国各地"通商互惠"之意，将青龙镇短暂改名为通惠镇。由此可见，历经唐宋两代，青龙镇在江南地区的水运商贸领域已然具有举足轻重的地位。

经历了上百年的泥沙淤积，曾经号称"故道深广，可敌千浦"的吴淞江也难逃日渐淤浅的命运，从而导致船体宽大、吃水较深的大船难以驶近青龙镇。于是，大打折扣的商贸功能让这座商贸集镇渐成明日黄花，并在元明之际彻底沦落为一个叫作"旧青浦"的小村镇。

然而，青龙镇的繁华并没有消失，它朝着海船的来向向东寻觅，最终融入了吴淞江下游的主要支流——上海浦西岸的上海镇。于是，充满自立自强、不畏自然意味的"上海"二字，自此承载了青龙镇的发展之梦。明永乐年间，"江浦合流"的重大水利工程疏浚并连通了包含上海浦在内的多条河流，形成了一条取代吴淞江的新生代干流——黄浦江。在这条黄金水道的疏导下，上海港的商船日益云集，加之号称"六国码头"的太仓刘家港因淤浅而萎缩，上海也重新拥有了一度失去的地区海运中心的地位。

从"青龙"到"上海"，从祈求神明护佑到谋划自力更生，上海千年变幻史的前400年依托于吴淞江，后600年依托于黄浦江。这段"逐水而居"的经历不仅为上海提供了"以港兴市、依市促港"的发展经验，也拉近了这座城市与海洋的距离。

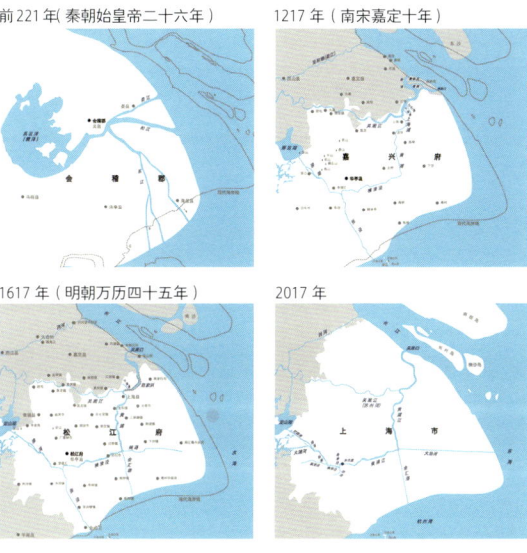

苏州河及黄浦江变迁图
图片来源：程思、翁晓红、徐春芳《江东新画慰春申》，《华建筑》，2017年，第3期，14页

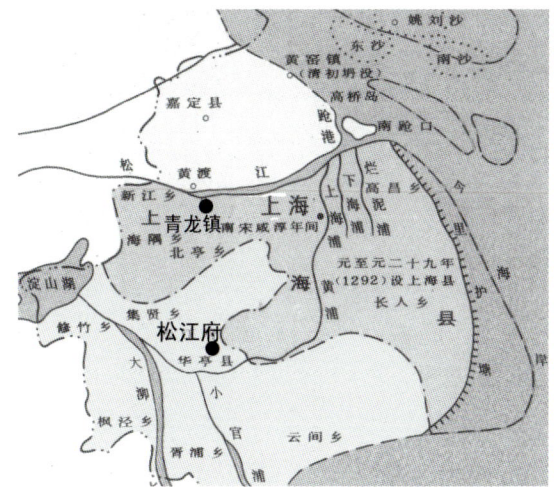

青龙镇遗址位置图
图片来源：卓刚峰《苏州河溯源》，《华建筑》，2019年，第4期，15页

文明的熔炉

1832年初夏的吴淞口西南,一艘西式商船正张满风帆,沿着海岸由南向北快速航行着。见此情景,附近的渔民很是诧异,他们对于往来于此的各类船只了如指掌,却从来没有见过眼前这种三桅帆船。这艘归属于英国东印度公司的"阿美士德"号商船从澳门起航,专为开拓贸易路线而来。如果从后续的历史进行回溯,这次侦查航行无疑拉开了不同文明在上海展开博弈的序幕。

此后经过了风云变幻的10年,上海在1842年签订的《南京条约》中被划入"通商五口"并于次年开埠。很快,又一艘来自吴淞口的三桅帆船抵达沪上,只是这一次,它的船名由乾隆年间的英国使节"阿美士德"变成了希腊神话里的魔女"美杜莎",所载乘客也换成了英国首任驻沪领事巴富尔。

1954年黄浦江码头,航运与贸易交融景象
图片来源:金经昌 摄影

为了寻求由英国拥有行政及法律自治权的居住区,登陆后的巴富尔通过《上海土地章程》的制订,在苏州河口划定了一片称作"租界"的区域,并不断通过各种理由对其进行扩张。与租界面积同步增长的,是上海在短期之内呈现爆发态势的人口数量。1843年以来,来自苏、浙、粤、皖、鲁等周边省份的移民和其他海外移民一起,将中国各地的本土文化一并投入到上海这座城市熔炉当中。而随着租界影响力的愈发扩大,越来越多的西方现代性元素开始出现在上海的城市当中。

1868年9月15日,一艘具有里程碑意义的船舶出现在了黄浦江上,那是长185尺、宽27.2尺的"恬吉号"的首航。不同于青龙镇时期的平底沙船,也不同于开埠伊始巴富尔乘坐的三桅帆船,这艘被曾国藩称赞"又快又稳"的近代兵船虽由中国人自主设计建造,却充分利用了西方的蒸汽技术,是一个不同文明之间的"混血儿"。

"恬吉号"的制造方,也是近代中国最大的军火工厂——江南机器制造总局,与当时大多数官办实业一样,都是洋务运动的产物。以"自强"和"求富"作为目标的洋务运动提倡"师夷长技以制夷",虽然最终失败了,却通过引进西方的生产原料、制造技术和管理经验,在一定程度上抵制了西方的经济和技术入侵,同时大大刺激了中国近代民族工业的起步。

受洋务运动的影响,大批先进的民办实业如石缝里的野草一般,在近代上海风云变幻的时局里顽强地成长了起来。即便没有政府作为强大后盾,它们依旧通过自身的不懈努力,在学习并赶超西方同行的过程中,取得了令人肃然起敬的成就。以当时的"大中华橡胶厂"为例,企业不断突破各类阻碍,最终研制出了能够比肩西方知名品牌"邓禄普"的"双钱"牌轮胎,并使之成为至今脍炙人口的"国货"之典范。

对于近现代上海而言,意义重大的开埠事件除了为本土工商业输入了现代性,所造成的影响也体现在城市的不同领域当中,正如学者熊月之谈道:"文化方面,上海并不像香港那样唯英是从,而是中西混合,中西并重,诚如美国学者墨菲所说,中西'文明会合,但是两者中间哪一种都不占优势'。社会生活方面,中西风俗并存,既过春节,也过圣诞节。经济方面,上海在中国所起的作用,与加尔各答在印度所起的作用也不一样。作为西方渗透的桥头堡,加尔各答和孟买改变了印度,但上海并没有改变中国,而是自行消化了西方元素,形成了一套独有的海派城市性格。"

江河入海

"五口通商"结束了晚清广州"一口通商"的历史,而上海凭借南北适中、通江达海、地势平坦等地理优势,连同当地已有的经济和港口发展基础,迅速超越了其余"四口",成为了海外贸易的新宠。据美国学者马士所著《中华帝国对外关系史》记载,从 1844 年到 1849 年短短 6 年时间里,每年造访上海港的外国商船数量从最初的 44 艘迅速提升至 133 艘,加之规模更为庞大的中国商船,使得当地的贸易总量很快雄踞国内港口之首。

繁盛的海洋贸易离不开航运网络的支撑,航线的多少更是直接影响港口在航运网络当中的地位。据《中国近代航运史》记载,开埠后仅仅数十年间,随着轮船招商局、怡和洋行、太古洋行等国内外轮船公司接连将总部设于上海,不断开辟的新航线迅速将上海融入了由中美、中澳、亚欧三大国际航线构成的国际航运网络。从此,上海与长崎、纽约、伦敦、悉尼等各大洲的知名港口城市紧密地联系在了一起。

美国学者罗兹·墨菲在《上海——现代中国的钥匙》中提到:上海虽然是多条国际航线的重要口岸,却不是其中任何之一的终点。即便如此,它却位于远东航运范围的焦点和西欧与北美的中点位置。于是,城市一直引以为傲的地理优势便一下从中国沿海的维度跃迁至世界的维度。这一变化对于上海的发展无疑具有重大的利好,正如英国植物学家罗伯特·福钧在开埠后到访沪上时所说,上海从此变成了"中国的大门"。

1947 年杨树浦发电厂
图片来源:金经昌 摄影

1931 年吴淞口水文标志
图片来源:金经昌 摄影

世界走进上海滩

在东西方文明激烈对话的近代时期,上海因开埠而成为了中国的"大门"。在上海两条最主要的河流——黄浦江和苏州河的交汇处,一片曾经的烂泥滩在中西方文明的协同作用下,以外滩之名,成为了上海的"大门"。透过这道"门中之门",上海百年近代史的缩影得以显现。

外滩影像
图片来源:恒中摄影工作室 薛钰滔 摄影

未曾逾越的红线

如今的外滩，南起延安东路，北至苏州河口，其南北两端是曾经的英租界最初的地界。包含临水的观景平台在内，这片总长 1 公里的水岸最宽处将近 100 米，呈现出开阔的城市空间环境。然而再往外，曾经的法、美租界却不曾拥有如外滩般的沿江线，在当代黄浦江沿岸贯通工程顺利实施之前，那里基本为各类工业设施所占据，显得颇为闭塞。

如此极端的空间形态对比并非自然形成，而是来自这片土地上最初的现代意义上的规划文件。1845 年，在与英方谈判订立《上海土地章程》之时，中国方面的再三坚持最终促成了有关外滩进深的如下规定："以黄浦江高潮水位线为基准，再往陆地延伸 2.5 海关丈，作为拖曳粮船的纤夫的纤道，以中国的'官地'的性质予以保留，任何外国商人不得在此建造。"

纤道形成后的 1866 年，工部局又在其基础上修建了宽阔的、种有成片草坪和树木的滨江大道，大道随即成为备受欢迎的户外活动场所。即便如此，在当时地价昂贵的租界当中，这片江边的开阔地带依旧引得一众开发商再三垂涎。面对各界的压力，时任工部局董事长的李德立在 1880 年前后将多次由纳税人团体提出的征地议案如数驳回。从那时起，即便外滩建筑群先后经过数轮拆建，它们的外墙也始终未曾逾越那条当年的红线。

关于李德立的坚持，有人认为他提前洞见了公共空间对于地价升值的重要性，也有人认为他只是出于一己私利，不想失去每天傍晚用来散步的滨江大道。谁是谁非早已无从定论，但那条一直存在的用地红线最终捍卫了外滩作为重要城市开放空间的存续，却是不争的事实。

上海市自来水管线路图
图片来源：上海市城市规划设计研究院《循迹启新——上海城市规划演进》（上海：同济大学出版社，2007 年），17 页

现代城市的雏形

170 多年前，第一批涉足外滩的西方人只想拥有一块权且容身的"滩头阵地"，以支撑后续朝向城市腹地的发展。但短短数十年的时间，外滩的快速发展出乎了所有人的意料。有关当时的情形可以参见法国人拉奥莱的《当代中国》一书："1845 年，外国人眼中'一切都还是中国式的'外滩，到了 1847 年夏天已然'魔术般地成为了一座英国式的城市'。外滩出现了全上海的第一盏煤气路灯、第一盏电灯、第一条有轨电车线路，还有近代意义上的第一家医院、第一份报纸、第一家俱乐部、第一家图书馆、博物馆，人们的生活方式已经相当接近第二次工业革命前夕的西方国家。"

除了不断完善的市政设施，外滩还凭借卓越的营商便利性吸引了大量欧美城市工商企业群体。从开埠初期主营鸦片贸易的怡和、沙逊、仁记、琼记、李百里、宝顺、华记、公易、旗昌等洋行，到 20 世纪 30 年代聚集于此的汇丰、渣打、花旗、德华、华俄道胜、东方汇理、横滨正金等金融巨子，它们皆因身处这片生机勃勃的新生水岸而获得长足发展，其中部分更因为成功跻身江岸的城市地标——"万国建筑博览群"而声名远扬。

所谓的"万国建筑博览群"，是矗立在外滩沿江一侧，在风格上呈现出以装饰艺术和新古典主义为主、充满异域风情的 52 栋建筑。实际上，这批"万国建筑博览群"看似拥有整齐的沿街面，却并非一次性规划建成。根据业内人士估算，这群庞然大物平均每 30 年便会面临一轮重建，继而变得更为高大和豪华。从城市形态的角度来看，"万国建筑博览群"的百年变迁史让外滩的现代化进程显得更为直观。

开埠后外滩道路系统的优化同样体现了城市建成环境的不断提升。根据《上海土地章程》的记载，外滩地区最初仅有 9 条由乡民自发修筑的、自西向东通往黄浦江的泥路，以及 1 条沿着黄浦江向南北延伸的纤道。这"九横一纵"的体系作为城市道路的基础，经历了后续的拓宽、改建，逐渐演变成为了今天的中山东一路、南京东路、九江路等知名道路，它们与苏州河与洋泾浜上的两座桥梁一道，构成了四通八达的城市路网，对于外滩乃至整个浦西的经济发展起到了极大的推动作用。

无论是近代最前沿的市政设施建设，还是迅速发展的城市工商业，抑或是不断升级的城市建成环境，它们都是外滩地区政治、经济、文化等多重因素共同作用的结果，体现出当时外滩乃至上海社会的复杂性与矛盾性。可以说，这片上海最具标志性的水岸，承载了不同文明和多种社会力量在此相互角力、相互融合，呈现了本土化发展的百年历史，成为具有国际背景的现代城市的雏形。

1960 年外滩过江轮渡口，漫游外滩的市民
图片来源：金经昌 摄影

江边的归国学者
图片来源：金经昌 摄影

浦江潮头向世界

在国际与国内多重因素的作用影响下，历史上上海与世界的对话如波浪线一般进行着。在工业革命的背景下，开埠后的上海与黄浦江潮汛一道，让外滩这座城市之门在中西方水流交汇所形成的波峰上不住涌动。20世纪末，改革开放为上海树立了一座新的城市之门，并将其推向了时代的潮头。

以南浦大桥的建设作为起点，对黄浦江的跨越唤醒了浦东这片沉睡的大地。在后续近30年的发展过程中，浦东依托既有大的发展，坚定实行着改革开放战略。这是一段欣欣向荣的岁月，一系列有关产业发展与城市建设的成就先后而至。它们不仅印证了上海与生俱来的开放基因，更是当代中国不断融入世界、扩大对外交流的具体表现。

南浦大桥下的骑行
图片来源：恒中摄影工作室 车凯 摄影

上海的跨越

黄浦江把上海划分成浦东和浦西两片地区，在浦东开发开放之前，滔滔江水将繁华阻隔在浦西，留下浦东的一片荒凉。为了沟通东西两岸，20世纪80年代的上海决定首先修建一座由原南市区南码头伸向对岸的越江大桥——南浦大桥。在彼时改革开放大潮的拍打下，这座浦江第一桥的意义远不止弥合城市空间，以南浦大桥的修建为起点，上海的世纪跨越正式展开。

作为一项关乎上海未来发展的重大工程，南浦大桥自立项初期便吸引了全世界的目光，一度有外方单位提出以免费设计交换工程的建设权。然而，中国的桥梁专家却秉持着重大工程自主设计建造的理念，并获得了有关领导的支持。于是，汇集了来自同济大学李国豪、郑时龄、项海帆，以及上海市政院专家的国内顶尖团队被迅速组建起来，他们协调着上万人的队伍，在持续三年的建设过程中不断克服困难，让大桥在1991年年底提前完工通车。

跨越浦西浦东的南浦大桥
图片来源：恒中摄影工作室 车凯 摄影

"一步跨过黄浦江"，南浦大桥让上海的百年之梦终成现实，它将车辆的过江时间从原来乘轮渡的一个小时缩短到了七八分钟，极大地拉近了浦江两岸的距离，也让所有人自然而然地将其理解为上海开发浦东的一个信号。实际上，南浦大桥不单纯是一个城市尝试自身突围和跨江扩容的举动，它为中国推进改革开放，将目光锁定长三角地区，开辟了一个新战场，也为中国与世界进一步沟通开辟了新路。

以南浦大桥的世纪跨越作为起点，浦东选定了与外滩隔江相望的陆家嘴作为发展的起点，开始建设国际级金融贸易区。1995年6月，一只身披红带的小白羊在鲜花与掌声中来到了新落成的陆家嘴18号银都大厦门前，它是浦东新区管委会送给首个来到浦东的金融机构——中国人民银行的礼物。作为东迁"领头羊"，中国人民银行此举不仅宣告了自身新的发展布局，也宣告了陆家嘴金融贸易区由形态开发向功能开发的重大转变。

卢浦大桥贯通两岸的环境与生活景观
图片来源：《时代建筑》提供

在中国人民银行的示范作用下，伴随着一系列的优惠政策出台，多家国家级金融要素市场开始落户陆家嘴。闻讯前来的西方金融机构更是通过争先恐后地"抢占"为数不多的写字楼，与中国同行一道，将"东方华尔街"从外滩整个搬了过来。于是陆家嘴逐渐成为中国金融机构最集中、金融要素市场最齐备、金融服务体系最完善、金融人才最密集的地区。

以陆家嘴的开工建设作为标志，浦东在20世纪最后十年不断加快改善城市基础设施和营商环境，同时推动若干个国家级开发区建设，其中包括外高桥保税区、金桥开发区、张江科技园区等。这些在金融、贸易、经济、航运以及科创等领域的初步探索为浦东后续响应国家应对世界金融危机的相关部署，也为正式开展"四个中心"建设打下了基础。

海洋的召唤

面向自然的崇明东滩湿地科研宣教中心
图片来源：徐好好《落入湿地 崇明东滩湿地科研宣教中心设计复盘》，《时代建筑》，2020 年，第 4 期，106 页，陈颢 摄影

世界上大多数国际贸易中心都是航运中心，上海作为一座港口型国际大都市，建设国际航运中心的定位无论从历史发展，还是从全球贸易格局的层面看都具有一定的合理性和必然性。21 世纪以来，从外高桥到洋山港的发展路径使得上海国际航运中心的建设经历了"跳出长江口"，进军海洋深处的历史性转变。在这 20 年里，洋山深水港不断提升自身建设规模与装卸效率，逐渐成为了全球单体规模最大的全自动码头。在东海大桥的连接下，这座融合了大量最先进技术的"无人码头"与洋山保税港区相辅相成，以贸易枢纽的身份，为浦东在 2020 年基本建成"四个中心"提供了诸多便利。

实际上，洋山港的故事才刚刚开始。2019 年 8 月 20 日上午，上海自贸试验区临港新片区在滴水湖畔正式揭牌。这是新时代的浦东继 2013 年设立全国首个自贸区之后，肩负我国经济转型升级和全面深化改革的新使命，扩大建设最开放自贸区的全新举措。随着包含临港新片区在内的自贸区规模进一步扩大，也随着同一时期张江片区的迅猛发展，浦东通过"四个中心"加科创中心的建设，在世界级产业集群的战略方面取得了显著成效。

洋山港的发展同样带动了地区配套设施的建设，呈现为城市与海洋深化交流的另一种方式。早在世纪之交洋山港启动建设之时，上海市便决定在周边滩涂上为港口配建一座新城，并依原有地名称之为"芦潮新城"。进入新时代，随着洋山港规模的一再扩大，这片曾经的滩涂也不断调整规划方案以提高发展定位，通过从"芦潮新城"到"海港新城"再到"临港新城"的数次更名，一幅海边的城市化图景得以生动呈现。

临港地区日新月异的城市化进程说明了当代城市产业化发展离不开高品

质建成空间的支撑。无论是巴黎拉德芳斯，还是东京六本木，诸多城市片区的产城一体化发展早已给出了生动的证明。在临港之外更为广袤的地区，浦东早已将眼界提升至国际水准，开启了如火如荼的当代城市规划与设计进程。

1992年11月20日的上海国际贸易中心三楼，五个精心制作城市片区模型并排陈列在大厅中央，一众业内专家围于四周，正认真地进行着观摩和比选。这是浦东以陆家嘴金融中心的建设为契机，将全世界设计智慧融入城市空间的一次尝试。经历了漫长的17轮修改，最终的实施方案融合了英国的罗杰斯、日本的伊东丰雄、意大利的福克萨斯等大师的投标方案之所长。除此之外，浦东还有若干重大项目向世界"借脑"，比如法国安德鲁事务所设计的浦东国际机场和东方艺术中心、美国墨菲/扬事务所设计的上海新国际博览中心，以及英国LUC公司设计的世纪公园，都已经成为市民耳熟能详的城市地标。

作为上海扩大开放的一项关键举措，浦东开发开放的讯号同样吸引了来自国内各地的建设力量与智慧。以总部位于深圳的万科为例，从1991年北上抵沪到2001年跨江东进，10年的在地性积累为企业在浦东后续20年的深耕打下了基础。以2001年金桥开发区的蓝山小镇作为起点，陆家嘴延伸区的翡翠滨江和张江片区的翡翠公园已经成为万科高端产品线"翡翠系"的标杆；浦东金色中环的海上传奇、复地万科活力中心为城市提供了宜居宜业的美好生活发生地；还有临港新城的金域澜湾等囊括多个领域的数十个项目，它们共同谱写了万科与上海共生故事的浦东篇章。

30多年前，在对国家和地区后续发展产生重大影响的南方谈话中，邓小平为上海确立了"开发浦东、振兴上海、服务全国、面向世界"的十六字方针，浦东开发开放随之启动。回望30多年，无论是极具象征意义的南浦大桥，还是充分带动浦东产业发展的"四个中心"加"科创中心"，抑或是代表上海进一步对外开放的自贸区加临港新片区建设，它们都是上海在深化发展与改革的新阶段，在浦东这块优质的试验田取得重大成功的标志。

临港新城以滴水湖为圆心生长
图片来源：恒中摄影工作室 薛钰滔 摄影

城市，让生活更美好

水岸新生

后工业时代的上海迈入了存量发展的新阶段。以 2010 年世博会的举办为契机，"一江一河"两岸通过科学的策划和改造，一举重获新生。这是一种多元而深远的转变，它不仅体现在水岸新建的城市中央活动区里，也体现在滨江通道日益密集的脚步和自行车辙上，更体现在当地市民的日常生活当中。

上海最早的自来水厂旁,杨浦滨江步道从"工业锈带"向"生活秀带"转身
图片来源:《时代建筑》提供

水岸塑造的全球城市

放眼全球，从塞纳河畔的巴黎，到泰晤士河畔的伦敦，再到哈德逊河畔的纽约，它们之所以能够自万千水岸聚落当中脱颖而出，从曾经的工业重镇蜕变为充满魅力的国际化大都市，离不开母亲河两岸空间的合理转型和协调发展。以巴黎为例，在《大塞纳河规划》的指导下，以瑟甘岛、奥斯特里茨火车站为代表的改造项目，对两岸复兴产生了重大影响。在纽约，哈德逊河公园通过把曼哈顿岛西侧的开放空间连成了绿色整体，赋予了城市新的活力。

2010年的世博会是上海向世界同类城市学习的重要契机。以改扩建为主，适当新建部分建筑，联动浦江两岸的世博会为上海提供了城市更新的在地性范本。后世博时代，在黄浦江核心段22.5公里的范围内，江水的每一个转折点都矗立着一片城市的发展高地：无论是拥有悠久历史的外滩，还是中生代的陆家嘴，抑或是新生代的前滩，在"城市，让生活更美好"的世博精神指引下，它们让一座现代化的全球城市崛起于黄浦江两岸。

2010年上海世博会两岸
图片来源：《时代建筑》提供

城市水岸的中国提案

2010年上海世博会是一次由政府主导、全民共同参与的重大事件。作为上海新世纪城市发展的先驱,世博会通过对于会址内部、黄浦江两岸城市空间的提升,为后续多年的城市建设指明了方向;作为"城市,让生活更美好"的倡导,它又通过改善相关基础设施建设,将上海变成了一座"人的城市"。世博会的意义是如此之大,它不仅承载了市民对于城市美好未来的憧憬,也是一份用来向全世界进行展示的、有关城市水岸建设的中国的提案。

上海与世博会的渊源可以追溯到20世纪80年代,1986年与2001年两版《上海城市总体规划》曾分别将浦东的花木、黄楼两地划为世博预留地,以期通过世博会的举办带动新兴的浦东地区发展。然而,随着一系列后续研究的深入,筹备人员的眼光逐渐转移到了上海市中心的黄浦江畔。他们提出了利用世博会进行"都市缝合"的思路,力求同时兼顾浦东的崛起和浦西的复兴,从而促进整个上海市区的协调发展。

最终,在经过缜密的论证及充分听取国际、国家有关部门、专家和市民建议的基础上,世博会选址被确定在南浦大桥到卢浦大桥之间的黄浦江两岸地区。这里既有大量见证了中国工业发展的建筑遗产,比如前身为大名鼎鼎的江南机器制造总局的江南造船厂,也有大片的残破危房。有关这些老旧建筑的拆改留牵涉面广,以致多年以来一直未成定论。因此,社会各方普遍希望通过世博会的举办,一举解决这一跨世纪的难题。

此时,摆在世博园区总规划师吴志强面前的两条路,一是拆除重建,二

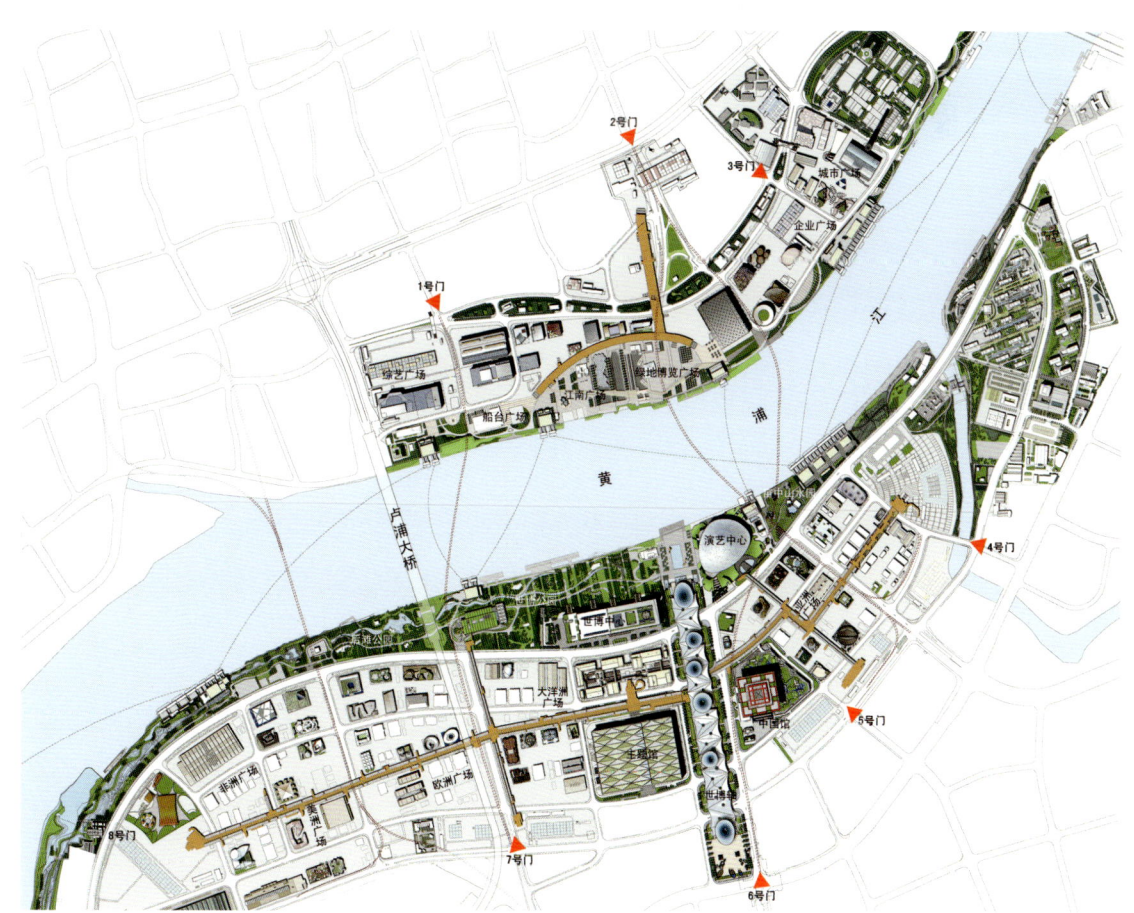

2010年上海世博会总平面图
图片来源:周泽渥《中国2010年上海世博会建筑导览》,《时代建筑》,2010年,第3期,6页

是保留利用。他意识到：以世博会为契机，对沿江传统工业地块进行"腾笼换鸟"，必将深远地影响着上海的未来。这里既有大量见证了中国工业发展的建筑遗产，也有大片的残破危房。如果大面积拆除重建，规划和设计、施工的工作量大大减少，但大规模的居民拆迁安置需要时间，而且见证了近代上海发展的大片工业遗迹也会被一并抹去，永无修复的可能。如果保留原有的建筑和城市肌理，除了必须面对老旧建筑无比庞大的规模之外，工业动迁牵扯到的各方利益也会使实际操作难上加难。

历史证明，上海的抉择是正确的。以尽可能保留利用老厂房作为原则，通过功能置换的思路重新梳理整个世博片区的城市肌理，上海耗时数年，终于交出了一份令人满意的成果：超过 30 万平方米的老建筑得以保留，1 万多户家庭免于拆迁，25% 的场馆由工业遗产改建。其中，原江南造船厂的小飞机仓库被修缮为咖啡馆，成为各路游客的宠儿；上钢三厂特钢车间被改造成了宝钢大舞台，是世博会期间的主要活动场所；昔日南市发电厂那根黑烟滚滚的烟囱，也被装扮成了一个硕大的温度计，成为浦江西岸的一个新地标。

2010 年那个炽热的夏天，世博会前后共计接待了七千余万人次的参观，从而理所当然地成为了几代上海市民的集体记忆。"城市，让生活更美好"的世博口号，更是让所有身处这段历史的人们，听到了时代的列车转轨的轰鸣。后世博时代，随着中国的高速城市化进程开始放缓，理性的发展开始回归，以上海为代表的高密度城市随即摆脱了单一的产业模式，转而以人为本，重视多元产业协调发展和城市公共空间的建设。这一切的变化皆始于世博会，它开启了上海城市建设的新纪元。

上海世博会万科打造了以"尊重的可能"
为主题的低碳建筑"麦垛"
图片来源：恒中摄影工作室 吕恒中 摄影

黄浦江的"嘴"

在上海，人们因为其形状与动物的嘴相似之故，习惯将陆地凸出于水中的部分称为"嘴"。据嘉庆年间的《上海县志》记载来看，当时的黄浦江有十二处"嘴"，如陆家嘴、龙华嘴、鳗鲤嘴、邹家寺嘴等。时光荏苒，它们中只剩下陆家嘴依然活跃在年轻一代的记忆当中。正是这片集齐上海建筑"三大件"的水岸，明代文人、书法家陆深曾在此修建用于隐居的"后乐园"。随着陆家后人因躲避战乱而迁入对岸的老城厢，原先的园林"曲径秋风衰草合，败垣斜日乱虫鸣"，只留下了"陆家嘴"这一沿用至今的地名。

从明清年间的芦苇荡到开埠后的工业基地，沉睡了数百年的陆家嘴终于随着浦东开发开放获得了蓬勃的发展。21世纪初，以世博会的筹办作为契机，上海提出了"都市缝合"的理念，即通过整体规划，促进黄浦江两岸地区的协同发展。于是，陆家嘴与对岸的外滩、北外滩携手开始了城市中央活动区（CAZ）的营造。与传统的、只强调经济和商业功能聚集的中央商务区（CBD）不同，中央活动区更加注重多功能的混合使用和生活品质的提升，这些特征体现在了周边水岸空间的转变当中。

2008年2月23日零点，外滩的"亚洲第一弯"正式封路，并随即进入拆除改造阶段。作为迎接世博而进行的重点项目，外滩交通综合改造从此将使得"亚洲第一弯"成为历史的记忆。所谓"亚洲第一弯"，实际上是建于1997年的、从延安高架路往中山东一路划出的一道弧线匝道。车行至此，原本因高楼林立而逼仄的视野豁然开朗，加之急速回转的行驶路径让人如坐过山车一般，多重现象级体验让这条钢筋混凝土巨物获得了"亚洲第一"的称号。

然而，"亚洲第一弯"不仅在感官层面与古朴典雅的外滩建筑群不甚协调，在空间层面，它更是连同地面的双向11车道，将南京东路一侧的繁华闹市与滨江地带严重割裂了开来。正因如此，在新一轮的外滩建设规划中，"亚洲第一弯"不可避免地面临被拆除的命运。随着新修建的地下通道承载了主要的过境车流，地面的车行道大幅度让位于人行，于是，原先车流穿梭的外滩变得相对安静和缓慢。在更加清新的空气当中，外滩与同期改造完工的十六铺码头南北相连，共同为这片历史悠久的金融中心注入了难得的生活感。

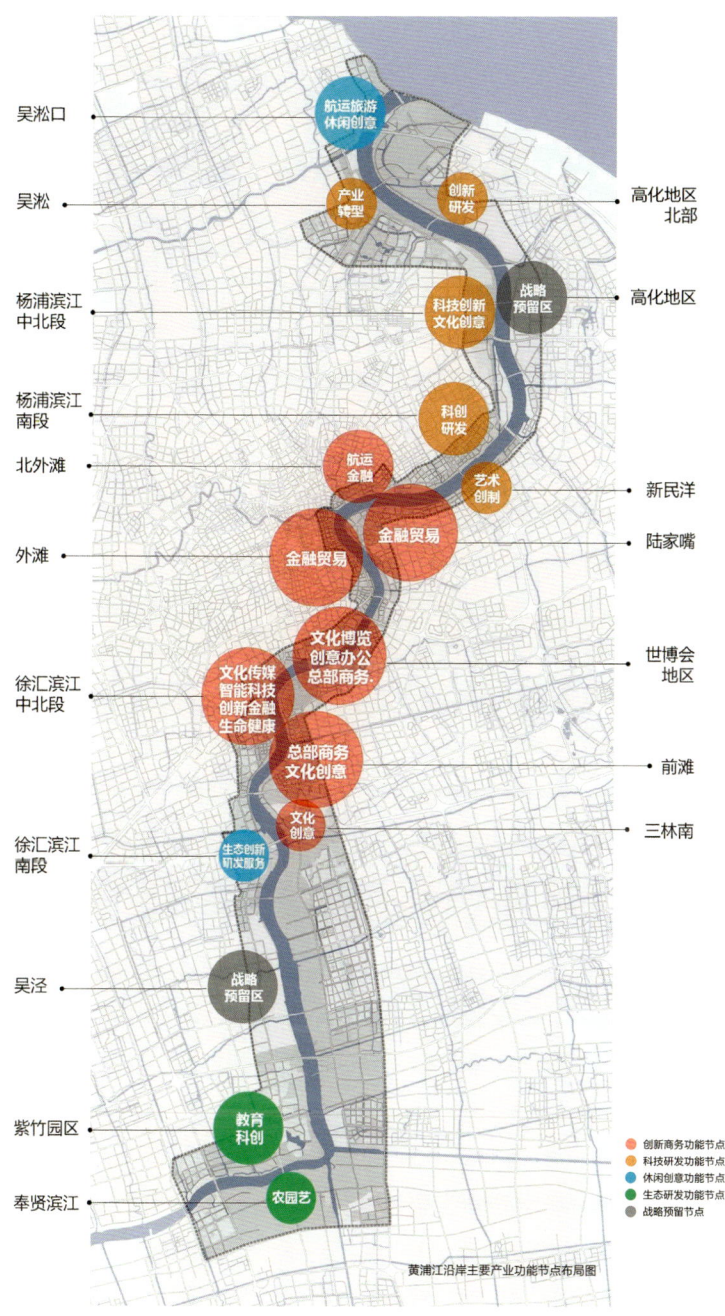

黄浦江沿岸主要产业功能节点布局图
图片来源：上海市规划和自然资源局《黄浦江沿岸地区建设规划（2018—2035）公众版》，19页

苏州河以北，以"世界顶尖滨水区"作为目标的北外滩不仅拥有河滨大楼、上海大厦等历史保护建筑，还有号称"浦西第一高楼"的白玉兰广场，在人文历史与时代建设的奏鸣交响中，不同的建筑元素不仅营造了良好的国际营商环境，也为生活和工作在周边的普通市民营造了便捷、舒心、美好的城市公共空间。当天气晴好之时，市民们喜欢在这片"游艇港"里徜徉，并不时驻足研究一下游艇利用水位变化出港的流程。人们渐渐发现，原来城市的"世界会客厅"并不是那么高高在上，它也是普通百姓"自家的客厅"。

如果说经济是构筑城市硬实力的基底，那么人就是衡量城市软实力的尺度。围绕陆家嘴组织的"黄金三角"成为了上海城市中央活动区建设的标杆。实际上，黄浦江的中上游地区还有多个"嘴"，它们的本名正被时代所遗忘，因此显得有些"名不见经传"。即便如此，这群"无名之辈"却能够充分利用自身的后发优势，同样成为了当代城市发展的重要支撑级。

龙华嘴与鳗鲤嘴位于水岸的浦东一侧，以笔直的川杨河为界。龙华嘴因为与龙华古镇隔江相望而得名，并作为世博会的旧址之一，依托一系列升级后的世博场馆，成为了拥有优质商务与休闲空间的后滩。鳗鲤嘴因脱胎于乡野而具有更强的可塑性，"新陆家嘴"的昵称便足以证明其潜力。然而与高密度的陆家嘴不同，这里的城市空间充满了宜人性，从东方体育中心到太古里，一众高端的商业、住宅、办公以及配套设施不仅形成了疏密有致的城市空间，也为黄浦江畔增添了一片宜居的乐土——前滩。

2021年，一张有关黄浦江的效果图在网络上引发了不小的轰动——在蔚蓝色天空的映衬下，一条银白色的缆车隧道横跨江面上空。这一脑洞大开的设计旨在连接位于后滩的世博文化公园与对岸的徐汇滨江。作为曾经中国民族工业的聚集地，徐汇滨江对标巴黎左岸、伦敦南岸等世界知名滨水区，将文化功能有机融入工业遗产当中，打造了属于上海的西岸。随着人工智能行业在此崛起，中央电视台、腾讯等大型企业纷纷涌入西岸，原先的工业水岸如今兼具文化的气息和科技的活力。

根据《上海市"一江一河"发展"十四五"规划》，世博、前滩、徐汇滨江地区将联动建设文化功能核心区，结合多元化的产业发展，成为黄浦江沿岸的又一"黄金三角"，同时也是上海重要的国际大都市文化博览功能的集中展示地。

黄浦江的湾与嘴
图片来源：徐洁 摄影

从筒仓望向陆家嘴

图片来源：马宏《民生码头八万吨筒仓一期改造 2017 上海城市空间艺术季主展场馆多重限定下的改造策略》，《时代建筑》，2018年，第1期，147页，田方方 摄影

过了三林地区的夏家嘴，上游的黄浦江在其最后一嘴——邹家寺嘴处拐了一个90°的大弯，并与奉贤的母亲河金汇港，以及南汇的母亲河大治河一道，形成了一个四方水脉的交点。在民间传说里，这块风水宝地曾建有供奉金龙四大王南广福寺，寄托了当地民众祈求风调雨顺的美好愿望，也传下了诸如"三世修在邹家寺,干(旱)勿煞来没(淹)勿着"的民谣。

时过境迁，如今的邹家寺嘴拥有了一个更为响亮的名号——"浦江第一湾"。随着世纪之交"三桥一隧"工程的接连竣工，这片乡野包围中的老工业基地走上了振兴之路。当代"浦江第一湾"创新资源富集，在上海交通大学、华东师范大学等高校和科研院所的支持下，附近的紫竹国家高新技术产业开发区、闵行经济技术开发区已经成为高端高新产业集聚区。还有如华谊万创·新所等具体项目依托"零号湾"等世界级定位的创新创业孵化载体，推动技术创新与新兴产业的互促发展。可以说，"浦江第一湾"在科创领域的发力，对于在经济、金融、贸易、航运领域更为领先的黄浦江中下游地区而言，是一项良好的补充。

以黄浦江的"嘴"作为展示平台，城市新生的水岸两侧可谓流光溢彩、星河璀璨。如此美丽的"面子"之下自然不乏高端功能的"里子"作为支撑：从陆家嘴和对岸的外滩、北外滩，到龙华嘴、鳗鲡嘴和一水之隔的西岸，再到邹家寺嘴附近的"浦江第一湾"，它们共同见证了黄浦江从灌溉水网、工业运输，到游憩休闲、总部经济、文化博览等复合功能载体的变迁，成为了城市精华的荟萃之地和发展的重要引擎。

人潮再现江河

"一江一河"对于上海的历史演进具有重要的意义。在城市发展层面上,它们自封建时期便开始孕育城市的工商业发展,并作为上海与世界沟通交流的主要渠道,促进了沪上现代文明的生成与演进。在市民生活层面上,"一江一河"是旧时市民们生活取水的主要来源,也是他们从事游憩和社交等活动的公共空间。然而,随着开埠以后城市工商业的野蛮发展,原本开放的、与市民生活紧密相连的水岸逐步被厂房、仓库和堤坝填满,"一江一河"两岸居然出现了"临水不见水,近水难亲水"的奇景。

2017年底,黄浦江核心段45公里岸线的贯通,以及2020年底苏州河中心城区42公里岸线贯通,让"一江一河"以崭新的面貌重新出现在了沪上人民的面前。自此,经历了闪亮转身的工业地带很快以极为开放的姿态吸引了大量市民前往游览。这里有可以提供畅快骑行、慢跑和散步体验的线性开放空间;也有经历改造、以全新面目示人的历史建筑;还有紧扣时代步伐、促进城市现代化发展新建建筑。它们一道打开了昔日封闭的"工业锈带",让城市的水岸在穿梭的人群中重新焕发生机,从而在这座人民城市里真正实现了还江于民。

2022年的滨水骑行
图片来源:恒中摄影工作室 车凯 摄影

走向开放的城市滨水空间

20世纪中后期的中国曾是一座自行车的王国,即便在上海这种国内首屈一指的大城市里,自行车也是当仁不让的主要出行工具。每逢上下班高峰期,与道路中央的车流一道穿行的,是两旁宽达数米的自行车大军。在那个年代,年轻的女子以坐在恋人的自行车前杠为时尚,因为这样总能吸引到路人羡慕的目光;未成年的孩童每天坐着父母的自行车上下学,也成为了一种亲情的记忆。就这样,在人与自行车的互动当中,城市多了一道风景。

随着上海城市化加速,在私家车和地铁的普及之下,自行车暂别历史舞台。直到2010年上海世博会后,城市滨水岸线的拓展和市民健身活动的开展又让自行车回归生活。通过传递丈量和发现城市的独特体验,自行车在迅速受到大众青睐之余,也对城市产生了重要的影响——道路两旁的自行车道成为了建成空间品质的评价指标;低碳的骑行能够促生一片清新的环境;对于乐在"骑"中的人而言,他们正在重拾一种早年以健康为美的观念。

尽兴的骑行离不开基础设施的支撑,如今的黄浦江核心段已经贯通了蜿蜒流畅、高低起伏的自行车道,与散步道、慢跑道"三线合一",为市民提供了休闲健身的好去处和数不尽的风景点。以浦西徐汇滨江的"美术馆大道"为例,它是大多数骑手"挑战"45公里全程的起点。每逢阳春三月,当龙美术馆外的樱花又开成一片海的时候,徐徐飘落的花瓣与迤逦前行的自行车相得益彰,演绎出一种能够让时间停止的浪漫。

穿过造型奇特的日晖港桥便是黄浦滨江地界,首先迎面而来的南园滨江公园由20世纪的工业码头改建而成。如今在"草趣园"一片绿色的葱茏掩映间,水岸上仍然矗立着3座水泥筒仓、100米长的龙门架等历史遗迹,它们以景观小品的新身份演绎着工业聚落的繁华、没落与新生,写意地勾勒出了一片旧业新地的欣欣之景。

进入卢浦大桥和南浦大桥之间的老世博园区,当"城市最佳实践区"里的各大展馆还在诉说当年的繁华喧嚣时,一段更加悠久的历史早已扑面而来——老码头,这里的临江弄堂和石库门聚落承载着最纯正的上海滩

1935年的滨江骑行与驻留
图片来源:金经昌 摄影

风情。经过2019年的第二轮保护性改造,焕然一新的老码头已经成为了融合时尚消费和创意园区的现代都市文化"斗秀场"。

登上十六铺码头观景平台,伴随着滔滔的江水声,对岸突然出现的高楼大厦刺激着更为震撼的感官体验。这座观景平台是当代上海防汛与滨江开发相结合的体现——它不仅以防汛墙的身份保护水岸,还将商业办公等业态藏在地下,腾出顶部平台作为城市的公共空间。拥有如此巧妙的建构一直延伸到外滩的"万国建筑博览群"脚下,为上海奉上了又一标志性的景点。

在上海大厦的注视之下走过外白渡桥,绿色的北外滩滨江与锈色的杨浦滨江各具风采。国际客运中心、杨浦自来水厂、渔人码头,不同时代风

格的建筑交相辉映，模糊的古今氛围伴随着湍流的江水，营造出一种穿越时空的快感。当雄伟的杨浦大桥逐渐映入眼帘，步移景异的浦西段行程终于临近尾声。此时不妨来到宁国路码头搭乘不紧不慢的浦江轮渡，一边欣赏江景，一边去往另有一番风情的浦东滨江。

得益于全区一盘棋的规划，浦东滨江通过22个形制相同的"望江驿"，将整段骑行路线串联了起来。人们习惯于以杨浦大桥脚下的码头为起点，途经陆家嘴、后滩公园、前滩公园，最后在徐浦大桥脚下的涂鸦墙前拍照打卡。沿途的景观充满了不同时代的印记，是上海百年历史的浓缩。

从歇浦路渡口广场出发，沿着花丛掩映下的骑行道上坡西行，不久便来到曾经的老工业区——民生码头。只见左手边的灰色筒仓巍峨耸立，在另一侧开阔江面的衬托下，这组巨型构筑物对四周散发出一股强烈的压迫感，使人不由得加快蹬踏的频率，只想早点突破那似乎遮天蔽日的阴翳，好在前方的民生广场回望，体验一种"重见光明"的快感。

离开民生码头继续西行，沿路两旁的建筑逐渐变得密集起来。当目力所及之处出现三座直指天际的摩天楼时，著名的陆家嘴已经到来。行入这一全球闻名的金融中心，左手边一众在玻璃幕墙的包裹下、直指云霄的

浦东滨江驿站
图片来源：许晔、张斌《基础设施的日常尺度 上海东岸望江驿的设计》，《时代建筑》，2019年，第2期，85页，CreatAR Images 摄影

高层建筑让人仿佛瞬间回到了30年前那段激情燃烧的岁月。如果适逢中午，便可以停下前行的车轮，来到江边的小餐厅点一杯咖啡、一盘披萨，和来自不同国家的白领在同一屋檐下进餐，顺带感受一把上海的国际氛围。

途中每隔一公里左右就会有一个小木屋出现在道旁的树丛里——"望江驿"，它不仅是显示行程的路标，也是提供休憩、补给和救助服务的站点。值得注意的是，设计师为小木屋配置了大面积落地窗，这么做不仅是为了方便观景，还考虑到在树林茂密的路段里，来自小木屋的目光可以让形单影只的骑手感到心安。在冬日的夜幕里，"望江驿"散发出的橘色灯光又成了支撑夜跑爱好者在黑暗中继续前行的动力。

过了陆家嘴，沿岸矗立的高端江景房形态各异，现代、新古典、新亚洲，不同风格的外立面讲述着上海当代住宅审美的变迁史。以水岸上的巨型贝壳——上海梅赛德斯-奔驰文化中心为界，江岸的城市形态开始呈现出明显的差异：世博源以南的居住气息逐渐减弱，取而代之的是充满野趣的后滩和前滩公园，它们以返璞归真的生态环境见长。每逢节假日，路边总会三五成群地聚集着不同年龄段的动植物爱好者，江畔绿地是他们天然的实践基地。

当陆家嘴、前滩、后滩的溯江之旅仍令人意犹未尽之时，徐浦大桥雄伟的双塔便匆匆出现，也宣示了骑行的终点。与慢跑相似，骑行也是领略黄浦江两岸大好风光的途径，但它更快更省力，更有助于体验一种长途奔袭之后的酣畅淋漓。从城市空间层面来说，浦江两岸的自行车道将原先散布在水岸各处的景点整合为一个超大的线性公共空间，见证了黄浦江与市民的世纪重逢。

滨江岸线贯通后的快乐日常
图片来源：庞均薇《都市叙事 空间乐章》，《华建筑》，2017年，第11期，104页

对话历史的建筑空间再生

华谊万创·新所改造后效果
图片来源：恒中摄影工作室 车凯 摄影

黄浦江是中国近代工业的摇篮。在工业时代，依托于黄浦江所展开的生产、运输等一系列生产活动造就的一片锈色的水岸，成为那个年代上海的城市切片。在这片线性的空间里布满了码头、仓库和厂房，它们曾经共同推动了上海这座城市的现代性发展。时光荏苒，随着后工业时代城市产业的调整，这些第二产业的建筑遗迹除部分被拆除外，普遍面临停用乃至废弃的危机。

2010年，在世博会的启示与推动下，黄浦江畔的城市更新运动得以快速开展，这使得人们意识到了工业建筑的当代价值。通过与历史和现实的三方对话，一度被遗忘的工业建筑纷纷摇身变为美术馆、艺术中心和科创园区，从最北端的宝山、杨浦，到南端的徐汇、闵行，它们从仅仅为城市贡献具有独特年代记忆与人文精神的公共空间，到成为高新产业的孵化场所，正逐步以更加多元的身份助力城市的当代化发展。

杨浦大桥以西2.8公里长的岸线上，一批翻新后的优秀的工业遗产为贯通之后的杨浦滨江赋予了特色。其中一座从建于30多年前的烟草仓库中"凿"出来的，名为"绿之丘"的江畔综合体更是在近年内迅速走红，成为大量潮人的打卡点。这座笼罩在绿色当中的建筑不仅以退台的形式诠释了"空中花园"的含义，还通过将老建筑封闭的外墙打开，引外部城市空间入建筑内部，形成了可以为市民休闲生活提供便利的开放式综合体。

作为曾经聚集了众多外国领事馆的上海版"东交民巷"，2021年的北外滩地区又崛起了一座"世界会客厅"。这座由近代仓库改扩建而成的会议中心在充分发掘既有历史文脉的基础上，利用先进的"数字孪生"技术，最大程度地复原了其中两座老仓库的红砖外立面。而一旁新建的第三栋建筑则在立面设计上充分与老建筑保持协调，使三者之间的时空张力呈现平衡状态，从而展现出古今空间元素和谐对话的场景。

以充满人文艺术氛围的水岸作为特色之一，徐汇滨江通过多年的建设，将一众工业遗产改造为了文化设施。其中，这一座主打"大地艺术"的艺术中心凭借其通体雪白的筒状形体，总能在第一时间吸引游客的注意力。油罐艺术中心，它赋予了龙华机场的5座储油罐以新的功能。自2019年对外开放以来，该中心成为了大量艺术展览和高规格发布会的举办地，成功带动了周边区域文化产业的发展。

无论是营造开放式城市共享空间，还是通过转译曾经的建筑形式向历史致敬，抑或是将新的功能注入老的建筑，闵行区"浦江第一湾"附近的华谊万创·新所结合自身实际，合理借鉴了将黄浦江两岸既有改造项目的诸多特性。

华谊万创·新所的前身是大中华正泰橡胶厂，一个曾经孕育出"双钱""回力"等知名品牌，为中国橡胶工业的发展作出过卓越贡献的百年民族企业。2007年橡胶厂易地搬迁，占地6.9万平方米的园区一度闲置。2016年，当园区周边被定位为"零号湾全球创新创业产业集聚区"，这片工业遗存随之迎来了属于自己的"第二春"。

作为项目的主要开发商之一，上海万科早已通过上生新所等历史建筑的改建经验，总结出了一套多方共建共享的开发模式和运营模式，并将其适当调整后应用在了华谊万创·新所的实际操作过程中。比如结合项目实际，通过"国企业主控股、市场化企业运作、地方平台公司支撑"的方式，让三方各自发挥自身的优势，最终实现了多方共赢。

华谊万创·新所本质上与下游一系列改造项目一样，都是通过给原先的工业遗产注入新的功能，促进水岸空间的产业再发展。然而，与当前大多数将文化功能作为核心置换元素的策略不同，华谊万创·新所拥有一套自己的理解。项目充分利用周边交大、零号湾等优质资源，致力于通过提供一站式的创业服务发展科创产业。在此基础上，它还通过整合交通、居住、商业、休闲、文化等服务产业，让原本枯燥的产业园区变得如同街区社区一般，充满了生活的气息，这与当前市区提倡的中央活动区具有异曲同工之妙。

"从产业园区到街区社区的转变"，这是万科在既有模式的基础上，为华谊万创·新所量身定制的一套空间升级理念。街区社区的形成在于"共享"，为此园区专门设置了楼宇、城市和生态三重意义上的共享空间。以共享楼宇空间为例，创业者可以通过贯穿建筑内外的立体散步道，充分使用分布于不同楼层的公共空间。在城市的层面上，园区取消了原有的围墙，并在横泾港上架设人行桥，让自身成为了贯通东西的城市开放空间。除此之外，园区的共享生态空间也是一个亮点，当横泾港水影悠悠，倒映出绿树丛中的建筑一角时，经过精心营造的生态空间早已将人、园区和自然紧紧地联系在了一起。

通过实现古今元素的对话，华谊万创·新所在建筑设计层面同样不乏新意。为了向百年民族工业致敬，设计师将大量包豪斯元素灵活运用在了不同的建筑立面上。于是，包含城市界面的整体性、商业界面的宜人性在内，不同界面的特色或体现在巨型幕墙的整体感里，或体现在色彩、材料、线条等基本元素的对比当中。它们以华谊万创·新所作为主体，结合周围环境，共同形成了一幅近现代工业文明的在地性图景。

华谊万创·新所沿河廊桥
图片来源：恒中摄影工作室 车凯 摄影

作为一个工业遗产改造项目,华谊万创·新所通过多方合作,实现了旧建筑及其周边地区的产业发展、城市治理和生态环境的多维度优化,为后续相关实践树立了典范。同时,作为一个黄浦江畔的城市更新项目,它也体现出自2002年启动两岸综合开发以来,黄浦江早已从一座工业城市的交通大动脉,变成了一座全球城市的多元产业策源地。

华谊万创·新所,老工业厂房的新生
图片来源:恒中摄影工作室 车凯 摄影

华谊万创·新所夜间景象
图片来源:恒中摄影工作室 车凯 摄影

建筑赋能向未来

近年来,与老建筑的持续更新一道进行的,是黄浦江两岸新建筑的不断崛起,它们涉及上海的金融贸易、科技创新,以及高级文体等主要产业和领域,从不同的角度展现着这座城市面向未来的昂扬姿态。

外滩滨江大道是游客云集的重要城市景观,这里的"万国建筑博览群"记载着大都会曾经的繁盛兴旺,至今仍是万众瞩目的焦点。以塑造活泼生动的商业步行街区为目标,新建于此的外滩 SOHO 选择通过形体上的突出和退进,在修长的带形窗的点缀下,形成富有雕塑感的体量。于是,建筑以融入却又不刻意模仿的妥善姿态,在与古城公园相邻的位置,为充满异域风情的外滩建筑群做了巧妙的收尾。

与充满历史厚重感的外滩不同,徐汇滨江的新建建筑晶莹剔透,遵循着一种区域性的整体开发模式。以"西岸智慧谷"为例,"山谷聚气",这片位于全市人工智能产业"人"字形布局交汇点的建筑集群,凭借靠近中心城的区位、良好的交通、完善的配套,以及优越的生态环境,开业之初便吸引了大量年轻的入驻群体。以流线型的"西岸智塔"作为核心,一众中外建筑大师的杰作坐落周边,先锋的建筑与充满朝气的使用者一道,为城市新兴的人工智能产业提供了一块联通全球的基地。

作为一座充满年轻活力的水上城市,上海拥有以"水"作为主题的体育中心——东方体育中心。这座围绕一大片湖面灵活布局的体育公园由德国 GMP 建筑

艺仓美术馆

图片来源:莫万莉《废墟时间中的美术馆 艺仓美术馆》,《时代建筑》,2018 年,第 6 期,92 页,田方方 摄影

师事务所设计，并于 2011 年成功举办了世界游泳锦标赛。从江畔望去，以白色风帆为母题的立面元素重复出现，统一了形态各异的建筑群体。其中，最激动人心的建筑是规模并非最大的跳水馆，它突破性地使用了半室外的形式，远看如同一个朝向江面打开的巨型贝壳，从而让观众可以一边观看比赛，一边饱览江景。世锦赛过后，东方体育中心开始承办篮球、冰球、电子竞技等多元化的赛事，并通过向社会开放，在给浦东居民提供又一业余生活亮点的同时，逐渐发展成为上海新的体育运动中心。

集合了新功能、新造型、新技术，黄浦江两岸的新建筑凝聚了人类对于建筑如何塑造城市空间的最新思考，影响了城市包含经济、文化、社会、生态在内的多方面发展。因此，即便在存量更新的大背景下，这群年轻的庞然大物依旧能够凭借自身对于城市未来发展之不可取代的作用，在已然群星璀璨的黄浦江边赢得一席之地。

虹口滨江绿地与客运码头区之间的玻璃隔离围栏上彩印有北外滩码头的历史记忆
图片来源：郭振华《通透而亲切的滨水空间》，《华建筑》，2017 年，第 11 期，114 页，刘文毅 摄影

人与建筑的对话
图片来源：莫万莉《重构地表 上海油罐艺术中心》，《时代建筑》，2019 年，第 4 期，69 页，吴清山 摄影

市民在油罐艺术中心广场内休憩
图片来源：莫万莉《重构地表 上海油罐艺术中心》，《时代建筑》，2019 年，第 4 期，69 页，吴清山 摄影

建筑改变生活

城市的更新和美化是为了营造更加美好的生活。"市民的上海，能够让人安居乐业，充分激发每个个体的活力，让我们感受到自己工作和生活的意义，并乐在其中"，这段援引于《上海市城市总体规划（2017—2035年）》的话语表明了：改善民生才是上海不断加快城市发展、推动城市更新的根本落脚点。

有趣的是，自从后世博时代启动改建以来，浦东老工业区"民生码头"两岸的发展轨迹早已生动诠释了何为民生。在设计师生花妙笔的点拨下，完成潇洒转身的水岸正在从物质与精神生活两个方面推动市民生活的改变。

国棉十七场转身时尚中心
图片来源：恒中摄影工作室 车凯 摄影

纱厂转身拓宽就业之路

"就业是最大的民生",回望上海改革开放30年的变化历程,就业在其中担任了极为重要的角色。作为上海近年来城市更新的重要方向之一,不少工业遗产通过存量更新的方式实现了产业转型。这一潮流推动了城市服务业的蓬勃发展,催生了很多新的就业形态。可以说,上海的城市更新工作在一定程度上拓宽了劳动者的就业渠道,改善了城市的民生。

在民生码头的对岸,复兴岛运河口有一个网红打卡点,它由一组清水红砖单层建筑组成,屋顶上一排排锯齿形的天窗极具标志性,这便是始建于1921年的国棉十七厂。作为上海的支柱产业的主要基地之一,它鼎盛时期曾拥有过8000名以上的员工,也走出过全国劳模黄宝妹等风云人物。然而,随着上海城市产业结构的调整,一度繁荣的纱厂也难免变得冷清,随着设备陆续撤出,大量工人面临失业的窘境。

21世纪伊始,在上海市政府联合中外设计团队的倾力打造下,国棉十七厂潇洒地摇身一变,成为了聚光灯下的国际时尚中心。园区创建者尝试在这里集成"高级会所、多功能秀场、时尚精品仓、时尚创意办公、时尚餐饮娱乐及设计师工作站"六大功能,它们将在老纱厂的地块上,为有意向的市民提供数量众多的新型就业岗位。

国棉十七厂车间内,女工在劳作
图片来源:金经昌 摄影

如果说纱厂通过功能置换,在一定程度上缓解了民众的就业压力,那么与之相关的另一事件,则对于根本性解决就业难题产生了更为深远的影响。1994年底,一场特殊的招聘轰动沪上,这场具有里程碑意义的选拔,是上海航空专门面向纺织女工组织的一次空乘招聘。紧接着,各大行业纷纷到纺织系统招工,激动人心的下岗工人再就业大潮正式来临。1996年,上海在全国率先探索建立再就业服务中心,为更多下岗工人的再就业搭建了桥梁,使得"下岗"这个曾经人人谈之色变的名词成为了历史。

在"纺嫂转岗"的引领下,如今上海的就业观念变得更加开放,就业之路也随之越走越宽,这与建立在城市更新基础上的产业转型潮流密不可分。而作为新晋的国际时尚艺术中心,国棉十七厂的重获新生不仅是当年使全城为之轰动的、大转岗事件的最好纪念,也为上海建设更具活力的创新之城,营造更具吸引力的就业创业环境作出了良好示范。

卢浦大桥下的舞蹈,回到滨江空间的自信女性
图片来源:徐洁 摄影

筒仓里的艺术殿堂

全面的民生应该横跨物质与精神两个层面的生活。这就意味着浦江两岸的城市更新在优化市民就业、居住、出行等基本民生的同时，还需要完成承载城市文化、丰富市民精神生活的新任务。以满足人民日益提高的审美鉴赏需求作为目标，2017年的民生码头通过改建曾经的粮食筒仓向公众开放，为黄浦江沿岸贡献了又一座容纳精神生活的人文"客厅"。

从杨浦大桥脚下的歇浦路渡口向南沿滨江漫步，不一会就会看到一台标志性的黄色起重机。再往前，穿过一段石灰斑驳的长廊便是一处开阔地，这就是著名的民生码头，亦名蓝烟囱码头。作为浦江东岸曾经重要的粮食和食糖集散地，一组最大容量可达八万吨的混凝土筒仓是码头的标志，这群庞然大物傲然屹立于水岸之上，仿佛不停诉说着那段繁忙的历史。

后世博时代，民生码头的改造吹响了浦东滨江贯通的第一声号角。从2015年开始，经过一批明星建筑师的精心改造，这里出现了三条不同

筒仓艺术中心内举办上海城市空间艺术季展览
图片来源：恒中摄影工作室 车凯 摄影

标高的滨江小道，两座极富动感的螺旋楼梯镶嵌其间，起到联系上下的作用。最受市民喜爱的，要数离水最近的那片小广场，它是轮滑和广场舞的胜地。就这样，在筒仓的注视下，这里的人气日益旺盛，直到有一天，人们发现曾经静默的筒仓有了新的身份——八万吨筒仓艺术中心。

站在民生码头仰望筒仓，一条斜向上的玻璃连廊分外醒目。透明的质感赋予了它谦逊的姿态，如同一条银白色的缎带，将不同的筒体连接在了一起，这是一部外挂式自动扶梯。不知是不是设计师故意为之，2017年秋天在此举办的第二届"上海城市空间艺术季"，同样以"连接"作为主题。通过展览的形式，人们讨论了在当代城市化进程中公共空间的未来，同时思考了如何将城市中的断裂片段，转化为连续的人性化公共空间。

步入筒体内部，头顶是30个锈迹斑斑的圆锥体漏斗，它们保存了粮仓原本的风貌。一道炫目的灯光射过，恍惚间仿佛变成了倾泻而下的万吨金黄。顺着螺旋形的坡道来到顶部展览空间凭栏俯瞰，满眼除了底层一个硕大的"饱"字外，不见一粒粮食。这个充满视觉张力的艺术装置道出了艺术中心的存在意义——不仅承载了城市的文化，也承载了市民的精神食粮。

与2017年的"上海城市空间艺术季"一道，如今的筒仓艺术中心已经成为了浦江沿岸众多的城市艺术殿堂之一。新生的纱厂、筒仓与众多水岸建筑一道，在衣、食、住、行以及精神文化领域，让上海的民生事业获得了长足的提升，共同向两岸腹地昭示着新时代"人民城市"的内涵。

筒仓艺术中心内的大漏斗被改造为展示空间的一部分
图片来源：恒中摄影工作室 车凯 摄影

生生不息的水脉

自然共生

上海与自然的对话源于水，呈现为一种将零散经验升华为发展理念的过程。无论是在生活层面发掘出水的科学化、多样化的使用方式；还是在城市层面以水为脉，探索河网绿地系统的当代营造法则；抑或是放眼全球气候层面，基于水体主动建构一套生态系统，城市与水正演化出一种生生不息的共生关系。

上海市域现状影像图
图片来源：上海市人民政府《上海市城市总体规划（2017—2035年）》，3-2

水生万物之生命循环

生命离不开水的滋养,在与水打交道的数千年岁月中,人类很早就明白了水的重要性。中国古代奇书《河图·洛书》通过提出"天一生水,地六成之",将水放在五行之首的地位。放眼世界,有"西方哲学之父"之称的古希腊人泰勒斯也有"水生万物,万物复归于水"的相似观点。复旦大学教授张汝伦认为:这种有关"世界是什么"的思考是人类文明形成的重要因素。所以,身在一片水乡泽国,上海的因水而生自然显得理所应当,而在当地先民那与水共生的点点滴滴当中,这一奇妙的过程同样得到了有力的印证。

1933年,夏日吴淞农户在田中踩动水车
图片来源:金经昌 摄影

水波里的旧时光

在开埠以前的年代,上海的日常用水皆取自于河,这种对于自然的依赖几乎规定了一天的开端:黎明时分全家急匆匆地起床下河,只为打到沉淀一夜的清水。无论是黄浦江、苏州河,还是各条支流,总会准时在迷蒙的晨光中迎来携带各式容器的男女老少。码头上的人们熟练地拨开水面漂浮物,再迅速将容器没入水中盛满水,接着各显神通将注满水的容器运回厨房,如此往返数次,直至注满自家大缸。之后,他们又会赶紧回到河边淘米、烧粥,待到灶头里架上桑木后,才会利用空档洗漱,而这依旧是在河边进行。

等到太阳升起的时候,洗洗刷刷的家务活相比打水的节奏明显放慢不少。农家也会在此时来到田边,如果适逢播种时节,他们便会操纵水车,将河水源源不断地输送到田野中去。渔家则会不紧不慢地摇着乌篷船准时出现,随行带着他们披星戴月捕获的各类河鲜。如若想买,岸边的人可以随时叫住渔船交易,临水楼阁里的熟客更是可以循着摇橹声将装着钱的竹篮吊下窗外,待渔夫放上鱼后吆喝一声,再缓缓提回楼里。在那个时代的上海,水与日常生活息息相关,它同样融入了孩童的游戏当中。

与如今家长的"谈水色变"不同,那个年代的父母更多践行着一种"堵不如疏"的观念,这自然与当年的时代背景有关。设想当父母忙于生计,根本无暇照料膝下子女时,如果子女能够发现自得其乐的路子,岂不是两全其美。因此,每逢炎热的夏季,年长的孩童便会带领一众弟妹到堂前屋后随处可见的河里玩耍。久而久之,这里的人们普遍谙熟水性,倒也极少发生溺水的事故。又由于从小亲水,孩子们即便在不适合下水的季节也愿意在河边玩耍,而并排停泊在岸边的乌篷船就是他们捉迷藏的好去处。

时至今日,上海这座城市的生活方式和节奏早已今非昔比,但人们与水为邻的情节却依旧得以延续。只是由于城市建成环境的变化过大,它们不免换了一些形式,却依旧充分体现在人们的生产生活和休闲娱乐当中,也许这就是江南水乡所特有的生生不息的魅力吧。

鱼跃入水的同济青年
图片来源:金经昌 摄影

新都市水生活

开埠以来的城市化进程让上海人民逐渐告别了原生态的生活方式,改革开放所带来的经济发展更是推动了城市生活的当代化发展。与先前的充分依赖原生态自然不同,如今这里的人们习惯于通过各式各样的建成环境,将自然界的水体稍加"处理"之后,再引入新都市生活当中。

"上海自来水来自海上",这句俏皮话不知道"误导"了多少天真的孩童。实际上,上海最早的自来水来自黄浦江。1883年6月,当李鸿章亲手打开阀门,将黄浦江水引入蓄水池的时候,中国第一个现代化水厂终于在杨树浦宣告建成。这一事件让市民的饮水卫生开始有了保障,在上海城市公共卫生发展史上也是重要的一笔。经过数轮的改扩建以及所有权变更,一度号称"远东第一大"的杨树浦水厂至今依旧服务着周边近200万名市民。

杨树浦水厂的建立代表了上海市政供水事业的起点。在后续一百多年的时间里,经历了原水点从黄浦江下游向上游的转移,如今的上海已将水源地拓展到了更为宽广的水域——长江。随着2011年长兴岛青草沙水库的完工,以及2016年金泽水库归并了黄浦江上游所有的水源地,上海正式形成了"两江并举、集中供水、水库供水、一网调度"的原水供应格局。

作为沪上闻名的"全国重点文物保护单位",杨树浦水厂的公共服务功能当然不仅限于市政供水。经过整体修缮,这座洋务运动时期的建筑凭借独树一帜的堡垒造型,为游人如织的杨浦滨江带来了一抹西欧中世纪风情,并成为了重要的网红打卡地。杨树浦水厂的多重身份让它成为了一种符号,意味着水体早已通过更加现代化的方式融入上海人民的生活当中。

从英国泰晤士河上跨越百年历史的"亨利杯"皇家赛艇比赛,到美国波士顿的查尔斯河赛艇大赛,放眼世界,不少水岸都会的赛艇文化早已成为城市生活的一部分。在这方面,通江达海的上海自然不只有漂荡在江河水网里的乌篷船,而是作为中国赛艇运动的发源地,早在1852年就成功举办了国内第一场赛艇会。正当一切呈现欣欣向荣的态势之时,时局的变动使得一度有望风靡全市的赛艇运动骤然陷入了低潮。

2021年10月,苏州河成功举办了国际赛艇公开赛。这一重大赛事不仅为上海找回了遗失多年的赛艇基因,也引起了热烈的反响。到目前为止,上海已有近10家民间赛艇俱乐部相继注册成立。"上艇"不只是一张对外的城市名片,也是让世代生活在这里的人们重新认识自己家乡的契机。苏州河4.2公里赛道如同一条斑斓的时光隧道,串起满是历史印痕的众多桥梁,也串起邮政博物馆、划船总会、四行仓库等诸多历史街区和景点,它们遥遥相望,向所有人展示着城市因水而生的岁月进程。

苏州河上艇赛盛况
图片来源:图虫创意 提供

苏州河水岸游趣
图片来源：恒中摄影工作室 车凯 摄影

同样是活跃在水上的身影，曾经光溜溜的孩童顶着盛夏的烈日，整天泡在河里的场景还历历在目，他们的后代却已经穿上了印有卡通图案的专业游泳装备，在游泳馆里以更加安全的方式与水进行着亲密接触。据"上海本地宝"统计，2021年的夏天全市有860家游泳场所开放，其中包含有相当数量的温水泳池。它们不仅如同当年堂前屋后的河流一般，满足了人们就近游泳的需求，更让这项运动脱离了气候条件的限制，成为了游泳爱好者全年的灵魂归宿。

从日常生活到休闲娱乐，如今的上海人民已经有了一套新的与水打交道的方式。这既是一种演化，也是一种循环，因为一切皆源自水，也因为一切都围绕水而发生。在上海，水是永恒的主题，它通过对于市民生活经年累月的影响，已经升华为了一种城市文明，从而将所谓的"与水共生"进行了在地性的人本化体现。

城市的生命力

自古以来,绵延的水脉一直是上海的生命力所在。这里的"一江一河""横塘纵浦"为城市早年的崛起输送了活力。时光荏苒,曾经的城市水体也随着持续的城市化进程变换了形态:它们有的在开埠以来的筑路行动中被填平,成为汽车时代的城市动脉,有的成为当代城市的公共空间,有的则充分融入生态化的居住环境当中。然而,无论岁月让水体如何幻化,它们依旧作为物质空间的重要组成部分,持续不断地推动着城市的生态发展进程。

上海水网示意图
图片来源:王卓尔《回到浦江:对滨江慢行系统及开放性的思考》,《时代建筑》,2017年,第4期,36页

从河网到路网

源于明朝万历年间的"沪上八景"之一的"黄浦秋涛",曾有竹枝词如此描述:"十八潮头最壮观,观潮第一浦江滩。银涛万叠如山涌,两岸花飞卷雪湍。"古人传神的描述让江水的动态跃然纸上,却也留给了今人满腹的疑惑——毕竟现下江南地区只有钱塘潮,哪来黄浦潮。实际上,两百年前上海的黄浦潮丝毫不亚于钱塘潮,如今豫园的观涛楼便是当年观潮点的遗迹所在。至于黄浦潮短期内消失的原因,有学者认为,这与过去100多年间上海对于城市水系的大幅度治理有关,其中最广为人知的,便是始于20世纪的填河筑路工程,它也是决定如今上海市区路网分布的重要因素之一。

以如今上海的老城厢地区为例,除明代豫园和上海文庙内有池塘、小溪外,其余地方皆为陆地。然而,这片看似广袤平原的城区,开埠前却呈现出一派河渠交错的典型江南市镇风光,甚至由于交通主要由舟船承担而获得了"有舟无车的泽国""东方威尼斯"的称号。在以农业经济为主的时代,河流是水乡上海的城市血管,为社会的正常运行起到了不可替代的作用。然而,随着开埠后现代化城市对于陆上交通的愈发倚仗,水道的作用逐渐弱化,甚至对于现代城市的经济发展产生了一定的阻碍。

学者诸大建为上海浦西的城市空间定位了两个重要的十字轴,其中之一——也是旧上海的中点——由西藏路和延安路交汇而成,拥有如大世界、人民广场等城市地标。鲜为人知的是,这两条道路均是填河筑路的产物,它们的前身都在旧上海地域划分的过程当中起到了重要的作用。其中,西藏路在1912年由英租界的西部界河——泥城浜演变而来,并一举带动了周边地区的商业发展,如今的第一百货、大世界、和平电影院皆源起于那个时代。三年之后,随着旧上海最宽阔的马路——爱多亚路的诞生,大名鼎鼎的洋泾浜从此只能在本地人自嘲(互嘲)讲英语不地道时听到。

实际上,如今上海市内所有带有"浦、塘、泾、浜"等,与水有关字眼的道路均由河流演变而来,比如方浜路、肇嘉浜路、陆家浜路等。商务印书馆的张元济曾经回忆道,他1900年前后住在虹口,在徐家汇一带的南洋公学工作。每日上班时,就坐一条小船,从虬江到蒲汇塘,在今天的漕河泾一带上岸。这条水路路径,没过几年就不通了,由此可见当时填河筑路工程的推进速度。它很快将上海由泽国变成平原,也将曾经密布的水网变成了路网,变成了现代化大都市新的血管和生命力所在。

上海市中心的延中绿地,让城市呼吸
图片来源:图虫创意 提供

编织出一幅蓝绿图景

填河筑路是近代上海城市化、汽车化的必然结果。同时，对众多死水河浜的填筑，还优化了人居环境，对于改善城市交通和公共卫生、提高城市环境质量都具有不可低估的作用，是一种合乎历史现实和自然区域特点的选择。那么，城市化是否必须以大量填没河道为代价？其实并不尽然，以上海近年来进行的河道整治以及城市绿地系统的建设为例，它们不失为一种促进城市与自然相互融合、相互促进的有益尝试。

2018年，上海市民的微信"朋友圈"里突然流行了一个新的主题——"最美河道"。谁家小区旁如若流淌着一条"最美河道"，那便立刻多了一样日常炫耀的谈资。作为第一届脱颖而出的20条"最美河道"之一，杨树浦港是杨浦区地名的由来，它见证了这里百年民族工业的沉浮，也将"工业锈带"串联成杨浦的"底色"。如今，经过悉心治理后的杨树浦港早已蜕变为城市滨水公共空间开发的样板段，短短数年间，这条杨浦区的母亲河经历了从"工业锈带"到"生活秀带"的华丽转身。

今天的杨树浦港东岸，树影幽幽中，一条精致的水岸历史长廊沿河铺展。从"四史探寻"到"依水而兴"到"因水灵动"，一块块图文主题展板呈现着杨树浦港的历史与风貌。在这里，人们不仅可以闲逛小憩，还能读一读关于河流的故事，了解杨浦自古以来与水的不解之缘。诸如此类细致而多元的布置，使得如今的杨树浦港沿岸拥有多处网红休闲打卡点，也为附近小区居民的业余休闲生活增添了无限光彩。

经过三年三届的评选，如今的上海处处都有"最美河道"，一方面，作为当年填河筑路工程的"幸存者"，它们为当代城市保留了曾经的江南

郊野湿地编织自然图景
图片来源：图虫创意 提供

水乡记忆；另一方面，那些被填平的河道作为一种特殊的土地资源，通过为现代化的城市景观建设提供载体，有效填补了大量水体消失所带来的生态空白。

还是那条脱胎于洋泾浜的爱多亚路，它在时局的不断变化当中数易其名，成为当代城市东西方向的大动脉——延安东路。如今的延安东路两旁绿色成串，其中人民广场路段更是为大片绿化所笼罩。这一堪比纽约中央公园的绿色名片便是著名的延中绿地。

通过蜿蜒起伏的山丘、曲折萦回的小路、潺潺的流水体现出盎然野趣，延中绿地与周边的城市文明形成强烈的对比，是闹中取静的好去处。然而它的前身却是一片旧房危房密集区，它们沿当年的洋泾浜而建，经历了一百多年的扩张与演变，以摇摇欲坠的状态几乎支撑到了21世纪。2000年，为了改善城市生态环境，缓解中心城区热岛效应，提高市民生活质量，上海市政府毅然实施了在特大城市中心区域"拆房建绿"的破天荒举措。

"人往郊区走，树住市中心"，在铺天盖地的质疑声中，工程依旧如期动工，开于2001年7月1日正式对外开放。没有围墙的延中绿地对所有市民免费开放，这一创举不仅改善了上海市中心的空间环境，还呈现了上海"把城市和建筑建在绿色中"的新面貌。此后数年间，延安西路两侧涌现出了如新虹桥中心花园、华山绿地、凯桥绿地、延虹绿地等城市绿地，曾经蓝色的洋泾浜，如今成为了绿色的延安路。

延中绿地开创了上海在中心城区建设大型公园绿地的先河。受其影响，世纪之交的大宁灵石绿地、徐家汇公园、黄兴公园等开放式公园先后建成于城市的各个区位。这股"绿色风暴"让上海的城市绿地系统化，并与外围的郊野公园一道，让城市的人均绿地面积完成了从"一双鞋"（1949年人均绿地0.132平方米）变为"一间房"（2019年人均绿地8.4平方米）。新生的城市绿地体系与历史悠久的河道水网一起，编织出一幅崭新的蓝绿图景。

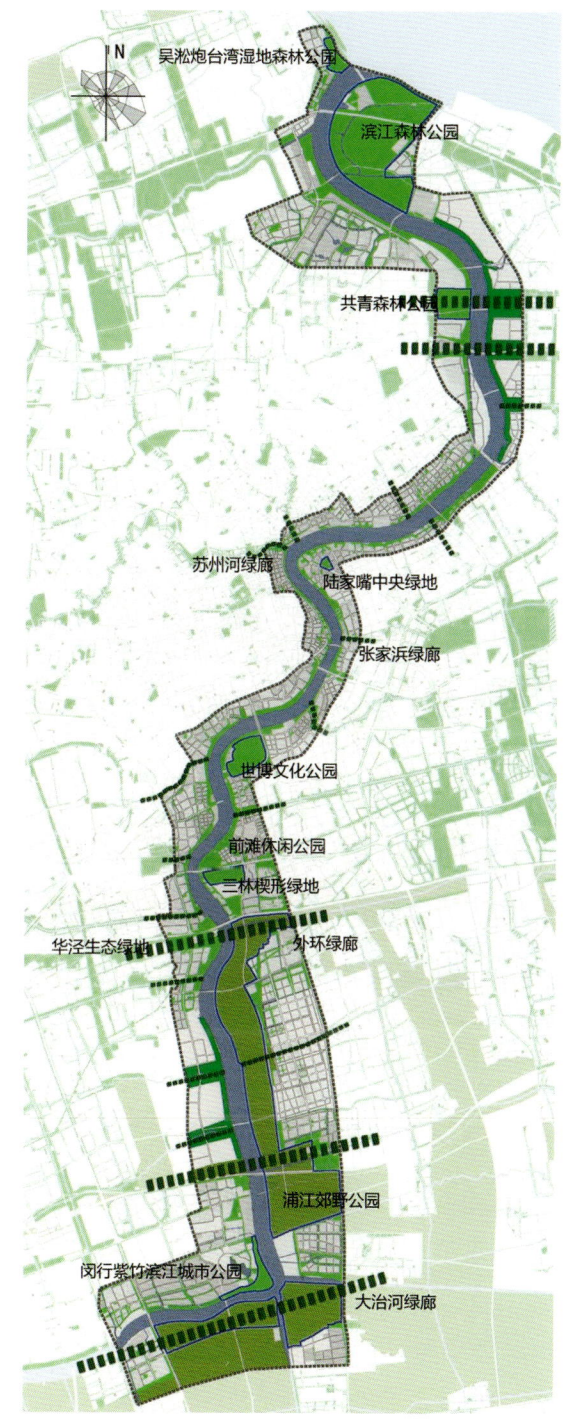

黄浦江沿岸生态空间规划图
图片来源：上海市规划和自然资源局《黄浦江沿岸地区建设规划（2018—2035）公众版》，40页

围绕湿地的栖居

黄浦江沿岸的跑者
图片来源：恒中摄影工作室 车凯 摄影

如果说现状的蓝网绿道是上海的动脉和静脉，那么点状的湿地就是城市的肾脏。作为城市生态系统的重要组成部分，湿地在城市水土保持、气候调节、防洪防旱、促进生物多样性等方面具有不可替代的作用。21世纪以来，上海市愈发认识到湿地对于城市生态环境的重要性，并通过不断地尝试成功将其融入了当代城市人居环境当中。

每逢春暖花开，闵行区万科假日风景小区的蔚秀湖周边总会变得格外热闹，尤其在节假日里，总有不少业主三五成群地在林子里的树梢上搜寻着什么。一旦某处有了新发现，旁边的人便会立马围上来，展开讨论，四下顿时充满了欢快的气息。仔细一看，他们的目标原来是各种栖息此地的鸟类，而之所以如此兴师动众，是因为业主们早已成立了颇具规模的观鸟协会，他们集体培训、集体实习，蔚秀湖周边便是他们最好的"试验田"。

得益于上海万科当年颇具远见的决断，脱胎于荒野湿地的蔚秀湖并没有因工程项目的建设遭到填埋。经过整饬的蔚秀湖融入了社区的景观系统，并从此与居民朝夕相处，真正成为了社区生活的一部分。这种自然友好型的开发模式让如今的蔚秀湖成了社区中的生态核心，容纳了上百种野生鸟类在此栖息。在人类悉心的呵护下，鸟儿们与周边的鱼虫植被和谐共生，共同构筑成了一片人居环境中少有的湿地风光。

与寸土寸金的市区难以为湿地留出充裕的空间不同，上海市郊的湿地公园建设早已形成了一定的规模。位于松江的辰山植物园通过模拟天然湿地的水文、植被等生态条件，将保护生态系统与营造湿地公园相结合。到了春天，各种动物热闹了起来，它们在引自鄱阳湖、洞庭湖的原始水生植物群落中生息繁衍，形成了一个较为完整的湿地群落。

有趣的是，上海万科与辰山植物园的交集不止于城市湿地的保护与开发，它们已经在更广阔的领域当中展开了合作。迄今为止，无论是嘉定区安亭新镇"莱茵半岛"上"将孩子还给大自然"的甜蜜课堂，还是青浦区获得LEED金级预认证的"天空之城"，不同领域的两家单位各显所长，从空间与文化两个维度，为上海贡献了越来越多"自然共生"意义上的栖居空间。一系列的实践也使上海万科与辰山植物园共同成为了当代上海能动建构城市生态系统的先锋。

欢乐地骑行
图片来源：恒中摄影工作室 车凯 摄影

春申假日风景蔚秀湖水鸟
图片来源：上海万科 提供 JerryXu 摄影

建构城市的生态系统

当人与水达成了新的默契,人们开始享受当代滨水生活的时候;当城市依赖水的加持,呈现出崭新发展面貌的时候,如何应对城市化的过度发展,营造一种动态的生态平衡就成了新的时代课题。伦敦、洛杉矶等国际都市的经验告诉上海:跳出过度依赖主观意志改造自然的粗放型发展模式,在顺应自然的同时能动地将其融入城市生活当中,是后工业时代的上海所必须拓展的新视野。

陆家嘴二期滨水绿带
图片来源:《时代建筑》提供

天蓝水清的韧性城市

随着党的"十九大"报告首次提出打赢环境保护的"三大战役",国家对于水、土壤、大气的治理工作进入了一个新的阶段。聚焦上海,这座当年的工业重镇在与环境污染所进行的长期斗争中,逐渐认识到要想在后工业时代获得真正高质量的发展,不仅要下定决心全面治理好城市的生态环境,还得加强自身对于大自然的适应性和抵抗力,以辩证的眼光建设一座天蓝水清的韧性城市。

上海早年就是一座天蓝水清的城市,20世纪初苏州河水质曾好于同时期的泰晤士河。1912年,上海第一家啤酒厂——斯堪脱维亚啤酒厂的酿造用水便取自苏州河。然而,20世纪末满河道的劣五类水体一举改变了历史。当地处恒丰路的闸北水厂被迫搬离的时候,当上海大厦朝向河道的一面被迫装上密封窗户的时候,民间出现了这样的顺口溜:"五十年代淘米洗菜,六十年代洗衣灌溉,八十年代鱼虾绝代。"由此可见,苏州河的治理工作已然迫在眉睫。

为了还周边市民一条清波荡漾的苏州河,从20世纪90年代末开始,上海打了一场持续几十年的苏河治污战役。随着2000年"消灭黑臭,让鱼儿回来"的初步目标的达成,上海开始把干流治理与支流治理、苏州河治理与黄浦江治理结合起来,并持续下去。2020年底,当两岸贯通工程宣告完工,苏州河已经变成上海建构当代城市生态系统的典型案例。即便如此,苏州河的水质依然只有五类的水平,仍不足以满足部分水生动植物的生存需要。以苏州河为主战场的上海水体治理战役,还需要整座城市长期不懈的努力。

上海空气湿润,北纬30度、太平洋西岸地理区位为城市带来了大量降水和较高的地下水位,防洪排涝也随之成为了这里的永恒话题。在古代,上海有密布的河网将多余的水量源源不断地排往江海。然而,填河筑路工程封闭了这条渠道。眼见水患逐年愈演愈烈,上海很快意识到人类强行驾驭自然的严重后果,并随之践行了一项与自然共生的御水之道——海绵城市。

海绵城市作为新一代的城市雨洪管理概念,指城市能够像海绵一样,在适应环境变化、应对雨水带来的自然灾害等方面具有良好的弹性,也可称之为"水弹性城市",另有国际通用术语"低影响开发雨水系统构建"。该项技术能够在下雨时吸水、蓄水、渗水、净水,需要时将蓄存的水释放并加以利用,实现雨水在城市中自由迁移,是当代韧性城市建设的重要手段。

在普陀区的新兴高地——桃浦智创城的中央公园里,一处被绿化所覆盖的小山包貌似平平无奇。然而事实并非如此,小山包的下方隐藏着一座巨大的雨水调蓄池,每天3万立方米的蓄水量让它具有雨季时降低片区洪水风险,和旱季时储水备用的功能。不仅如此,公园还通过巧妙的设计,将"海绵城市"融入了大地景观营建当中。从柔软的湿地,到岛屿,到休闲湖泊,再到造型独特的城市码头,这里的游客处处可以感受到水元素。

万科甜蜜课堂,孩子们走进徐汇万科中心自然空间中探索
图片来源:上海万科 提供

实际上,上海"海绵城市"的建设早已取得了丰硕的成果,知名的五角场下沉广场、浦江郊野公园、"上海之鱼"周边道路等,都或多或少地运用了"海绵城市"的设计理念,也是城市雨水调蓄和防洪排涝的重要节点。然而桃浦中央公园之所以特别,是因为它还拥有脱胎于曾经的污染重地——桃浦化工工业区的特殊背景,是展示上海土壤治理工作成效的典型。根据多年的土壤治理实践经验,这里的研究人员编写了一系列理论成果,有效填补了上海乃至全国土壤环境治理工作的理论空白。

如今站在桃浦中心公园的山包上,在一片翠绿的簇拥下举目远眺,如水晶一般蔚蓝的天穹下,周遭进度各不相同的一栋栋高楼,正隐喻了当代上海环境保护和韧性城市建设的现状——或许某些方面才刚刚起步,或许不同领域的发展并不均衡,但是在各行各业的齐心协力之下,上海将持续迎难而上,直至拥有属于自己的那片"2035 蓝"。

杨浦水厂滨江绿带
图片来源:《时代建筑》提供

低碳城市里的低碳日常

2010年,"低碳"理念首次与世博会融合——上海世博会以一系列的展馆作为主要载体,将"低碳"带到了黄浦江边。作为先行者当中的先行者,首先喊出"低碳"口号的万科馆是所有展馆的缩影,它将"低碳"的理念融入了建筑的方方面面。首先,万科馆以"低碳"为主题,讲述了解救金丝猴、退耕还林、资源循环利用、蚁穴探秘等多个发人深省的环保故事。整栋建筑的高潮部分——"尊重·可能"厅以巨幕影片为媒介,向参观者介绍了一系列个人和组织为保护生态环境所做出的行动,反映了不同个体的力量逐步汇聚,最终形成中国环保行动的整个过程,极具启示意义。

内部展陈以外,万科馆本身就是一个"低碳"建筑——它的表皮以秸秆板作为材料,这一特殊的形象向外传递了如下观念:"如果人们尊重自然的应有状态,就会减少与自然的无谓对抗。"此外,天窗自然采光不仅可以节省能源,还能体现自然光之美。不仅如此,建筑还通过对于热压和风压的有效利用,实现了自然通风,从而有效降低了空调能耗。

在低碳世博的推动之下,上海又经过11年的摸索,终于在2021年提出力争2025年前完成"碳达峰"的目标,这一目标比全国整整提前5年,而上海有这样的底气,后世博时代,上海持续优化调整用能结构,积极推动节能减排,为碳达峰夯实了基础。在此之上,上海还依托长三角一体化国家战略,推动了长三角生态绿色一体化发展示范区建设,为碳达峰拓展了空间。作为一座金融和科创中心,上海积极发挥了自身优势,依托先进的技术构建绿色金融创新发展体系,为碳达峰提供了支撑和动力。

上海的低碳发展能够取得上述成就,同样离不开近2500万名市民的共同努力。因为除了支柱产业的相关领域,市民日常生活中吃、穿、住、用、行等各个方面都会对城市的碳排放总量造成重大影响。因此,上海要实现快速而可持续的低碳发展,就必须要推行一套与之相匹配的低碳生活方式。实际上,上海的人民早已行动了起来。

2022年1月1日清晨,西岸的江风依旧传递着冬日的寒意。与此相对,卢浦大桥脚下的滨江广场却呈现出一番火热的景象——这里的上百

万科乐跑在滨江启航
图片来源:上海万科 提供

名"小黄人"正在专业教练的带领下结成方阵,认真地做着拉伸。原来,他们都是万科城市乐跑赛的参与者,对于美好生活的憧憬让他们迫不及待地"跑"入新的一年。片刻之后,随着一声清脆的发令枪响,人群从起点拱门当中鱼贯而出,在两列由环保材料制作的宣传旗帜之间,沿着徐汇滨江宽阔的绿道,踏上了5公里健康跑的城市赛道。

乐跑源于2013年,是万科响应国家有关全民健身的号召,呼吁社会各界积极创造健康人生的体现。创立至今,乐跑在上海的足迹已经遍布世纪公园、东方体育中心、嘉定体育公园、陆家嘴滨江沿线、国家会展中心等各大地标和景点,见证了万科进入上海三十年来与城市共同发展的脚步。与一般的跑步赛事有所不同,乐跑的"小黄人"正在不断尝试与推广将跑步与"零废弃"的生活方式相结合。比如跑步时携带运动水杯,自备运动毛巾,甚至用跑步完成短途通勤等。这些环保行为对于个人而言只是举手之劳,一旦拥有足量的践行者,便会形成足以影响整座城市低碳发展的积聚效应。因此,2022年8月20日,乐跑联合万科公益基金会在零废弃日当天面向全网发起"乐跑零废弃"活动,邀请大家一起跑出创意与低碳路线。

在"健康第一,比赛第二"的行进过程中,乐跑"小黄人"们会主动捡

起沿途地面上的垃圾，并按规定投放进路边的分类垃圾箱。以干湿分类为基础的垃圾分类，是上海从2011年就开始推进的一项系统工程。据统计，到2019年，上海垃圾分类的试点小区从最初的100个扩大1万多个，包含500多万户家庭。日均约2400吨湿垃圾经分类得到了资源化再利用，全市生活垃圾从2011年日均焚烧、填埋18 902吨下降到2016年的16 491吨。可以说，上海通过迅速推进的生活垃圾分类工作，取得了比较显著的垃圾减量成果。

2019年7月1日，上海正式开展垃圾分类行动。干垃圾、湿垃圾、有害垃圾、可回收物，新的分类方式需要市民们更为深入地学习和更为严格地执行。在居民自觉而密切的配合下，上海市各级政府迅速推出各类智能化手段助力垃圾分类，用"一网统管"系统有效解决了诸多难题，使得新一轮的垃圾分类工作迅速取得了良好的成效，并成为了全国各大城市学习的榜样。

与江畔跑者一道前行的，是不时从一侧自行车道掠过的共享自行车骑手，他们也是如今上海的一道风景。2016年，当充满科技感的"滴滴"扫码声逐渐形成交响，一辆辆共享单车出现在了上海的街头巷尾。这种诞生于当代"共享文化"的自行车具有投放范围广、费用低廉、随扫随骑等优点，也因此深受社会大众的欢迎。2017年5月，来自"一带一路"沿线的20国青年将共享单车与高铁、扫码支付和网购，并列为"中国的新四大发明"。

时至今日，对于初入职场的上班族而言，"共享单车＋地铁"的出行方式已是日常标配，很多"有车一族"也因受惠于共享单车强大的接驳功能而选择回归上海发达的城市公共交通系统，这直接减少了汽车尾气的排放。作为一种绿色出行方式，共享骑行对于节能降耗和城市实现"双碳"目标具有重大的积极意义。据中规院《2021年中国主要城市共享单车/电单车骑行报告》显示，上海共享单车用户的人均年碳减排量为34千克，平均1位共享骑行用户的年减碳量约等于2棵树；平均30辆共享单车的减碳量就可以抵消1辆燃油小汽车的排放量。

俗话说："九层之台，起于累土"，低碳城市的营造势必离不开市民低碳生活方式的支持。后世博时代，在绿色出行、垃圾分类等新概念的引领下，3D打印、工业自动化、新能源、绿色照明、绿色设计、绿色通信、绿色食品等主题也通过各行各业越来越频繁地出现在上海的日常生活当中。它们让所有人在充分享受低碳发展所带来的便利的同时，反过来促进城市的低碳发展，从而使得两者在不断的相辅相成当中，形成一种良性循环。

2022年上海马拉松在外滩起跑
图片来源：恒中摄影工作室 车凯 摄影

奔跑吧，上海

徐洁

都说上海人走路快，女士和男士一样步履匆匆。上海市中心的马路本身就窄，与笔直疏朗的北方大马路相比，这里路网密集、人流如织，摩肩接踵争先恐后地行走成为都市一景。自1843年开埠，上海这座城市开始睁眼看世界，从此一路奔跑奋力追赶，奔跑的身姿是近代上海发展的真实写照。虽然道路漫长曲折，经历几代人的执着追赶，奔跑的上海终于跻身于世界级一流城市发展的潮流之中。

在这场无终点的全球竞逐奔跑中，东方中国的身影开始出现在第一方阵。2006年瑞士洛桑国际田径超级大奖赛上，上海小伙刘翔奔跑、腾跃、冲刺撞线时，记分牌定格在12.88秒，一个新的110米栏世界纪录诞生，打破了沉睡13年的世界纪录。"中国有我，亚洲有我"，奔跑的刘翔喊出了年轻的朝气和自信，也是中国踏上新征程的心声。东方小巨人姚明在美国NBA联赛上的奔跑投篮，则让世界看到了开朗、幽默、睿智的中国人，诠释了更快、更高、更强、更团结的奥运体育精神。今天，开放的上海拥抱世界，年轻一代在与世界的交流中变得更加自信、乐观，而来自五湖四海的人们也来到上海，让这座城市充满活力。

奔跑的马拉松已然成为这座城市的年度盛典。当年，雅典人菲迪皮茨从马拉松战场跑回雅典，激动地喊出"欢乐吧，雅典人，我们胜利了"，这几乎定义了马拉松跑传递胜利、和平、欢乐的美好初心。今天，城市马拉松跑的魅力在于更加开放、包容、更多欢乐分享。数万名来自全国各地世界各国的选手欢聚一堂，无论是经验丰富的精英跑手还是重在参与的大众跑手，无论是健康还是身障、年轻还是年长，都能够肩并肩站在同一起跑线上，共同奔跑在开放的城市赛道上，而全世界也可以通过卫星全程直播分享这一非凡的欢乐时刻。

城市马拉松已经是各大城市竞争的生活标志，因为马拉松的线路设置从开放的城市道路中选取，42.195公里线路把最能代表城市气质的建筑、风景串联在一起，是展现城市历史文化、日常生活与风土人情的独特窗口，既可以看到城市的生长、发展、活力、朝气的一面，也可以触探到这座城市的市井烟火气和亲和力。

就像纽约、伦敦、东京等地的马拉松，上海马拉松也是打开魔都魔盒的独特方法。镜头追随跑者的脚步呈现城市的结构脉络纹理，串联起上海的代表性空间和标志性载体：起点外滩是上海近代的金融贸易中心，接着转入赫赫有名的南京路步行街至静安寺，两旁是上海最具特色的商业综合体和街区；前半程多为遮天蔽日的梧桐林荫道，小尺度密集的街道两旁有不少上海近代风格的里弄历史风貌街区，转角处几幢老派典雅的公寓大楼，与高耸入云的现代摩天楼遥相呼应；中间赛程转入高密度中心城区中稀有的疏朗空间——徐汇滨江，从昔日封闭、割据的港区仓储装卸、工业制造基地，转型升级为开放、共享的城市公共客厅和生态景观长廊，全方位贯通的滨水步道、骑行道、广场中穿插着活化利用的工业建筑遗产，新颖的美术馆、博物馆，绵延不尽的花草绿植，激活了大众健身休闲嬉游等各种活动；赛程后段途经徐家汇地区，那是上海近代西风东渐的起点，文化遗产包括徐家汇大教堂、大学堂（徐汇中学）、藏书楼、天文台等，还有近代民族工业的遗迹——与高耸的徐家汇教堂钟楼相辉映的烟囱塔，坐落于徐家汇公园内，前身是建于20世纪20

年代的大中华橡胶厂，作为中国早期最大的橡胶工业企业，也是最早制造轮胎和出口轮胎的工厂，它打破了国外轮胎垄断中国市场的局面。20世纪90年代，随着城市发展工厂外迁，保留下来的28米大烟囱经过设计改造变身城市雕塑和灯塔，成为徐家汇中心公园的标志，在晨光中熠熠生辉。

这一刻的城市道路上，川流不息的不再是车流而是人流，数万跑者成为主角。相比专业选手追求速度和比赛成绩，参与上海马拉松的大众跑者追求超越自我，用双脚一步步丈量街道，用双眼张望沿途的城市风景，用心灵感受上海城市的脉动、温度和烟火，现场观众也用手势和欢呼与之互动，气氛热烈而欢乐。而电视机前的观众也追随跑者的脚步和视角，重新发现了上海城市日新月异的变化和无穷魅力——奔跑的上海开始从追赶世界转向超越自我，奔向未来的理想生活。

工业社会中，橡胶和煤炭、钢铁、石油一样，是推动经济社会发展进步的主要动力，橡胶轮胎让人类的行走速度产生质的飞跃，汽车、摩托车、自行车等成为现代人非常重要的代步工具。而橡胶聚合物产生的弹力，有效缓解了跟腱压力，让行走与奔跑变得更为轻盈、愉悦。后工业社会，随着城市经济转型和空间变迁，越来越多的人穿上各式运动胶鞋，在掺杂橡胶的塑胶跑道上奔跑嬉游漫步。蜿蜒的塑胶步道在城市各个角落生长蔓延，引领着全民品质生活的提升、让奔跑成为当下生活的日常。

而上海母亲河黄浦江45公里滨水岸线贯通，似乎暗合了城市马拉松42.195公里的距离，暗合了上海这座城市始终在路上的奔跑信念。上海城市的滨江复兴始于2010年世博会，2017年底黄浦江45公里岸线基本贯通，标志着上海中心城区以开放、连通多路径激活滨水空间，以活力强化城市慢行连接，注入日常功能活动，以人文传承融合文化历史，以绿色生态网络延伸勾连城市的自然系统，以公共服务提升丰富的亲水体验。

和变迁的城市景观一样，中华橡胶厂也经历了蜕变重生、超越自我的空间变迁，是上海城市发展历程的缩影。20世纪90年代它与闵行正泰橡胶厂合并，工厂迁至外环线以外的沪闵路1391号，8.6万平方米厂区让企业获得了新的发展空间。2007年后因产业转型工厂再度沉寂。今天，在上海华谊、万科、弄升公司的共同注资下，通过城市更新让闲置的18幢工业建筑重新复活，以"华谊万创·新所"创新产业园区的新身份重登城市发展的舞台。它不再是封闭的厂区，而是与周遭城区、校区、社区、园区密切联动、融合发展；它承载了创新的梦想，踏上了时代的新征程，在上海城市发展的"马拉松"奔跑中砥砺前行。

外滩源保护与再生札记

常青
中国科学院院士
同济大学教授

如今的"外滩源"地名产生于千禧年初，本义是指19世纪中后期至20世纪初原英国领事馆所在的外滩33号及西侧南苏州路上的联合教堂、牧师宿舍和划船俱乐部所在的地段，并扩及圆明园路—虎丘路所围合的历史街区。具体范围北起苏州河，南至北京路，东临外滩，西界四川中路。总体上具有公共租界的肇始意义，故予名"外滩源"。

20世纪二三十年代，随着越来越多的欧美学院派建筑师和留学归来的中国第一代建筑师在上海开业，形形色色的西方建筑复古主义和新艺术运动思潮逐渐显现于外滩源的一系列的建筑之中。如早于国际饭店装饰艺术风格的真光大楼，由著名匈牙利建筑师邬达克设计。尝试中西风格混合之早期代表的女青年会大楼，出自美籍教会建筑师李锦沛之手。匈牙利建筑师鸿达也在这里留下了以"巴黎式"布局为特征的光陆大楼。

除此以外，外滩源还拥有堂皇的原英国领事馆，是保留下来最早的外滩建筑。精巧的基督教联合教堂，曾是苏州河南岸景观制高点。加之一度造成万人空巷盛景的光陆大戏院，使得即使到了20世纪二三十年代，外滩源仍是上海最具吸引力的地方之一。后来，这批曾经光耀一时的老建筑又成为了外滩源历史演进的见证，它们共同给城市留下了发生于那个时期的鲜活记忆，是上海厚重文化底蕴的重要组成部分。

2001年我率团队接受的外滩源保护与再生的立项规划与概念设计任务，包含规划总占地面积17.6公顷，欲保留更新和加建的建筑面积逾42万平方米。立项规划从历史环境研究开始，追溯了外滩源地段所在两江口的地脉特征及其来源，揭示了地段形成的自然和历史原因；完成了地段内14栋登录保护建筑为主的历史建筑群的特征分析和价值评估；论证了外滩源的商业、居住、交通和绿地系统与外滩地区关联域的互动关系和活化可能。

概念设计梳理了原英领馆地段建筑、街区及绿地系统，把"拼贴城市"的理念运用于历史环境的再生及其与当代都市生活的共生，包括新天安堂等的复原设计，圆明园路—虎丘路历史街廓保护和街心空间更新的概念设计等。提出了拆除吴淞路闸桥，快车道改走地下，并增加外滩街区的步行可达性的构想，八载后成为现实。该立项规划与概念设计2002年被市政府采纳，为随后国际城市设计竞标提供了基础平台。

注：见常青《建筑遗产的生存策略：保护与利用实验》（上海：同济大学出版社，2003年），32—35页。

"横塘纵浦"与"江浦合流"

薛理勇
上海史专家
上海市规划委员会咨询委员会委员

吴淞江从太湖发源后，东流直下，注入大海，吴淞江由西向东流，是"横向的"。古人沿吴淞江每隔五里、七里疏浚或开凿一条条吴淞江的大支流，这些吴淞江的大支流一律称之为"浦"。因为吴淞江是横向的，这些"浦"基本上是南北向的，也就是"纵向的"，所以称之为"纵浦"；再沿"纵浦"每隔七里或十里，疏浚或开凿一条连接"纵浦"与"纵浦"的河；这些河流又是横向的，于是叫作"横塘"。

这样，以吴淞江为横轴线，以"纵浦"和"横塘"为辅，把太湖流域划分成由无数个"井"字形组成的网格状，每一个四周被水相围的"格子"就是一个"圩"。把开挖河道清理出来的淤泥用来加固、抬高堤岸，这样，河床阔而深，流水畅通无阻，汇集到吴淞江后注入大海，不会闹水灾；而堤岸高而厚，可以贮存更多的水，也解决了旱季的灌溉问题。

这是一千多年前古人治理吴淞江的办法和经验，虽然沧海桑田，江南的地貌、水系发生了很大的变化，但是，太湖流域还是有许多称之为"浦"的河流，这些"浦"，仍有许多是吴淞江的大支流。今天的上海市境内还有大盈浦、赵屯浦、大场浦、桃浦、彭浦、杨树浦，当然，"上海"也与原来的"上海浦"有密切的关系；上海还有上澳塘、走马塘、盐铁塘等，这些"塘"基本上是"横塘"，有明显的人工开挖的痕迹。

古代，中国的政治、经济、文化中心在黄河流域，江南只是"蛮夷之地"，人口稀少，经济发展迟缓。南宋迁都临安（今杭州市）后，许多北方的官吏、豪门随政府南迁，促进了江南的人口增长和经济发展，但也使江南面临新的问题，那就是耕田不足的困惑。为了解决耕田不足，开垦荒地、围滩造田成为普遍的现象，其结果就是河流的滩涂被人为地变成了耕田，使河流变窄，淤塞速度加快，水流受阻。其中，吴淞江首当其冲，因为吴淞江不能及时排洪，雨季来临，太湖流域被淹而成为水乡泽国；到了旱季，又因吴淞江蓄水不足而造成严重的旱情。

由于河道淤塞严重，使"滔滔黄浦如沟渠"，旱灾的严重程度可想而知。而吴淞江下游淤塞，下泄的洪水，排江倒海而下，所到之处平地成了沟渠，使吴淞江连主河道也找不到了。而到了需要用水的时候，河床干枯，"欲求一点半点水，却比农夫眼中血"。江南水利到了非治不可的地步。

明朝永乐年间，水利大臣夏原吉主持江南水利工程，他听取了上海人叶宗行的建议，决心重新调整吴淞江下游的水系。具体办法是把上海县城东面的一条"上海浦"拓宽、挖深、延长，使它在今"闸港"处与黄浦相接，成为新的黄浦下游水道，引黄浦之水向东北流，在吴淞口注入长江，排入大海；放弃今江桥以下的吴淞江水道，拓宽、挖深、延长一条叫"范家浜"的河流，引吴淞江水东流注入新的黄浦下游水道。以前，吴淞江是主流河道，黄浦是支流，"江浦合流"后，黄浦成了主流河道，而吴淞江成了黄浦的支流。

PEOPLE-ORIE[NTED] PROSP[ERITY]

LIFESTYLE CHANGE DWELLINGS HOW

因人而盛

图片来源：恒中摄影工作室 车凯 摄影

图片来源：上海万科 提供

历史洪流下的上海是一颗中西融汇的珍珠，闪熠着包容开放的光。它也是一座嵌着天然引力的魔都，天南地北的人来到这里，就把根扎在这里。

万千种居住方式组成生活的繁花，这繁花也就成了上海的居住基因。近代以来，上海的住房发生了翻天覆地的变化。里弄、洋房、公寓以及新村，它们共同拼贴了上海的居住底色，一次次重塑了上海市民的居住生活。上海对居住的探索也一直走在前头，从开埠后被动接受西方思潮，到中华人民共和国成立后重整旗鼓地主动探索，规划师、建筑师们在这片土地上写下他们的韬略，鳞次栉比的楼宇构建了上海独具魅力的城市景观。

上海也曾陷入过"72家房客"的窘境，但人人有房住的社会理想不会消失，终将回归生活的世界。改革开放后，上海率先实行住房改革——新建和改建并举、买房代替分房，商品住宅时代点燃了市民生活的光亮。生活是要有质感的，骨子里的精致使上海不断追求着居住的高品质，方寸之间的把握，透彻的户型研究，总是不浪费一分一毫的。同时，让市民融入社区生活也是上海一直努力的方向，从住区形态的优化，到社区公共空间的营造，市民的生活重拾了烟火气。不仅于此，宏观层面的布局与变迁，使上海始终将住房建在需要的地方。30年来，上海有序地调整着城市的居住结构，保持着人口结构与住房资源之间的均衡关系，多样化的房屋温暖着每一个在上海居住的人。

PEOPLE-ORIENTED PROSPERITY
HOW DWELLINGS CHANGE LIFESTYLES

新市民的新生活

从开埠起,上海就开始朝百万人口的远东第一大都市迈进。在成为中国商业贸易及近代工业的多功能经济中心的路上,这座大都市对人口的需求只增不减。不论是前来谋生的底层劳动人民;还是新型行业催生出的工薪阶层;抑或是外商买办,来此地的第一件事就是给自己安个家,新市民们将各地生活习俗融汇于此,房地产商们也窥见了其中的商机。石库门、公寓、花园洋房,针对不同的阶层出现了不同住房"产品"。

中华人民共和国成立之后,住房问题突出且任务急迫,住宅定位转向为普通大众服务。从 20 世纪 50 年代的工人新村,到 20 世纪 80 年代的大型工业居住区,发展出了更适合市民日常生活的空间形态,为之后的商品房时代打下了较为完备的基础。

生活繁花

上海里弄博物馆中的亭子间
图片来源：徐洁 摄影

万家灯火：他者的现代性

开埠以后，上海朝着一座现代城市迈进。伴随着现代化的进程，里弄、公寓和洋房，三种截然不同的住宅类型相继出现。其中我们最为熟悉的城市背景——里弄住宅，它们塑造了上海的城市风貌，同时也造就了上海人的市民特征。现代公寓非但没有走向大众普及，相反作为新的城市居住方式和潮流被吸纳进中上层社会的消费生活。洋房凭借其多样的风格和最为考究的设计，呈现了一个时代的住宅艺术特征。

上海多种居住形式的共生
图片来源：章鱼见筑 摄影

上海弄堂：居住从此走向现代

上海的弄堂，像毛细血管一样丰富，是上海人最为熟悉的城市背景。里弄住宅是一种现代居住的原型，纵横交错的里弄街区是一种基于社区生活需求并借助商业逻辑生成的城市生活单元，是上海城市住宅社区的原型。

不论是影像还是文字，都偏好将里弄中的世俗和喧闹留进作品，里弄是上海小说和电影的主要背景，是上海旧时大众生活的化身，成片的里弄里穿梭着形色各异的人。

最能代表上海的住宅莫过于里弄，上海现代住宅的开端也得是里弄。里弄是应时而生的住宅类型，也是集适应性、现代性和包容性于一体的住宅类型。

19 世纪，上海经济的繁荣和人口的暴增为房地产的诞生提供了肥沃的土壤；租界内出现了大量专供出租给华人的木板房，也成为上海里弄住宅的雏形。

1853 年小刀会起义，战乱导致江浙地区及上海周边的大批灾民涌入租界，其中不乏乡绅富豪。1855 年，租界人口达 2 万人，华洋杂居初现。随着太平天国运动横扫江南，又一批江浙居民涌入上海，让租界内的人口数量激增，至 1862 年达到 50 万人之多。

人口的暴增让外商们看见了租赁房屋的商机，一时间木板房如雨点般建起，租给租界内的华人。木板房依旧沿用的是江南民居联排式的布局，并用某某"里"划分片区，而这种商品化的房屋买卖行为也成为上海房地产市场的开端。

没几年，木板房因安全隐患就被工部局取缔，但上海的房地产业形势依旧一片大好，出租房屋由石库门式里弄住宅取代了木板房，这种早期的石库门里弄被称作"老式石库门"，以与后来的"新式石库门"相区别。

不论哪种住宅类型，都不是凭空出现，而是在某些传统形制基础上结合现代城市的实际需求加以变通、不断调整的结果。"老式石库门"没有

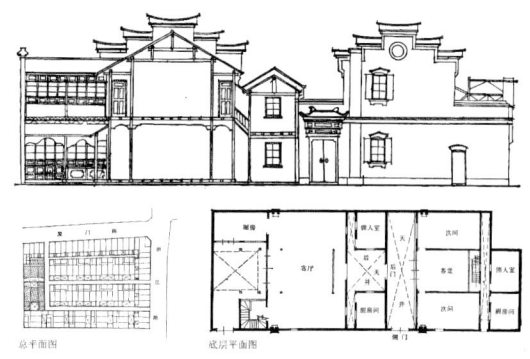

洪德里（约 1900 年）
图片来源：王绍周、陈志敏《里弄建筑》，上海科学技术出版社，1987 年

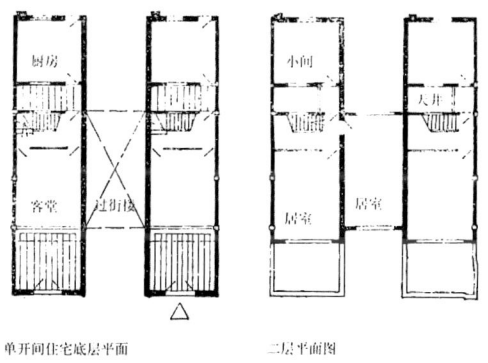

宝康里
图片来源：徐景猷《上海里弄住宅》，《城市规划资料汇编》（后改名《城市规划学刊》），1979 年，第 2—5 期

硬套西式的平面户型，而是采取中国传统的三合院或四合院的形式，户与户之间换成更为紧凑的联排式布局。结构亦采用中国传统的砖木立帖式，用条石制成门框，配上乌漆厚木大门，还未脱去深宅大院的痕迹。严整的开间意味着长幼有序、尊卑有别，同济大学人文学院的朱大可教授将此时石库门中文化语义归纳为"早期的殷富移民的独院式居住，隐含着早期乡村移民的地主式理想"。

石库门里弄住宅虽比早期木板房造价高，但更为结实耐用，且用地经济，维修费用低，租金高，因而很快风靡上海，并蔓延到老城区及华界其他地区，上海从此进入石库门里弄住宅的时代。

上海1950年的里弄也是儿童的生活天地
图片来源：金经昌 摄影

1985年，阳光下的弄堂生活
图片来源：金经昌 摄影

人口的膨胀持续进行，到第一次世界大战开始时，上海人口即达200万人左右。20世纪二三十年代，上海迎来黄金时代，黄浦江面船只来来去去，江岸工厂建了又建，到处都是一片繁忙景象。社会经济的繁荣发展让房地产业也日益高涨，每天都有大批的资金投入进新的建设中，地价也在30年间翻了40倍。大家庭的解体和不同经济水平小家庭的诞生对里弄提出进一步要求，从而演变出了一种新的形式——新式里弄。

石库门的户型从兴起之初到鼎盛时期经历了多开间到单开间的变化，早期U字形多开间来源于江南传统的合院式，底层有客堂间，二层有主卧，两侧还有厢房，可以装下几代同堂的大家庭，如1900年建造的洪德里。上海的繁荣一日比一日更盛，人口增加，用地紧俏，地价也水涨船高。工业发展带去的现代化的分工，让大家庭也开始解体。石库门里弄随即做出了一些调整，开间变小，规模变大，被称为"新式石库门里弄"。如1914年建造的宝康里、1916年建筑的斯文里，就以紧凑的单开间出现。小进深单开间的配置在那时显得尤为经济，比多开间房型要容易负担得多。再加上自来水管、电灯线、卫生设备等现代设备的引入，极其适合小家庭居住。

在1930年后，受西方科学技术发展的影响，以及新材料、新结构、新设备的应用，出现了室内外居住条件更为优越的新式里弄住宅，拥有充足的室外空间和良好的朝向、采光和通风，收入较丰的家庭普遍居住。王安忆儿时所住的淮海中路的一条新式里弄正是这类里弄，"钢窗蜡地，前门是院子，后门是后弄厨房。弄堂有前后两排房子，总共十幢，前排是单开间，后排是双开间，两大一小"。

在电影《万家灯火》中，第一幕就是主人公智清一家在石库门里的温馨生活，保姆悄悄推开卧室的门，摇了摇睡梦中的妮妮，并指着床头的闹钟，示意她到了起床去上学的时间点；妮妮穿罢衣服后，蹑手蹑脚地走到妈妈床边，亲了亲妈妈的脸庞，忽被已经醒来的妈妈一把抱在了怀中；之后她又跑去爸爸床边用小猫逗醒了爸爸。

智清一家也代表着千万里弄人家。开间的变小，虽是地产商为应对昂贵地租而采取的举措，却也适应了近代家庭结构的变化。里弄的开间虽窄，但一户一房的格局，一家子住起来还算舒适，邻里之间的关系也相对简单而松散。平日里用着"李家姆妈""张家伯伯"相互称呼，住了十几年，兴许也不知道对方的名字。

1937年抗日战争爆发之后，上海人口极度拥挤，战乱使石库门的建造

里弄更新，田子坊
图片来源：徐洁、支文军《上海24》（上海社会科学院出版社，2010年），252页

停滞，石库门里已然没有了家给人足、享受都市生活的气氛，每况愈下，逐渐演变为平民阶层竞逐的对象。里弄里逐渐拥挤，一幢房子里住的人越来越多，许多房子都通过改造来增加房间和楼层，关上门的小家生活，变得复杂且微妙。

鲁迅的《门外文谈》曾描绘过这样一幅盛夏之夜里弄居民闲聊的生活景象。"虽然彼此有些认识，却不常见面的寓在四近的亭子间或阁楼里的邻人也都坐出来了，……大家都已经筋疲力尽，叹着苦，但这时总还算有闲的，所以也谈闲天。闲天的范围也并不小：谈旱灾，谈求雨，谈吊膀子,谈三寸怪人干……"不难看出,此时的里弄已进入"杂居"的状态，成为承载大众生活的容器。

里弄不单单是具有简单功能的居住单位，更是具备独立运转能力的小型城市功能综合体。里弄街区作为城市空间单元，无论是最初的生成，还是在使用的过程中，都在不断进行着适应性调整。

初时，里弄在设计、建造时并无配套的考虑。但住的人多了，在街区里开个铺子就是水到渠成的事。有了这个想法，店主往往会设法租下沿马路的前排房子；接着全家搬入二楼，将一楼客堂间改作一家小的商店。由于被利用的客堂间面积不大（通常为 20~30 平方米），比较灵活，有时也会根据需要将两间相邻的客堂间并在一起形成一家较大的商铺。在市场的调节下，商业功能由沿街店铺开，逐渐渗入到街区内部，大部分生活用品在街区商店内就能配齐。各种行当的住客，还把报社、会馆、家庭旅馆开进了街区，为街区提供了丰富的就业岗位，里弄里复杂的结构骨架为生活带去了无穷活力。"在某种意义上来说，小的街区商店和地区中心使得上海成为一个可步行的城市。"

居住、就业、商业服务在最小的区域单元内部达到功能协调与供需平衡，这无疑是十分先进有效的，与如今所提出的"生活圈"的概念也惊人地契合。

1930 年后，新式里弄又有了进一步的分化，在租界这座"孤岛"上，房地产商们看到了租界内富裕阶层的需求，将西方独立式住宅的建筑形式与里弄民居建筑融合成了里弄式花园住宅，这种里弄式花园住宅和独立私人住宅有着接近的居住体验。当然，房地产商们在日益紧俏的土地上若是只盖花园洋房，并不是个精明的选择，同样高标准，但层数更多，容积率更大的里弄式公寓住宅瞄准了新的中产阶层，一梯多户和不同规格的标准单元，让房子的售卖更加灵活多变，其单体设计与功能分区，已初具近代公寓的特征。

不论是旧里还是新里，近代上海的移民都将生活习俗和梦想荟萃在了这里，融汇出了多样万千的人生。里弄住宅的演变也承载了不同时期上海人的居住生活，是上海近代以来的居住形态的底色。

里弄街区无疑对今天我们在城市中的生活方式、建设方式都有启发，它是一种特殊的城市空间模式与生活模式。里弄建筑所体现出的现代性、按市场供应产品的合理性、将传统与现代巧妙结合，甚至通过对小规模地块的开发带来天然的多样性等特征都能够为我们未来的城市发展提供借鉴。

高层公寓与花园洋房：现代生活的理想与憧憬

上海公寓住宅是西方城市文明的产物，与里弄住宅相比它完全体现出了西方城市的生活方式和审美情趣。

"黄金时代"的公寓大多出自洋行之手，1932年1月28日，《大陆报》刊登了上海三个新建筑即将建成开放的新闻，河滨大楼就是其中的一座。1931年初，苏州河北岸，英籍犹太人维克多·沙逊在一块留存着残砖碎瓦、断壁残垣的空旷沙地之上盖起了大楼。此地原为广东商人徐润所有，后因其负债低价售予沙逊，沙逊购买后造了石库门宝康里，见上海房产飙升，沙逊决计拆除宝康里，腾出空地再造新大楼，并取名河滨大楼。

这座高77米的高楼，是中国第一座超过10层的高层建筑，响当当的"远东第一楼"。11个出入口、7处楼梯、9部电梯，这座巨型公寓楼筑起了苏州河畔的一面"围墙"，让河滨大楼享有"海上华屋、无与伦匹"的美誉，并不只是因其庞大的体量，其建造品质和设备也在当时绝无仅有。标准户型为二室户和三室户，最大的套间为180平方米。所有房间里都配有"热水汀"（暖气片），锅炉房里的锅炉一直烧着，热水即用即出。如此豪华的配置引得大量文教商业领域精英入住。这座大楼还采用底层商铺、二层办公、三层以上是公寓的布局。商用部分聚集了好莱坞制片厂、国际化商业、物流类公司。大楼里的住户国籍各异、身份不同，是上海在全球化背景下的缩影。

张爱玲曾将公寓称作为"最合理想的逃世的地方"，她一生辗转于数个公寓，静心生活写作，还被称为"公寓作家"。1942年冬，张爱玲和其姑母搬入上海爱丁顿公寓60室居住，在此期间，张爱玲写下《公寓生活记趣》，爱丁顿公寓，亦称"爱林登公寓"，位于赫德路（今常德路）195号，在愚园路与南京西路之间。当赫德路更名为常德路后，爱丁顿公寓也被称作"常德公寓"。立面简洁有力的竖向线条，带着圆弧的挑阳台，让常德公寓在当时的静安寺一带极为出挑，甚至能在阳台上远眺外滩。"阳台外是全上海在天际云影日色里，底下电车当当来去。"倚在阳台，俯瞰上海，张爱玲在常德公寓创作出了一系列的作品如《倾城之恋》《金锁记》等，让她一时之间声名鹊起。

常德公寓较河滨大楼体量更为小巧，每层只有三户，户型有二室户和三室户。客厅是每户的主角，面积最大，还放置了西式壁炉；设有小储藏室和卫生间的卧室与今天的主卧别无二致。阳台不论是在造型，还是功能上都是常德公寓的亮点，宽阔的双阳台连通客厅和卧室。

西面统长挑长廊，既作为安全通道，又兼作服务阳台。那时的公寓因租金也不菲，入住的都是中产华人及外籍人士，日子过得体面，待人礼貌却也保持距离，邻里之间打照面顶多是点头示意，不麻烦他人，但也绝不多交流一句，关上门来便是谁也叨扰不了。也难怪张爱玲会说"在乡下多买半斤腊肉便要引起许多闲言闲语，而在公寓房子的最上层你就是站在窗前换衣服也不妨事！"

公寓大楼的邻里关系没有里弄住宅那样通透外向，显得更为独立和私密，这与公寓环境的安静、隐蔽和内向感有关。公寓将里弄中如厨房、卫生间等公共的功能纳入户内，生活起居基本可以不用踏出房门，自然也就减少了和邻里之间见面交流的机会。

而公寓住宅的厨房成为展示西方生活方式和饮食文化的前沿阵地。出入于西餐厅的男女们对西式饮食毫不陌生，轻油烟的烹饪也更适合小资阶层的生活。与此同时，范文照、过元熙等首批留学归来的华人建筑师也深刻认识到公寓这一西方舶来品建筑形式的重要性，在厨房设计上依循

常德公寓的现代面貌
图片来源：恒中摄影工作室 吕恒中 摄影

河滨大楼作为一种新生活的范式
图片来源：恒中摄影工作室 吕恒中 摄影

"住屋其实就是有组织的、让使用者得以便利的生活"的概念，有了冰箱、灶台、水槽等科学设计的现代化设施，厨房可以很好地被紧凑布置在几平方米内，最大限度地发挥每寸空间的功能和效率。

摩登和先锋的公寓氛围、国际化的建筑形象也一直延续到了今天的很多高层住宅设计中，比如近期较受关注的中兴路一号（Oriental One）。远眺社区外立面色彩及大面积的无柱转角窗，是罗杰斯史达克哈伯及合伙人建筑事务所（Rogers Stirk Harbour + Partners，简称RSHP）对现代艺术与现代技术的双重呈现，在此你既能找到上海优秀历史建筑武康大楼的影子，也能发现纽约曼哈顿地标建筑熨斗大厦的轮廓。如恩设计研究室（Neri&Hu）挥笔的室内则呈现了海派装饰艺术。

如果说高层公寓是现代居住的代名词，花园洋房永远是惬意生活的理想住所。"我们搬到一所花园洋房里，有狗，有花，有童话书，家里陡然添了许多蕴藉华美的亲戚朋友。"张爱玲描述的这番景象令人向往。

在法租界内就有大片的洋房别墅，"沿着电车轨道进入法租界的主干道霞飞路，整个景色也显得越来越宁静而有气氛"。当爬藤爬上老洋房的红色瓦墙，梧桐遮住了深色的屋顶，一砖一瓦、一窗一台，也便陷进了这片繁华中的静谧。

"洋"一字道出了花园洋房并非本土产物，且往往与奢华富有挂钩，洋房作家穆时英少年时就一直生活在洋房别墅中，他欣然接受现代化的物质享受，流连于都市迷宫，他将愉悦的洋房生活留在了自己的文字中："那时候我有一颗清静的心；一间清净的，奶黄色的小房间。我的小房间在三楼，窗纱上永远有着电线的影子。"

人群中的武康大楼
图片来源：恒中摄影工作室 薛钰滔 摄影

从追求古典气派的萌芽期到探索多样风格的繁荣期，再到注重经济实用的退潮期。花园洋房是上海所有住宅类型中，风格最为丰富的。为了彰显主人的身份，细节也最为讲究。不用追求商业价值上的最大化，不必为了面积而锱铢必较，花园洋房给了建筑师们最大的发挥空间。

就拿楼梯来说，绝非交通构件这么简单，楼梯的量感大、造型能力强，俨然是室内环境极为重要的装饰语言，是建筑师眼里需要高度重视、好好揣摩的设计着力点。

古典主义风格花园洋房中较为常见的是弧形楼梯，其造型辨识度高、形态优雅，受到业主的青睐。盛宣怀住宅和孙伯群住宅都采用了弧形的木质楼梯，盛宅的栏杆式样简朴，采用了无休息平台的弧形，足见其地位之重要；而孙宅楼梯造型自由灵活，楼梯空间开敞大气。1924年后，古典主义风格楼梯的材料更加丰富，梯段和台阶多采用强度高、耐磨性好、易于弧线加工的水磨石梯段，在护栏上以木质扶手和金属栏杆组合为主。

西班牙洋房的楼梯样式更为自由和浪漫，陈楚湘住宅楼梯装饰精美考究，采用了当时工艺复杂的实木栏板及扶手搭配金属装饰构件的做法，楼梯护墙板上也相应有木雕装饰。此后金属花饰栏杆和木扶手组合成为西班牙式花园洋房楼梯的流行风尚，20世纪30年代初期邬达克设计的孙科别墅和斜桥弄巨厦的楼梯均采用了这一装饰语言。

20世纪30年代前后，装饰艺术风格席卷上海租界，这阵风也刮到了花园洋房。号称"远东第一豪宅"吴同文住宅的建造曾引起轰动，不仅在建筑外观造型上不同寻常，室内设计上也让人耳目一新。楼梯间采用大面积玻璃窗，扩大楼梯间景观视觉面，设置半圆形休息平台，且材料选用上首次使用半透明的玻璃作为栏板，玻璃栏板和金属扶手框架的结合不仅没有冰冷感，反而增强了楼梯间的通透性和现代感。

洋房的风格与主人的品位和喜好直接挂钩，也可一窥上海滩建筑潮流的走向。从外观到细部，洋房以多样的风格、精巧的样式和考究的施工，成为考察上海建筑艺术发展的宝库。

20世纪40年代之后，由于战争、财力等各种原因，上海的花园洋房建造数量锐减。20世纪90年代的外销房成为花园洋房重新发展的契机。90年代初，88栋独栋式别墅严整地排列在古北新区——上海第一个新建大型别墅区的西北角，即万科所打造出的国际住区西郊花园别墅，继承了花园洋房的独立和恬谧，被前后院包围的房子，树影婆娑。极具前

万科兰乔圣菲内樱花盛开
图片来源：上海万科 提供

瞻性的双重环形规划，组织起了自家小花园和共享大花园，现代化但不失温度的管理打理着小区里春夏秋冬，在今天，西郊花园别墅仍然保持着别墅该有的样子。

浦东蓝山系列低密度别墅区尝试了多种规划方式，组合出了丰富的空间形态。万科深蓝邀请芬兰、日本、中国三国设计师共同担纲建筑设计，设计语言更为现代和简洁，小组团和共享庭院在安静中增添了一份温情。

别墅只能是"洋"味儿的吗？中国的传统民居、江南的园林楼阁难道只是过去式吗？江南水乡民居，是一种诗意的栖居方式。中国的民居，不一定有花园，但却有天井和院子，院落和住宅空间交错，环境舒展且私隐，也是另一类优质生活形态。

华懋公寓鸟瞰，今锦江饭店
图片来源：恒中摄影工作室 吕恒中 摄影

上海第五园，将目光拉回本土，延续了江南民居的空间模式语言，重现了江南生活场景。院落是江南民居的核心要义，所谓"庭院深深深几许"，有庭院才是家。在第五园中，多重庭院的嵌套小中见大，传统建筑中庭和院元素以更加开放共享的形式进行现代化转译。从材质和细部也能窥见传统元素的影子，屋面的金属板与外立面的灰砖是新旧的对话，勒脚以环秀石为点缀；漏窗以石材的切割和连接来表现，虚实之间，透出文人的雅致和禅意。这份骨子里的中国情结契合了国人在文化上急需找回的自信，第五园也成为新中式的标杆。

公寓和洋房都因精良的技艺和多变的风格，成为住宅中的实验者和先行者，演变为上海的美学符号。

比翼齐飞的鸟群，视看市井生活
图片来源：恒中摄影工作室 车凯 摄影

市井邻里：日常生活的世界

里弄是 1949 年前上海的主要居住原型，甚至可以说是上海这座城市本身，后期却也深陷"72 家房客"的窘迫居住状态。1949 年后，上海重整旗鼓，着力解决普通大众的住宅问题。以曹杨新村为伊始，围绕着城市工业区，配套的工人新村建设如火如荼，创造了以劳动人民生活为场景的住宅规划图景。曹杨新村的经验迅速铺开，大型工人居住区勾勒出上海的版图，构建起社会主义公房体系。上海住房跨入了住房"公有制"的时代，普通人找回了身份的自信和城市生活的快乐。

改造后的曹杨新村
图片来源：恒中摄影工作室 车凯 摄影

上海工人的大喜事：入住工人新村

曹杨新村是上海社会主义城市空间样本，是"邻里单元"思想在中国住宅区规划设计中的首次尝试。作为全市第一个工人新村，从1952年建村的1002户居民的小区，到20世纪90年代拥有3.2万户、10万人的大型居住区，再到2021年城市空间艺术季的样本社区，曹杨新村见证了上海城市空间与社会变革的全过程。

1952年，在生产解放军服装的101被服厂担任划型工的邵森，因为勤恳的工作、出色的技术和显著的成绩，成为工人阶级的先进代表之一，手捧市政府颁发的居住证，胸佩大红花，在工友们敲锣打鼓、爆竹声声的热烈气氛中住进了曹杨一村172号4室。在当时，能住进曹杨一村是一件无比光彩的事。整齐划一的房子、雪白的墙、亮红的屋顶、标志性的烟囱，曹杨一村是当时工人们能住上的最好的房子，是面对解放后大量的产业工人生产生活问题的工人住宅示范项目，因数量有限，第一批入住的都是劳动模范和工人干部。

新村这种居住形式其实也是"舶来品"，作为一种社会改造理想，在1920年左右从日本引入中国，规划理念也具有现代性，将居住与交通、教育等生活问题一并考虑，成为更具系统性的城市社区。但起初引入之时，针对的主要是乡村而非都市。新村在引入中国之后，与"工人"结合，包含着我国社会主义建设初期"消灭城乡差别"的理想。以1952年的第一个工人新村（曹杨新村）为起点，到1978年间，工人住宅始终是上海城市住房建设的主体。

1949年后，上海将工业化作为经济发展的主要目标，提出"通过增加产业工人数量，把畸形的消费型城市转变成生产型城市"，再加上"低工资高就业"的经济政策，上海的工人数连年迅猛增长，但抗战时期的住宅建设停滞甚至倒退让工人们陷入了无房可住的窘境。100万名产业工人（连同家属约300万人）住在条件简陋的棚户、厂房和旧式里弄，人均居住面积不到4平方米，恶劣的居住环境严重影响了工人的生活与社会主义生产。

1951年，经过了短暂的经济恢复，上海火速成立了"上海工人住宅建

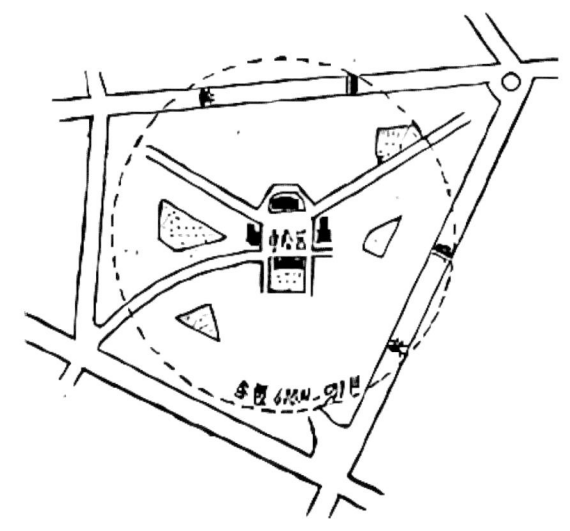

曹杨新村规划意向
图片来源：汪定曾，《上海曹杨新村住宅区的规划设计》，《建筑学报》，1956年，第2期，2页

在鲜花、鼓声、欢呼声中，工人们入住远近闻名的"全国工人第一村"——曹杨一村
图片来源：白吉尔著，王菊、赵念国译，《上海史：走向现代之路》，（上海：上海社会科学院出版社，2005年），331页

筑委员会"，仅仅7个月，中华人民共和国成立后建设的第一个工人新村——曹杨一村，于1952年4月30日竣工，随后1002位劳动模范、先进工作者、三八红旗手携家带口搬进曹杨一村，也就是后来所说的"1002户"，"1002户"的经验随后在"两万户"中得到推广。

20世纪50年代初，在城市规划和建筑设计的国家体制尚未建立之际，

曹杨新村环浜与水杉，自然的生态空间
图片来源：恒中摄影工作室 车凯 摄影

上海的新村规划主要依靠有留洋背景的建筑师和工程师。曹杨新村设计师汪定曾先生没有采用苏联式的大街坊布局，而是吸收了当时国际建筑界流行的"邻里单元"的方法。曹杨新村形成了一个拥有社区中心，配备公共服务设施，并规划出社区内部街道的迷你小社会。

在建设工人新村时，经济条件依旧紧张，在有限土地内保障房屋的密度以容下更多人，是首要任务。而曹杨一村在规划图上给绿地建设留出了充沛的空间，并在建成以后成为一个公园般的工人新村，白墙壁、红屋顶的小楼掩映在绿树丛中，路旁是法国梧桐，房前屋后是鲜花盛开，绿化覆盖超过了30%。

曹杨新村的设计者汪定曾，在2009年他96岁高龄时，撰文回忆当年规划时的考虑，"那时欧美的学院派和设计界中关于花园城市、新城市主义运动萌芽等的研究、尝试已开始蓬勃发展，而这些新思潮中对于绿化、生态、以步行为导向、非对称自由布局等的关注非常吸引我。同时，那些在上海旧式里弄中的风铃声、笑语及树影里成长的记忆又深深地刻在我的脑海里。怎么能把两者有机地结合起来呢？我一直试图在设计实践中有机融合这两种我所接触到的截然不同的文化基因……"曹杨新村因地制宜的规划，让新村的绿地错落有致，一条入户的石子路自然地将其分为南向花园和北向内院，家家户户养花种菜，每片组团还设有集中空地供居民纳凉、聊天。

为达到快速建造的目的，曹杨新村的户型设计实施标准化和工业化的方法。以国家在人均面积、户均面积和造价上均有规定，在低投资、低造价的情况下，合用厨卫也实属无奈之举。

单纯的人际关系让曹杨成为一个熟人社区，"两排房子中间有大片空地，每到傍晚时分，各家都把凳子、桌子摆到门口吃饭，菜也是端来端去交换着吃，那是我最怀念的时光"。曹杨居民居春英回忆起"两万户"的生活，"那时我们出门都不用锁门的，邻居帮你看着。女儿在图们路上小学，也从来不用接送，一个街坊十几个小朋友一起上学，走10分钟就到学校……"新村里，大人们都是各个工厂的工人，相熟得很，小孩们上的都是同一所学校，结伴上学，下学。放学后一起玩游戏是住在新村的孩子们最快乐的回忆，不过打弹子、刮刮片、滚铁圈、钉橄榄核，此类风靡弄堂的游戏在新村里少见了起来，因为楼间距比弄堂宽敞了数倍，新村中心还有大片绿地，小朋友们在屋头成群结队大呼小叫，玩起"老鹰捉小鸡"，又在整个新村当中四处奔跑，谓之"逃江山"。

20世纪50年代，曹杨新村草地上的团体活动
图片来源：金经昌 摄影

工人新村的居住条件虽较里弄提升不少，但快速建造为第一要务，平等分配是最终价值，因此没有里弄那般自主性地生长，建筑形式上也没有过多探讨和研究。20世纪50—90年代间数百个工人新村的建造、发展和扩张，从市区边缘向远郊的不断扩散。

比如初建于1958年的彭浦新村，原属宝山区、后隶闸北区，再后来又并入了新静安区。根据当时上海的整体规划，全市决定建设八个工业区，彭浦就是其中之一。工厂一家家地建立起来，工人自然也多了起来，为了让工人们住宿，1958年这里建起了56栋工人宿舍。彭浦地区从开始9家小工厂企业发展到机电、轻工、电子等行业的工厂达40家，产业的发展带动了住宅建设的持续扩张，从曾经的偏僻乡野到容纳15万人居住的体量庞大的老公房社区，成为市北最重要的大型居住区。

新村接替里弄成为上海最为基础和普遍的城市居住形态。如今也依旧占据着上海居住版图的一席之地。

曹杨新村总体规划图
图片来源：江定亚，《上海曹杨新村住宅区的规划设计》
《建筑学报》，1956年，第2期，3页

新村的建造和与工业区的发展同步，除了各工厂企业的职工，很多军政单位的职工和家属也被安置在"新村"当中，家和工作单位只有几步

曹杨新村居民欢迎外宾前来参观
图片来源：杨辰《历史、身份、空间工人新村研究的三种路径》，
《时代建筑》，2017年，第2期，10-15页

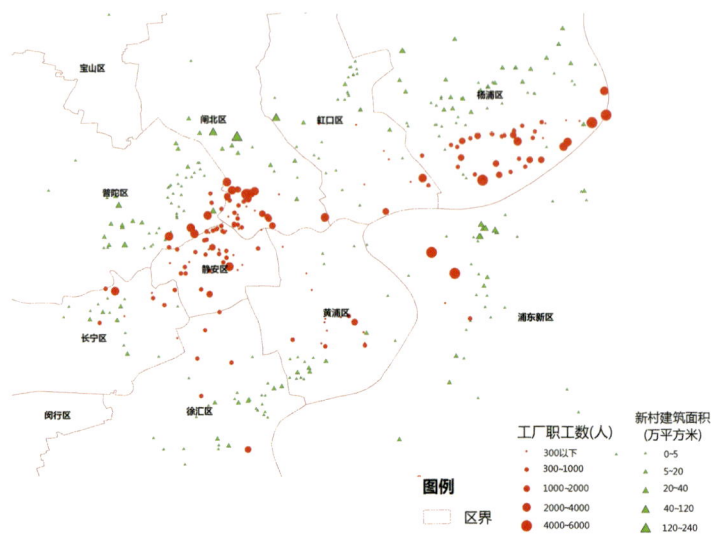

上海工人新村与工厂分布点位（1947—1978年）
图片来源：杨辰《历史、身份、空间工人新村研究的三种
路径》，《时代建筑》，2017年，第2期，10-15页

之遥，从某种意义上来说，"新村"是一种配合当时工业化发展的职住平衡的探索。以"邻里单位"理念所规划的物理空间和完备生活设施搭建起的社区生活服务体系，除了满足工人及家属的日常生活需求外，也牵起了人与人之间的关系纽带，塑造了紧密的邻里关系，对如今大型住区的社区建设也依旧有一定程度的启示和参考作用。

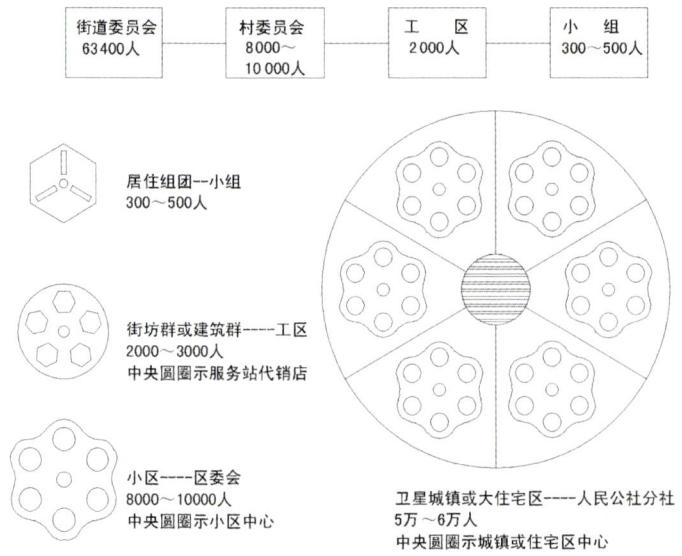

工人新村人口组团
图片来源：杨辰《历史、身份、空间工人新村研究的三种
路径》，《时代建筑》，2017年，第2期，10-15页

平衡与平均：福利分房时代的社会理想

以消除住房差距为目标，20世纪50—80年代的福利分房制度实现了当时水平的平均、平衡。

"房间小得像白鸽笼，房客都像进牢笼"，1958年，4位老滑稽艺术家写出了一部家喻户晓的《七十二家房客》。这部戏以1949年前上海底层市民的艰苦生活为素材和原型，引发了大家的共鸣，从此，"七十二家房客"成了住房狭小的代名词。很长一段时间，上海的普通大众一直未摆脱蜗居的困境，"老式石库门"与棚户区和居住状况最为吃紧，这也是1949年后，党的住房政策和城市建设需主要解决的问题和改善的对象。

1949年后，国家陆续将私有住宅收为国有，在接收公房、没收官僚私房的基础上，实行房租管制，房屋由国家进行统一租赁、统一分配使用和修缮、维护；建立城市职工的住宅福利制度。之后的20余年，在城镇区域实行公有住房制度，住房实行免费实物分配和单位所有制，被看作应该由政府完全负担的福利品；但只靠接受旧有住房进行再分配，是弥补不了住房缺口的。在"先生产，后生活"的发展策略和"不可能投下大量资本来修筑房屋"的房屋政策之下，上海还是启动了新建住宅和旧区改造工作。

同济新村内的家庭生活
图片来源：金经昌 摄影

一方面，政府从很有限的财力中，投资、建设了一批以曹杨新村为代表的、位于市郊结合部的工人住宅区。20世纪50年代后，分散在城市各片区的工业点被重新整理分配，形成了较为聚集的、具有专业化方向的工业区。如今上海几个主要的环城市工业区基本上都是在那个时期发展起来的，例如五角场、彭浦、北新泾、漕河泾、长桥等。将工业点聚拢之后，围绕着工业区的大型工人居住区同步开始建设，也为之后的城市住宅片区的布局和界定奠定了基础。

虽然这批住宅的建设标准较低，但社区社会文化服务的营建并没有落下。有了"两万户"的探索和实践与各住宅区范围的扩大，逐步开始明确居住区服务三级配置的方法，由住宅集群组成街坊，由若干街坊组成小区，小区设中心和辅助中心。这种住宅区服务安排方式很快升级为"先成街，后成坊"的方式。先成街，就可以在建筑物底层布置相当数量的商店和其他服务性的生活福利设施。在满足居民多方面生活需求的同时，也有成为经济文化生活中心的潜力。

临街住宅楼的底层开设各类国营商店。这种"上住下店"的模式，在里弄时期就已出现，"一条街"让"沿街底商"规模化、成片化，成为之后大型住区内最为成熟的社会服务及商业样态。"闵行一条街""张庙一条街""天山一条街"，这三条"社会主义新型大街"是那个年代闻名全国的工人新村样板段。

"闵行一条街"（即闵行一号路），是在上海新城市成街建设的第一条"社会主义新型大街"，当时最宽敞的林荫大道。刘少奇、朱德、宋庆龄、郭沫若等国家领导人都曾光临过一号路上的闵行饭店。在这条宽度两倍于南京路的"闵行一条街"上，附近的居民总是络绎不绝，绵延出一幅幸福生活的长卷。

之后热闹非凡的"天山一条街"，在1986—1992年的7年时间里，连续举办了7届天山街市商品展销会。摩肩接踵的盛况不亚于如今的任何一条商业街，销售额和人流量更是连连攀升。

曹杨新村鸟瞰
图片来源：恒中摄影工作室 车凯 摄影

"先成街，后成坊"的规划方式，有利于丰富居民生活，形成城市气氛，是一种对住区与城市关系的平衡。如今街区式住区又有重新回归的趋势。

在社区管理上，居民委员会在新村中也进展得非常顺利。家庭妇女被解放出来，参与到新村的生产、生活和文化组织中，例如居住区里的小工厂、公共食堂、托儿所、社区图书馆等，增加了家庭收入，提供了社区服务。集体组织将每户家庭之间的关系串得更加紧密。

城区中已经老旧的住宅也开始拆除或翻新改建。尤其在20世纪70年代末，知青和落实政策的人群返沪后只能和父母挤在老旧的石库门老房子里。1980年3月的"住宅建设会议"提出"住宅建设与城市建设结合，新区住宅建设与旧区改建结合，新建住宅与改造、维修原有住宅相结合"的发展方针，并在此会议中确定了著名的23片旧区改造地段，由此开启了20世纪80年代规模化的旧区改造进程。

这也直接触发了20世纪80年代第一批旧区改造的发生。20世纪80年代的旧改遵循了"见缝插针"和"有条件的成片改造相结合"的原则，以应对城市迫切的居住增容需求。

宁波路120弄兴仁里是上海第一批石库门住宅，建于1872年，是最早、最典型的旧式里弄，2层的砖木结构算下来已是"高龄"危房，嘎吱作响的楼板还可能会被一脚踏穿。1983年，决定拆除重建，由区住宅办主建，地方财政投资。在得知能住上更宽敞环境更好的房子后，居民们无不欢欣雀跃，积极配合。原计划需要6个月的动迁时间，只花了2个月便完成，动迁居民达312户。1985年12月竣工，建成了11幢多层住宅。改建后的兴仁里内部设施俱全，外部间距宽敞，门前还有了绿化庭院，从典型的旧式里弄摇身成为新式住宅。这一时期，旧改的代表项目还有药水弄棚户区改造为长寿新村、瑞福里改造、林家宅改造、久根里改造等。

独幢高层集合住宅，因为用地少、容量大，及其符合"见缝插针"的改造方针，开始被大量建造，并成为上海城市发展进程中、在该阶段产生的特有的空间类型。位于五角场的朝阳百货公司住宅楼（1980）和华山路上的华山住宅大楼（1980）是20世纪80年代初高层集合住宅的代表。朝阳百货公司住宅楼是商办住混合的一栋9层高的大楼，包含四层的商业办公和5层的住宅。住宅部分虽然使用了常见的北长廊设计；但在单元组合和户型布局上还是有一定的巧思。一室一厅与两室一厅相互咬合组成了三开间的模块；厨卫与储藏空间置于一侧以便获得一个完整的、有质量的客厅空间。这样紧凑的布局既保证了居住质量又满足了经济适用性的原则。华山路住宅的内外廊切换和户型的调整，打破了以往单一形制的沉闷，在高层集合住宅的实践上迈出了新一步的尝试。

住房的探索需要经济和政策的激活，1980年开始，为了配合体制转型和社会经济与外界的接触，上海开始利用外资开发商经营商品房，一批针对境外住户的公寓相继投入使用。20世纪80年代后期的龙柏公寓是称得上80年代沪上设施最完整的高级酒店式公寓，这处高档小区让前来上海投资的挑剔外籍商人，都赞不绝口，安心入住。龙柏公寓的户型面积更是达到了史无前例的260平方米，已大大超出普通住宅的标准，甚至还配有游泳池、网球场和俱乐部的服务设施，将别墅搬进了高层。

总的来说，"人人有房住"是中华人民共和国成立以来不变的社会愿景，但在"生产为中心"的城市发展政策引导下，建设资金投入不足。长期实行无偿分配和低租金的福利住房体制，资金只有投入没有回收，也没有建立相应的住房投融资机制，住房投资严重不足，城市住宅建设远远赶不上城市人口增长的速度；但也建设了一批质量上乘的大型居住区，触发了第一批旧区改造，为住房改革之后的新一轮住宅开发和住区更新作出了铺垫。

曹杨新村居民的休闲活动
图片来源：恒中摄影工作室 车凯 摄影

回归生活世界

住宅商品化之后，良性的市场竞争和平稳的经济发展，在坚持市场是住房资源基本配置机制的前提下，用制度保民生、平供需，人人享有住宅社会理想一直未变。上海不止步于"有所居"，更要"居更佳"。对每一寸空间都有精细的规划，小空间内玩转出大门道，极致设计的户型让每一平方米的面积都发挥最大作用。

生活方式与居住模式是密不可分的，居住区形态布局的发展便是人们生活形态转变的依据，美好人居也离不开住区形态与生活形态的整合与统一。同时，社区公共空间的营造过程也是人居探索的重要实践，公众参与、居民自治，以及社会凝聚力的结合，让当下的人居生活更加温暖。

将住房建在有需要的地方，将生活配套嵌入有需求的地方，是对安居的保障，也是布局优化下的深化。同时，产城融合离不开产业的支撑，职住平衡的理想模型在不断的探索下愈发清晰。不仅如此，更新是城市永恒的主题，中心城老旧住区的有机更新，不断推进着用地功能的规划调整，也成为中心城的活力之泉。

人居探索

安亭新镇的斑斓生活
图片来源：恒中摄影工作室 车凯 摄影

居更佳：我们的房子

中国人爱家顾家，身在异乡也要有个像样的"家"，家是可以卸下一切随意撒野的那一小片天地，是任凭室外风雨仍可安心入眠的那一隅。我们对房子总是充满期待，在哪儿安家是踏入一座城市时的头等大事，得精挑细选，仔细琢磨。

大城市求住居不易，上海也经历过住房紧张、人均居住面积捉襟见肘的时候，不论是建新村还是调房子，上海对于住房制度的探索和改革从未停下。改革开放后，上海迎来了一个新时代——住房成为人们可消费、可拥有的商品。

城市安居
图片来源：上海万科 提供

拥有的时代

1994年，飞机掠过七宝万科城市花园上空
图片来源：上海万科 提供

改革开放之后，中国住房事业的发展以住房制度改革为特征。房改从售房起步，首先打破的就是"公有住房制度、个人不能拥有住房"的思想禁锢，完成了从思想解放到体制立法的转变。

"等国家建房，靠组织分房，要单位给房"福利分房的时代，等待房管部门和单位分房是当时的状态。改革开放后上海又迎来了新一波的人口快速增长，但城市的住宅量捉襟见肘，住房政策只能向特定人群倾斜，把房子分给最需要的人。

《新闻晨报》曾采访过在一位上海土生土长的"80后"——罗美恩。罗美恩从小和父母住在遵义路800弄的一套房子里，家里只有一个卧室。在美恩七八岁的时候，父母把阳台打通，变成了她的小房间。睡觉就是在阳台上打地铺，白天还得把被子卷起来，空出阳台来活动和晾晒衣服。"那个时候房子太小，卧室就是会客厅。上海人其实是比较注重隐私的，像我，从小就被要求不好随便坐在父母床上。如果家里来几个客人，没位置坐，难免要坐到床上去，这个时候女主人会炸毛的。"所以在罗美恩的记忆里，家里几乎没有请过客。

即便如此，能拥有一套独立厨卫的房子，也是无比幸运的一件事。条件远超石库门房子、"两万户"房子一大截。只有特别困难的家庭，或者像罗美恩家这样因为拆迁才能分得。

一边是普通百姓分房过程长、住房条件差；另一边是资金渠道的单一让政府艰难运作。1990年，上海市住房改革调研小组到新加坡和香港，重点考察了住房制度和新加坡的公积金制度。在考察结束后，上海市住房改革调研小组马不停蹄，起草、讨论、修改、试运行，在1991年，上海正式启动住房制度改革，出台"推行公积金、提租发补贴、配房买债券、买房给优惠、建立房委会"五位一体的房改方案。公积金制度推出时并不被看好，有的企业不理解为何职工住房要单位交相应比例，有的媒体觉得公积金比例太小难成大事。但住房小组有着长远的眼光，规定公积金是一个强制性的、长期性的住房基金积累机制，并且单位交的这个公积金要属个人所有。

随着房改制度的推行，中央住房改革领导小组觉得上海这个方案很好。1994年4月，国务院颁布了《关于深化城镇住房制度改革的决定》，决定全面推行住房公积金制度。事实证明，公积金大大缩短了普通大众购买第一套房的时间。

与此同时，交通系统也在快速搭建，1992年开始兴建的内环高架、1995年地铁一号线的投入运行，交通网络的建设越来越快，加之福利分房制度的取消，住在哪不再由工作地决定，大众有了更多的选择权。

1992年，浦东机场还未动工，虹桥机场已经完成了它的第三次扩建，离虹桥机场只有一千多米的一片稻田上，每天上空都会轰轰作响，几个小时内，就会有一百多架飞机在上空急速下降，飞机离地面的最低高度只有120米。而七宝镇的情况也有些窘迫，常住人口只有2万多人，没有地铁，没有外环线，没有延安高架，甚至连像样的百货商店都没有。

此时压抑了数十年的居住需求随着住房政策开始井喷，上海城市空间扩张势在必行，人口带来的压力转化成了住宅开发的强劲动力，商品住宅已然成为上海住宅建设的主旋律，各大开发商选择了"大众住宅"的定位

城市花园社区绿地中欢乐的游戏
图片来源：恒中摄影工作室 车凯 摄影

1992年立项的上海万科城市花园将场地落在了这片稻田上，并将开发方向调整为"买得起、住得进、留得下"。市郊的大型居住开发区的项目也非仅城市花园一家，20世纪90年代初期，近郊、远郊和开发区的大中型住宅项目发展的速度惊人，为追求速度和效率，像一些大型居住区仅仅是"数量优先"的产物，设计并不考究。风格上拼凑和套用，行列式多层配些点式高层的套路屡试不爽。

城市花园没有陷入同质化中，在开发思路有所转换。把地块规划出"个性"，才会让居民有专属的场地认知和记忆。把居民居住环境从室内延伸到室外，创造一个整体的住宅组团。由于小区的开放性和住户的多样性，很多沿街底层住户破窗开店，自发形成了底层商业。

在往后的近20年，城市花园的总平面图逐渐丰富，拥有六个区域的"大城花"是一个老式中高层住宅、花园洋房、公寓、双拼别墅、高品质中高层公寓、科技住宅组成的巨大的充满生活气息的混合社区。

虹桥枢纽犹如引擎般拉动着上海西区的发展。从城市花园出发，沿着七莘路就到达上海地铁一号线的始发站莘庄，这是上海西扩的第一站。万科是最早进入七宝的房地产开发商之一，是七宝开发的领头羊。城市花园的示范作用明显，曾经泥泞的七莘路，如今已成为拥有众多大型商业中心的热闹大道。

业主黄先生十年前在万科城市花园买了第一套房子，之后在万科虹桥云创业,孩子上了闵行万科双语学校,周末同家人一起常在七宝万科广场休闲娱乐。最近又入手了万科的第二套房子。各种维度的小行动和事件都是万科在社区认真部署的"预制件":持续孵化在地的内生力,形成良性生态。让社区居民从被动到重新认识社区,建立社群连接,接着到参与社区事务,共商社区需求,再到为社区提案、一起行动,这比任何单向设定的规划,都更激动人心。

城市花园经过30年的发展,唯一不变只有头顶低空划过的飞机。大众商品住宅的开发让更多的人留在了上海。

在住房资源分配上,并不能将期望完全给予市场机制。在坚持市场是住房资源基本配置机制的前提下,保证人人"住有所居"、实现基本住房保障制度的责任重新成为社会共识。随着住宅市场商品化的深入,上海市政府以"居者有其屋"为目标,不断调整政策,加大廉租房建设力度,并创新探索共有产权保障房,进一步完善保障性住房"四位一体"体系。

在"上海2035"中,人口结构的发展被归纳为少子化、家庭小型化和老龄化,当下的住房政策鼓励和倡导住房类型的多样性,把握人口结构与住房需求的互动关系。

实行"租购并举",虽是国际大都市解决不同人群住房问题的通行做法和有效途径,但购房的热情却不见褪去,房价依旧持续攀升。"租的房"比不上"买的房"的传统观念,让买房成为在上海打拼的年轻人身上所背负的一道沉重枷锁。在外租房也不是那么让人省心,一次次地搬家费心费力、和中介房东周旋麻烦不断,年轻人们聊起他们的租房体验都是连连摆手。如何落实"租购并举",让租的房子也温暖,长租公寓或许是个很好的方案。

28岁的小申和她的男友在上海落脚的第一套房就是泊寓张江店的长租公寓,他们在这里住了一年。作为软件工程师,平时忙碌的工作让他俩极少有时间做饭,因此公寓里"水槽+电磁炉+微波炉"的微型厨房就足够日常使用。长租公寓中简洁明亮的装修风格,相比于"老破小"

的陈旧设施更能满足年轻一代的需求,而多场景的共享空间,更能迎合Z世代青年们的生活观念。

简单但要高效、环保还要美观,细节之处的设计才是打动年轻人的秘诀。泊寓就像做产品一样,打磨着每套长租公寓的细节。"懒系生活""极简视觉""智能优化",没有哪个词可以简单概括新一代年轻人的居住需求。定制化的房型加上模数标准化的家具,像乐高玩具一般,泊寓打造出了一整套小空间产品。

随着消费力的提升和租房选择多样化,90后、00后成为了租房的主力人群,泊寓用更加细分的客群画像,把服务延伸到更加广阔的人群之中,让租客也可以住得更加有尊严。在满足居住的硬性指标之后,信息时代当然会有数字化的新居住场景,泊寓以移动数字技术、社交媒体为支撑,密切配合当地党团组织,为漂泊在城市的青年提供了租住、社交、创业、学习、成长等服务于一体的综合租住场景。

住房的发展主体永远都是人,一项项制度的出台指导着住房的发展,开发商们为响应政策,集思广益,带来住宅的发展和变革。住房制度直面城市的现在,指向居住的未来,保障的是每一位市民的幸福生活。

万科24小时便利店
图片来源:上海万科 提供

小空间大学问

户型的规划与设计，是一个房子的灵魂所在，也是居住是否舒适的一个硬性指标。在这小小的几十平方空间里，几面墙的变动，几件家具设施的加入，就能为居住体验带来极大的提升。

福利分房时代物资匮乏、经济紧张，尽可能用最少的面积满足生活的基本需求是当时的目标。卧室面积小，多户共用厨房、卫生间的"将就户型"最为常见。随着房地产市场逐渐商品化，房型被当作产品进行细细研究。大家对于居住空间的需求开始有了家庭居住的概念，彼时虽然住宅的内部居住空间仍然很紧凑，面积不大，但至少有了家庭式分割，私人厨房、卫生间等重新回到了房子内部。住宅空间开始有了居寝分离的概念，而客厅作为家庭娱乐、用餐的起居活动空间独立出来。

经过一段时间的发展，住宅的户型平面也开始更加适配上海的气候以及人们的居住习惯。曾在工人新村中使用较多的廊式多层住宅，因为会带

五珩坊实景图
图片来源：上海万科 提供

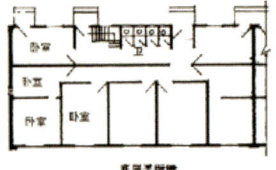 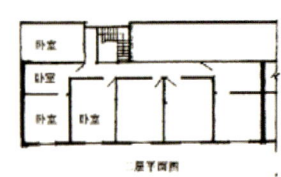

1950年典型的住宅平面
图片来源：刘波《上海住宅户型50年发展演变分析》，《民营科技》，2007年，第3期，155页

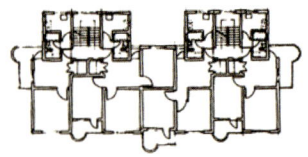

"92沪住T03型"标准住宅
图片来源：刘波《上海住宅户型50年发展演变分析》，《民营科技》，2007年，第3期，155页

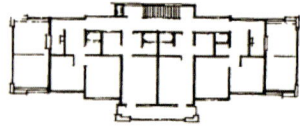

嘉定桃网新村宝塔型住宅
图片来源：刘波《上海住宅户型50年发展演变分析》，《民营科技》，2007年，第3期，155页

来邻居之间的干扰，对通风采光也较为不利，逐渐不再使用。在20世纪80年代，单元式住宅常以一梯四户、横置单跑楼梯和走廊相结合的方式出现。90年代商品住宅发展后，每户能享有更好朝向和采光的一梯两户开始流行，一梯四户渐渐淡出。

高层住宅也在商品房之后有长足的发展，在新建住宅中的比例不断攀升。上海在发展高层住宅建筑上是有着较长的历史的，早在20世纪30年代就有一批设计考究、建造优良的高层公寓涌现，是当时中国高层公寓的标杆。70年代，结合旧区改造开始了中华人民共和国成立之后的高层住宅实践，当时是以板式（廊式）住宅为主，80年代，点式以占地少、布局灵活、经济性好等特点，取代板式，成为那一时期的主力房型。到了90年代，好用好卖的单元式开始逐渐取代其他高层住宅形式，并一直持续到今天。

在1999年，建设部修订的《住宅建设设计规范》中明确提出"每套应设卧室、起居室（厅）、厨房和卫生间等基本空间"。从此，大卧室、小客厅的时代终结，取而代之的是"大厅小卧"，购房者们的考虑也越来越多。南北需通透，开间进深比最好能大些，流线设计务必合理。通透明亮的大客厅是品质生活的标配，要是过年时沙发能容下三五亲戚、餐桌能坐下亲朋好友，论谁都得夸你家房型周正。

商品房住宅的一路高歌猛进，对上海人均住宅面积的贡献功不可没。但快速的建设并未给户型的创新和研究留出足够的时间，标准化可复制的

房型设计成为市场通用形式。一梯两户的单元式户型铺天盖地；两室一厅、三室一厅成为主打户型；套间设计也千篇一律。在 2000 年之后，涌现出了一大批较大面积的住宅，100 平方米以上的户型屡见不鲜。套型面积的最大值和最小值分化加剧。

但房子不是简单的面积划分，在同质化的市场中，也不乏有佳作和亮点。芦原弘子为五玠坊设计的"早餐吧"独立于餐厅、厨房和客厅之外，跳脱于功能划分之外，诞生在设计师对日常生活细致入微的观察之中。在靠近窗边的位置，光线明亮温暖，作为家人共用早餐、下午孩子写作业的亲密接触区域，成为家人最愿意停留的地方。

2006 年，住房建设用地的紧张和房价的飙升，九部委发布"7090"（限小政策），极小房型开始出现。

在假日风景即将成型时，万科打算在社区的中轴广场位置建一个标志建筑，以改善大量主力户型给整个楼盘带来的呆板气质，决定把目标锁定在年轻人身上。设计一种具备质感，满足年轻人对生活空间和精神空间的双重追求的小户型，由此诞生了蚂蚁工房。

蚂蚁工房的设计很大程度上移植了位于日本东京银座附近的东天街区有效利用空间和高品质的特点。卧室、独立厨房、卫生间，一切都在 50 平方

泊寓内的开放公共空间
图片来源：上海万科 提供

春申假日风景鸟瞰
图片来源：恒中摄影工作室 薛钰滔 摄影

米内安排妥当，房间内不设承重墙，所有功能都可混用；工业化框架结构，两套相邻的房子非常容易打通。整体厨卫加上品牌家电，只需购房者配上家具就可入住。紧凑精巧的户型、一站式的装修解决方案以及现代简洁的建筑风格和生活方式，这只"小蚂蚁"走进了大批人的生活。

建筑师是这样解释的："一做小户型以后，又把我们以前一梯几户的概念给打破了，因为它太小了，电梯这样造是很浪费的，所以一定要通廊式。但我们对于通廊式是无法接受的，然而通廊式在日本是很少有人抵抗的，因为日本人认为廊就是地上的道或小巷，通廊就是空中的小巷，大家出了门可以打个招呼。其实我小时候住的是上海的公房，上上下下，邻里之间有什么事情全知道，一点都没有隐私权，突然我们有自己的房子了，最好跟别人都不要打招呼，门一关，什么都不知道，这是一个很极端的变化，反过来也是一个很大的社会问题。以前酱油没有了，可以去对面敲敲门借酱油，现在完全不可能了。所以，万科倡导好房子、好邻居、好服务，好邻居就是我们要重新建立起这个相互之间的好的邻里关系。"

更出色的设计在房间外：每层都有一个公共走廊，给喜欢社交的住户们一个"混脸熟"的机会。每栋楼的楼顶是一个开放的空中花园，这是个可以"坐下来发发呆的地方"。

回顾上海的住房历史，房型的从小到大反映的是社会经济的稳步发展，是人们对幸福生活的期盼和信心，而从大又回到小则是更明智和现实的，有利于社会资源的合理分配，兼顾社会的公正和谐。

宜居与关怀：融入社区的生活

人们生活于社区，社区也被生活的烟火气装点得生机别致。上海对万千居户的关怀体现在了对社区生活的营造中，住区形态的不断优化让人们与社区这个生活容器融合在一起；社区公共空间的营造也让美好生活有了更多发生地。

安亭新镇绿地广场，居民在舞蹈
图片来源：恒中摄影工作室 车凯 摄影

住区形态优化：重塑我们的生活

曲阳新村鸟瞰
图片来源：恒中摄影工作室 薛钰滔 摄影

上海始终立足于纷繁而有序的生活世界，不断为人民创造生态宜居的住区生活环境。

"乘客们，下一站是曲阳社区，这是邓小平同志曾经来过的地方。"70路和79路公共汽车缓缓行驶在21世纪初的上海林荫道上，每当乘客们听到这段录音，曲阳新村就快到了。

20世纪80年代，知青陆续返乡，城市住房压力陡增。同时，以往的街坊设计规模小、公建少，居民生活极不便利。住区的规划布局形态首先应服务于居民的便利生活。于是上海市兴建了一批大型工人居住区，采用三级公建配套规划，给人民日常生活带来了巨大的变化。曲阳新村便是改革开放后上海第一个以社区理念规划、三级公共配套完善的大型居住区。

在曲阳，早上一出门，就有热气腾腾的早点摊，阿姨爷叔在小菜场忙着挑选一天的菜品，孩子们蹦蹦跳跳地奔向学校。放学后，书报亭、小公园成为孩子们的基地，下班后的大人们则在大卖场走走逛逛。曲阳新村由城市道路划分为五个居住小区，每个小区都有自己的商业中心、幼托设施和中小学校，不用穿越马路就能在小区中满足每天的生活需求。

除了公共设施布局，住宅建筑形态和室外公共空间也为提升居民生活品质而进行了精心设计。

曲阳新村的西南小区，住宅总体布局结合地形，活泼多样。沿着河浜和斜形道路的住宅大多布置为斜错式，以利于获得充足的日照和室内外通风。而在条形住宅组之间插入的点状住宅，打破了以往新村较多采用的

三林苑鸟瞰
图片来源：恒中摄影工作室 薛钰滔 摄影

行列式布局，更显得自由灵活，为住区绿地和室外公共空间预留了位置，也为居民预留出了惬意的生活。

每天清晨，曲阳居民推开窗，都会习惯性地眺望一下远处的东方明珠，再瞥一眼楼下的曲苑。漫步于曲苑，小径蜿蜒，树荫掩映，仿佛置身苏州园林之中。如此具有江南园林特色的"曲苑"，其实是同济大学园林专家陈从周先生亲自设计的游园。曾经的河道农田摇身一变，成为典雅的中国园林，为曲阳增添了一份生活情趣。居民们都很喜欢这个家门口的园林，常常利用闲暇时间在这里散步。傍晚从曲苑的亭台楼阁里望出去，会看到小桥流水掩映在绿荫红花间，在夏日的雨后显得清新雅致。

改革开放后，宽松的思想文化环境为住宅形态的创新奠定了基础，住宅建设更加提倡环境宜居的住宅理念。曲阳新村自由式的布局考虑的不仅是如何解决"有所居"的问题，而是开始思考如何构建更宜居的住区环境，如何塑造人们的社区生活，如何让生活开始融入社区家园。

在改善居住物质条件的同时，上海扎根于历史造就的"海派"市民文化，不断探索住区布局形态创新，重塑日常生活。

1996年，当新迁居民跨进三林苑的大门，映入眼帘的并不是"兵营"或"火柴盒"，而是从儿时起就再熟悉不过的坡屋顶、老虎窗和过街楼。三林苑小区之所以采用展现海派特色的建筑形式，是因为新迁居民主要是来自市区的动迁户。住宅单体设计充分吸取了上海里弄建筑的特点，给动迁居民以亲切感与认同感。

城市花园总平面
图片来源：上海万科 提供

20世纪90年代,在建设部推动下,"造价不高水平高,标准不高质量好,面积不大功能全,占地不多环境美"的城市住宅试点小区建设如火如荼。上海住区中出现了弧形、曲线形住宅、围合式布局,并且更加注重室外环境的整体营造。三林苑是浦东新区第一个试点小区,坚持以人为本的现代设计思想,探索独具上海海派特色的住区形态,获得了建设部全国城市住宅试点小区金奖。

三林苑的住区布局形态回答了要为居民塑造的怎样的社区生活的问题。小区由6个住宅组团组成,将传统院落式布局应用在多层住宅上,以两幢住宅组成院落式单元块作为小区基本的空间构成单元,一改以往以单栋住宅为空间构成的方式。住宅底层架空,群体之间自由流通,整个小区的室外空间都向居民开放,让居民的生活充分融入单元院落等住区公共空间,以此产生更强的归属感与领域感。住区布局形态始终影响、塑造着居民的生活方式,而宜人的住区环境和开放公共空间是让居民生活融入社区的关键物质基础。

20世纪90年代末至今,高层住宅成为上海商品房住区形态主流。面对高层住区带来的封闭性,上海在实践中再次呼唤社区生活的回归。

20世纪90年代,上海万科城市花园项目中就可以看到住区布局形态对居民生活的精心塑造。

万科城市花园的建设所经历的三个阶段即城市花园东区、优诗美地和新区南块,反映了上海住区形态发展的路径。早期的城市花园东区的规划主要强调了住区公共空间的营造,住区的组团单元均通过围合式的布局朝向公共空间。城市花园东区完全摈除了传统兵营行列式的布局方式,采用被戏称为"一桌推倒麻将牌"的散点布局模式,把居民的生活从屋内延伸到了屋外。

1998年以后,城市花园进入优诗美地的建设阶段,规划师提出优诗美地,在进一步研究户内生活的同时,更加强调社区生活的重要意义。南北两栋住宅楼通过两条弧线环抱而形成组团内院,塑造出了一个微小的共享庭院。简单的两条弧线带来的是冬天看银杏、夏天看樱花的浪漫与诗意。在住区布局中嵌入邻里花园及公共花园等宜人的住区生态空间,目的就是引导居民积极主动地融入社区生活,使城市花园充满着居住与生活的活力。

在大众住宅市场人群中基本生理需求和安全需求已经得到满足的同时,其核心需求开始聚焦于更高层次的精神需求。上海万科城市花园为代表的大众住宅开发中,更加关注最普通居民的社交需求,以及住区活力的营造和维系。经过30多年的发展,城市花园进入新区南块发展阶段,更深入地探索了如何更好地塑造出可供居民日常活动的舒适且具有吸引力的住区环境。

城市花园的高入住率就是一枚居住区的奖章,居民把生活嵌入了自由、灵活、多样的住区形态里,住区的活力也并未随着岁月的流转而减退,而是在万科长期的维护与精细的治理下,焕发出新的生命力。

新的生活方式,必将建立新的居住模式。居住布局形态在发展中创造了不同的生活方式所需要的多样化的空间,而生活的形态便是居住小区布局形态的最大依据。当住区的空间形态与居民的生活形态的高度整合时,才能创造出新时代的美好人居。

城市花园承载的市民生活
图片来源:恒中摄影工作室 车凯 摄影

社区公共空间营造：共建共享的生活

"城市存量更新时代，空间的营造是一种有力的载体，而其内核和价值是社区的人的营造。"

傍晚，暖橙色的夕阳斜映在番禺路 222 弄里一条粉色的弄堂里，在这条 80 米长的巷子里，不算宽敞的道路却显得精致可爱：两排行道树中间的车道被刷上了粉色波浪式的涂料，这其实是从番禺路的前身"牛桥浜"里提取的河岸意象。

行道树一侧是机动车停放处，稍宽的另一侧则是里弄的"生活客厅"。饱和度不一的粉色铺地划分出"粉红跑""粉红骑"和"粉红遛"三种不同功能区域；还有一块画着游戏符号的空地是特地留给孩子们玩耍的。改造后居民们亲切地喊它"小粉巷"，饭后在"小粉巷"里散步、遛狗、聊家常成了居民们平淡生活里的小确幸。

其实，番禺路 222 弄是设计师以"步行实验室"为理念进行的社区公共空间营造。是通过让街道元素"化零为整"的方式，并依据"步行优先"和"儿童友好"两大原则进行的改造。改造取消了路边传统的路缘石，统一了高差较大的路面。道路高差的整饬不仅使车辆通行更高效、居民往返更便利，还通过"合作"的方式协商路权，激发出有限街道空间里最大的公共性。

改造过后的"弄堂客厅"冒出了烟火气，雅各布斯笔下的那种充满人情味的"街道生活"在很多人记忆中。

社区微更新作为社区公共空间营造的突破口，不断推动着建成环境的物质条件提升和社区成员的情感融入。

在上海，诸如番禺路 222 弄的老旧居住社区空间微更新不胜枚举，城市有机更新背景下的社区空间微更新实践如雨后春笋，并展现出微小却强大的生命力。

2015 年 1 月，上海市规划和自然资源局成立直属事业单位——上海城市公共空间设计促进中心，主办和实施了"行走上海——社区空间微更

番禺路 222 弄改造
图片来源：上海万科 提供

浦东新区周家渡街道口袋公园"昌里园"
图片来源：朱琳《以园林介入城市：从园林视角解读上海昌里公园的适应性更新策略》，《时代建筑》，2022 年，第 2 期，106 页

城市花园内,一家人在悠闲漫步
图片来源:恒中摄影工作室 车凯 摄影

新计划",并每年通过试点探索不同类型空间的微更新方法,总结经验以形成示范引领效应。2018年,结合城市管理精细化"三年行动计划",上海全市推出"美丽家园"三年行动,重点关注于社区公共空间的品质提升,并涌现了如浦东新区的"缤纷社区"、长宁区的"精品小区"等居住更新品牌项目。

同时,社会多元协同是社区公共空间营造可持续发展的关键,市场力量和社会组织等的助力,发挥着事半功倍的效果。"2018城事设计节 | 美好新华"成功开展了一系列的社区营造实践活动。从番禺路222弄的"步行实验室"到693弄的"敬老邨7号楼",再到新华路669弄的"睦邻微空间",上海万科作为其中众多项目的发起者、参与者和推动者,通过社区公共空间的营造,持续塑造着更有安全感、归属感、成就感和幸福感的社区,也收获了社区营造的累累硕果。

新华路此类老旧住区的社区公共空间营造格外注重"内外并举",将公共空间的品质提升放在了重要位置。较典型的是功能复合的邻里中心设计,通常利用住宅底层和既有闲置空间资源改造为便民服务及文体活动设施,新华路669弄的"睦邻微空间"改造项目就是其中一个。

新华路669弄前身为国企化纤四厂（原安乐纺织厂）工地，不仅拥有这片土地独有的万国建筑别墅群的历史背景，本身更是刻下了工人新村的时代烙印。建成于1982年的669弄具有明显的老公房特征，楼栋之间间隔紧密、楼道狭长、公共空间严重不足且品质较低，老人们只能坐在小区的道闸口聊天，频繁进出的车辆也给老人们的安全带来隐患。

2019年10月7日，"我们的669弄"摄影展在新华路669弄崭新的"睦邻微空间"开幕。摄影展收集了16位在地居民的生活照片，呈现了工人新村37年的历史变迁，建构了一个以历史影像为媒介的象征公共空间。

改造后面积仅20平方米的"睦邻微空间"让居民们眼前一亮。"睦邻微空间"全玻璃的推拉门满足了居民对街道日常事务的好奇；与椅凳齐高的窗台是根据原门卫室外摆放的长凳设计的，尤其受到爱晒太阳的老人们的喜爱；原本堆满杂物和快递的内部空间，改造后除了休息座椅，还设置了公共书架、共享轮椅等公共功能；同时，入口空间的梳理为行人的安全通行留出了通道。

在社区公共空间营造加持下，669弄变成了一个小而美的共享空间；有场所认同感、有人文关怀的"精致"小区。

新华路669弄的"睦邻微空间"改造
图片来源：上海万科 提供

新华路社区与上生·新所的互动关系也在万科的积极参与和推动下，呈现出片区的整体性，让居民与社区公共空间的黏度更高。上生·新所将城市和社区缝合起来，弥补了新华路居民日常活动场地匮乏的不足，它不仅塑造了一片更具活力、吸引力的场所，同时也成为承载社区公共活动的容器和鼓励社区公共交往的媒介，让周边的居民都可以共享社区空间营造的成果。

在上海近年的社区公共空间营造实践中，值得一提的不只是众多的亮点工程，还有多管齐下的设计机制建设。传统的规划管理主要靠项目审批来控制，是一种以指导为主的"被动"管理。当下，这种"自上而下"的模式逐渐转变为政府引导、政民合作的长效运营模式，也就是更加强调打通"自下而上的通路"，强调公众参与的主体作用。

如何利用社区公共空间营造的"亲民"优势来探索"扁平化"的社会治理机制，打造共商、共建、共治、共享的社会格局，浦东新区陆家嘴街道社区公益基金会、四叶草堂等社会组织进行了有益的尝试。

陆家嘴基金会2017年起在"缤纷社区"项目总体框架下介入街区更新和社区营造，4年共聚集50余家组织、2000余名志愿者，支持15个社区空间更新。其第一个完成的项目为"福山路90号跑道花园"。

福山路项目的初步方案设计完成后，项目组便开展了居民参与工作，入区宣传、听取居民对项目方案及社区未来发展的建议，结合问卷调查，充分考虑居民的需求和心里的想法。此外，项目组还采取了头脑风暴、分组讨论的方式，邀请居民、设计师和专家对方案进行讨论。

在这个将健身房门前的街道和建筑后退空间建设成70米跑道、儿童游戏区和居民休憩区的项目中，陆家嘴基金会全程跟进项目实施，是连接政府、专业人员、媒体、企业和周边小区居民的桥梁。

上海市福山路跑道花园项目的实施过程及效果表明，"自上而下"的引导规划与"自下而上"的社会力量的良性互动，并在动态发展的过程中

中兴路一号的室外公共空间
图片来源：上海万科 提供

不断调适多元主体间的关系，可以营造出富有包容性且充满活力的公共空间和公共生活。

调动社区民众的积极性，共同参与设计营造维护管理、共建共享，是当前社区空间营造的主要任务。上海作为中国特大城市的代表，正在通过实践，逐步探索一条多方共建、共治、共享的社区精细化治理道路。

2014年，由同济大学景观系教授刘悦来等人共同创建的"上海四叶草堂青少年自然体验服务中心"提出用"社区园艺"来探索"城市微空间的自然保育和社会参与"，主要切入点是老旧小区内部花园和城市隙地空间。通过居民共建共享社区花园，在此种植蔬果、花卉，共同劳作、分享果实，为不同年龄的居民提供观察、保护自然的场所，在社区景观的参与中培养共同维护城市生态的观念和可持续的生活方式。

鞍山四村第三小区"百草园"的设计和策划组织，是四叶草堂和街道合作的第一个正式的社区花园项目，也是以居民参与主导共建共享的形式进行营造和管理的。设计之初，团队以民意为本，充分征求社区居民意见和建议。通过多次组织工作坊，特别是儿童参与的"小小景观设计师"活动，以儿童友好视角进行构思。在营造过程中，社会组织通过培力支持，在整形、培土、撒种、扦插等环节中让社区居民充分参与共建。

小区居民自发组织的"芳龄花友会"和小小志愿者团队成为了百草园的"护花使者"。他们按照各自能力、喜好与空闲时间，分成了浇水施肥组、捡拾垃圾组等不同小组，定时定点照看园子。

在百草园，居民已经由"旁观者"向"设计者、建设者、管理者"发生转变。四叶草堂选择社区花园作为一种自下而上的景观管治实验，恰恰成为了当下一条重要的社区参与路径。它植根于邻里生活，社区花园将田园自然复嵌社区，以公共空间营造切入，从而促进居民的自治的能力、增加社区交往，打破邻里隔阂，是真正意义上共建共享的社区共同体。

社区公共空间是生活功能内容的载体，也是社会网络、记忆等精神生活的载体。除物质空间的优化和美化外，社区公共空间营造过程也是"人民城市人民建，人民城市为人民"实在的切入点，可用以培育公众参与、居民自治力量，促进社会凝聚力。只有亲自参与共建，居民们才会认识到：每个人对生活的城市和社区的自由、多样、美好的诉求和想象，都是有渠道去表达、有能力去提案、有权利去改造的，这个城市也会因此更有希望和未来。

面向社区的脱口秀活动，为中兴路一号 CO·life 空间带来欢声笑语
图片来源：上海万科 提供

布局与变迁：把住房建在需要的地方

将住房建在有需要的地方，将生活配套嵌入有需要的地方，是对安居的保障，是空间布局优化下的层层深化，也为居民们创造出无限的可能。

上海城市住房变迁
图片来源：恒中摄影工作室 车凯 摄影

调房子大动迁：臻善住房条件

不论是 20 世纪八九十年代的调房子和大动迁，还是当下"十四五"上海市住房发展规划中，将坚持布局优化作为 5 个基本原则之一，城市住房的布局与变迁背后，是人民住房条件的不断优化。

"一个有抽水马桶的卫生间可以换到 4 个平方米，一个通了煤气的灶台可以换到 2 个平方米。"改革开放初期，在住房建设严重短缺，且要优先分配给困难户的情况下，想改善居住条件的唯一途径就是"调房子"。

有调房需要的市民，先要向自己所在辖区的房管部门报批，获得同意并拿到一张《住房使用交换登记证》，找到调房对象后，再经各自的房管部门批准，才算调房成功。为了满足市民的需求，住房相关部门也曾组织过大量的大型换房会。1984 年，黄浦区最大的换房会在人民公园内举行，有两万多名市民涌入公园加入换房。1986 年为期 4 天的"上海市房产市场换房大会"，参加人数 5 万人。

1963 年，大上海都市计划图

图片来源：侯丽，王宜宾《大上海都市计划 1946—1949——近代中国大都市的现代化愿景与规划实践》，《城市规划》，2015 年，第 10 期，22 页

20 世纪 70 年代末期，由于生育高峰期出生的"50 后"到了谈婚论嫁年龄，加上大批知青集中返城以及居住困难户增多等社会问题，一时间上海城市居民的住房矛盾异常突出。上海开始从关注改善微观的住房条件，转变为对宏观上的居住布局的整体把控，并根据城市发展的需求和市政建设来布局住区，即"全市的住宅建设，必须在统一规划下进行合理布局"。

1980 年 3 月，上海制定了一系列加快住宅建设的政策和措施。还确定了市区棚户、简屋和危房较为集中的 23 片地段进行改造，计划拆除旧住宅 331 万平方米，新建多层、高层住宅 802 万平方米。旧住宅改造进入了新的发展阶段。

1991 年，上海决定"按照疏解的原则，改造棚户、危房，动员居民迁到新区去"；次年提出，到 20 世纪末完成 365 万平方米的棚户、简屋的改造，旧住宅改造迈开了更大步伐。

中远两湾城是结合旧城改造建设的大型居住区，也是"365 危棚简改造"的代表性项目。其原址为普陀区苏州河沿岸的两湾一宅，"两湾一宅"是潭子湾、潘家湾和王家宅的简称。这里曾是上海工人运动的摇篮之一，却成为 20 世纪 90 年代上海市中心城区面积最大、危棚简屋最集中、影响最广泛的棚户区。

1999 年 6 月 30 日，在瓢泼大雨中，"两湾一宅"最后的房屋化为瓦砾。蜗居了半个世纪后，居民们陆续搬往桃浦、宝山、江桥等动迁居民安置小区。而这项跨世纪的工程，仅前期的动拆迁费用就高达 23.8 亿元。

大动迁的成效是显著的。从 1991 年到 2000 年，上海人均居住面积翻了一番，成套率也从 34% 上升到 75%，解决了住房紧缺的巨大难题。不仅如此，大动迁也提升了城市功能，带动建设了大量市政交通基础设施（成都路高架工程）；在重塑城市风貌的同时，提升了居住区的空间品质；改善了投资环境，带动了相关产业的转型升级。

进入 20 世纪 90 年代后，随着建成区面积的迅速扩大，居住用地扩展规模也迅速增大，空间扩展遍布于城市建成区的各个方向，从中心向边缘，扩展速度逐渐增大，城区中心的居住用地仕政府旧城改造工程建设

城市花园细部鸟瞰
图片来源：恒中摄影工作室 车凯 摄影

下发生逆向转变。此时，随着浦东新区的开发开放，居住用地向浦东方向的扩展强度与规模明显加快，尤其是金桥、外高桥等开发区建设所带动的居住用地扩展十分显著。此阶段建成区辐射状扩展形成的"触角"部分大多为高强度居住用地扩展所占据，表明居住用地扩展对建成区的形态具有重要的影响。

"十四五"规划开局之年，中环线浦东段备受关注，在"3+5"重点地区开发轴线之下，御桥板块是聚焦于产城融合、生态宜居的特色区域。事实上，自2007年起上海万科在北蔡御桥板块就已开启了百万方级别的中环造"城"计划——以住带产，形成住、产、商、学、办等全业态闭环的产城融合模式里，万科在御桥实现了中环造"城"之梦。

产城的融合必须建立与人群结构相匹配的多元化住宅供给体系，浦东金色中环的居住区建设极大促进了"住"与"产"的融合，是"金色中环"居住底色的重要填补，其中具有代表性的居住项目就是万科海上传奇。伴有鲜明的上海印记，对海派经典的传承，使这个项目经历时间洗礼，依然保持与时代同步的审美。项目融合了淮海路武康大楼、上海石库门等上海特有的建筑风貌，大量运用红砖等海派建筑材料，并加入了钟楼、连廊、铁艺等建筑元素，使其打上了近代上海辉煌的历史与文脉的烙印。

中心绿地开阔且布局合宜，南北向的延伸使之尽量靠近住户，形成易于使用、方便亲切的公共生活空间，并考虑以疏朗的常绿乔木为主要树种，靠近住宅部分适当辅之以其他灌木，生态绿化的精致装点使得居住环境更具生机。

基于大社区的开发模式，海上传奇在既有开发资源的基础上，对城市公

复地万科活力中心上空鸟瞰上海金色中环御桥板块
图片来源：恒中摄影工作室 薛钰滔 摄影

共设施、社区景观资源等多方面进行有效的整合，并与现有的社区配套公建等建筑互相补充；从城市尺度的角度出发，注重对整体街区生活模式的塑造和整合。

海上传奇商业部分"2049"和复地万科活力中心的开发，完善了御桥板块的生活配套，也促进了职住平衡。浦东还相继落地张江国创中心、滨江万科中心等4个产办项目；万科实验小学、万科实验幼儿园、浦东民办万科学校等6所学校，以及相应的养老项目。

从单一的住宅开发建设进入到更多元和复合的业态，区域的发展不仅需要布局产业地产，还应该引入学校、长租公寓和养老服务，提供全龄、全方位的专业城市配套和生活服务。而多元和复合正是上海万科近年来深耕浦东的关键词。

当下，上海的城市布局仍然在不断的优化，将住房建在有需要的地方，将生活配套嵌入有需要的地方，便是对人民安居的保障，是空间布局优化下的层层深化。

安亭新镇：产城融合的实践样本

"产城融合的提出是应对产业功能转型、城市综合功能提升的必然要求，也体现了城市规划由功能主义导向回归人本主义导向的趋势。"

新城的前身是卫星城，而上海建设卫星城的计划由来已久。抗战胜利后，为适应上海战后的重建和复兴，应对上海未来发展对于城市空间扩张的需求，合理布局城市空间，民国时期上海市政府组织制定《大上海都市计划》，其中就提出通过建立卫星城以疏散市中心人口和调整城市功能布局的理念，但受限于当时的历史条件，这份规划未能得到实施。

1958年起，上海辟建卫星城，以求在更大的地域范围内大规模地调整工业布局。在辟建卫星城过程中，住宅建设和生产建设同步展开。到20世纪80年代，上海已辟建了闵行、吴泾、嘉定（城厢镇）、安亭、松江（城厢镇）、金山（卫）、宝山七个卫星城。

卫星城对于上海城市建设及郊区发展有举足轻重的地位，它肩负着疏散城市中心人口、发展生产的使命。但卫星城在城市建设过程的问题也逐渐显出：社会结构和人口结构不够平衡完善、对中心城的依赖程度过高、

安亭新镇中心广场上的大屋顶
图片来源：恒中摄影工作室 车凯 摄影

地区发展缺乏整体性和协调性等。因此以"卫星城"模式来发展上海的大郊区，目标定位过低，从卫星城转向新城的建设势在必行。

在迈向21世纪之后，《上海市城市总体规划（1999—2020）》正式印发，提出"将原总体规划的县城和卫星城调整为新城"。2001年，上海市政府明确发展"一城九镇"，即松江新城（后扩展为松江新城、嘉定新城、临港新城）及9个中心镇，上海用数个五年规划书写了郊区新城快速发展的新篇章。

安亭新镇作为上海"一城九镇"城市圈建设中率先启动的第一个卫星新镇，从1958年就被上海辟为汽车卫星城。多年来，"产"强"城"弱一直是老牌汽车城安亭的发展之"痛"。许多企业的高层次人才工作在安亭，但出于对教育、医疗、生活环境等因素的考虑，往往选择居住在上海市区，成了每天长途通勤的"钟摆人"。

2015年安亭结缘上海万科，加入了安亭新镇的整体改造和后续开发，安亭的发展迎来了历史性转折。

1983年4月11日，中国第一辆桑塔纳在位于嘉定安亭的上海汽车厂组装成功，受到了全国的瞩目。当时人们的出行，除了靠两个轮子的永久牌自行车，就是靠可以搭载数百人的拥挤的铰接车。在桑塔纳最初问世的头几年，老百姓把它当作"进口车"，在路上看到桑塔纳也是件稀奇事，毕竟在汽车仍是凭单位介绍信和票据才能购买的年代，能开上车的人屈指可数。

产业是产城融合的强力支撑。2004年9月26日，嘉定安亭的上海国际赛车场里举办了中国第一场F1大奖赛。而早在2001年，安亭就被规划建设为上海国际汽车城，规划面积100平方公里。在区域"十三五"规划中，国际汽车城安亭树立了明确的目标：汽车文化与城市文化深度融合，达到国际先进水平。"十四五"时期，安亭进一步提升汽车产业能级，努力成为世界级汽车产业中心核心承载区、汽车产业创新发展高地及智慧出行示范区。

安亭新镇镇民公约
图片来源：恒中摄影工作室 车凯 摄影

汽车整车、零部件研发及制造被确定为安亭的支柱产业，同时引导和培育新能源汽车、汽车智能化产业、生命医疗产业等新兴产业的发展。作为中国赛车运动发展的心脏地带，安亭这座生于古镇的新镇，正在打造成国际一流的新能源汽车及汽车智能化产业高地。

产城融合的关键是聚人留人，城市化与产业化要有对应的匹配度，不能一快一慢，脱节分离。

作为上海国际汽车城核心生活住区，安亭新镇常住居民中大部分为汽车产业相关员工。产城融合与职住平衡的紧密咬合，加速构建了安亭新镇的住区开发，稳住了职与住的平衡关系。全维度、多元化的万科式服务，让这座近20年的特色小镇日渐呈现出更高的生活浓度和更具活力的社区样本。

安亭新镇不但有优质的置业服务，更有完善的配套服务。社区内部置入了约15万平方米城市级的万科商业配套，先后落地了万科旗下社区商业"万科集"、社区办公"万创坊"、长租公寓"泊寓"，还引入星巴克、食集、7-11等品牌提供餐饮服务。同时，基于对"镇民"生活需求更高层次的关注，万科还积极为居民提供丰富的文娱活动与共享场所，专心营造持久的社区文化与活力。风筝节、音乐节、啤酒节等文化艺术活动，让青年、老人和孩子都能积极参与；"镇民日"也成了镇民们每个夏天最期待的节日；"奇妙嘉年华"的迪士尼巡游让孩子们在童话世界里肆意快乐。除此之外，还有体育公园、奥林匹克公园等公共空间的打造，滨河公园、音乐谷公园、足球公园等散落在小镇中的口袋公园，通过河流水系、连续绿化与外部自然生态链接，保证了当地植被生态的连贯性。

目前，安亭 100 平方公里范围内日渐形成多个内部组团，产业功能区星罗棋布，商业、医疗、购物等配套穿插其中，呈现出职住平衡的状态。

产城融合的特色小镇之道，为安亭的发展带来了正向力量：生活配套进一步完善；产业人群安居乐业；区域对外释放的吸引力不断带来周边人口导入以及商业、社区进一步蓬勃，最终带来了安亭新镇的焕新繁荣。

有了科创和产业的支撑，未来城市的发展才有动力和活力；而建设功能完善、生态宜居的产城深度融合示范区，则是归宿和落脚。2017 年《上海市城市总体规划 (2017—2035 年)》得到批复，规划提出了建设全球城市的目标，将嘉定、松江、青浦、奉贤和南汇培育成为长三角城市群具有辐射带动作用的综合性节点城市。五大新城在功能定位上不再是上海的郊区新城，而是全球城市网络中的节点城市，是上海构建的"主城区—新城—新市镇—乡村"体系的重要组成部分。

新城所承载的使命之一就是促进产城融合的发展。推动产业向郊区转移的过程，本质上是郊区城市化的过程，其面临的首要问题是如何走出一条产城融合的发展之路，把产业人口留在新城，实现职住均衡，而万科已经在安亭新镇给出了它的答案。

安亭新镇鸟瞰
图片来源：上海万科 提供

安亭新镇街道上悠闲的行人
图片来源：恒中摄影工作室 车凯 摄影

有机更新：焕活中心城

中心城区旧房改造始终是上海住房规划布局的重要一环。上海的旧区改造始于20世纪90年代，通过"365危棚简屋改造"和"成片二级旧里以下房屋改造"，中心城区在短短30年内改善了原先基础设施不足、人口密度较大的状况。旧区改造的推进，改变了上海整体城市居住构成的格局，并在改善居民居住条件、提升城市面貌等方面取得了多重的成效。

旧改运动对于旧时代留下的危棚简屋，无疑是必要的和不容等待的。但随着上海的建设用地面积接近"天花板"，这种简单的"旧改"不应是城市生命体更新活动的常态，它在一定程度上割断了城市生命的连续性。

2015年4月《上海市城市更新实施办法》明确提出上海进入存量规划阶段，这表明充分挖掘存量资源，将是当下及未来发展的重要途径，上海的城市建设也将逐步摆脱规模扩张和"大拆大建"模式，转变为内涵式发展，上海的旧区改造工作也进入了有机更新的快车道。

2021年，上海住房发展"十四五"规划中提出，要在坚持布局优化的原则下加速推进中心城区旧住区更新改造。上海中心城是老旧住区的集中营，也是上海打造全球城市的核心载体，具有巨大的存量更新潜力。从"拆改留"转变为"留改拆"，大量老旧小区的改造更新摆上了议事日程。

步高里位于曾属法租界的卢湾区陕西南路和建国西路交界处，为典型的旧式里弄住宅群，由法商建于1930年，是上海市级文物保护单位。步高里共有砖木结构二层石库门建筑78幢，形成了完整的里弄街坊格局，弄堂口的中国式牌楼独具特色。

虽然具有极佳的营造技艺和建筑质量，步高里却仍无法满足80年后的现代生活需求。相邻的非文保旧里街坊被改造成了现代化高档住宅，而生活在步高里的居民却仍在使用老式马桶。

2008年，卢湾区房地局对步高里进行更新改造，通过洗墙等方式还原了建筑表面形态，改善了内部居住条件，最显著的成效是有了坐便器。此外，还安装了小水表、电表，理顺了各种线路，新装了厨房简易喷淋

长宁新华路敬老邨楼道改造后的生活景象
图片来源：上海万科 提供

装置，等等。经过精细的修补，步高里逐渐焕发出新的生机。

步高里的有机更新除了关注物质层面的改善，还提出了"原生态"保护方法。保护专家对这些仍被作为生活场所的城市遗产的价值进行了再评估，认为这种与日常生活密切相关的历史建筑及空间是具有极高价值的"活态"遗产。而将日常生活纳入城市遗产的保护更新，是将城市遗产作为物质/非物质价值整体的反思实践。中心城区不仅是土地，不仅是历史建筑空间，而且是上海人独特的生活空间，石库门作为城市遗产变成了有感情、有集体记忆的空间。

在历史建筑与历史街区等城市遗产的物质价值早已被充分认识的当下，将原住民的社区生活也纳入到遗产保护的范畴，不仅从存量挖潜层面优化了住区的布局，也体现了"人民城市，城市为人"的人本主题。

上海20世纪90年代前建造的大量住宅小区如今都面临着老旧的问题。由于建造年代较早，存在着房屋日照及卫生条件差、单户面积小、欠缺厨卫设施、线路老化架空等诸多问题，已无法满足居民的基本生活要求。同时，伴随着老龄化问题，较大数量的上海中心城区的老年居民，对房屋的适老化更新改造需求极为迫切。

将铁路支线更新为"空中花园"的百禧公园
图片来源：江嘉玮《以人性化的基础设施重塑城市地表：阅读百禧公园》，《时代建筑》，2022年，第2期，92页，四月 摄影

夜晚降临后，敬老邨的天台上泛出暖黄色的温暖的灯光，灯光在屋顶勾勒出花瓣的形态，在柔和的淡黄色柔光的映衬下，显得尤为温馨。建于1948年的敬老邨（原名安和村）是上海一栋有着七十多年历史的砖木混合结构老楼，每层由公共的走道划分为南北两侧。该地有一个传统，"老人住朝南大间，小辈住朝北暗间"，所以被称为"敬老邨"。这里曾经住着国营新裕纺织厂的高级职工，改造前整栋楼十多年未整修，空间显得杂乱又昏暗，还有墙体剥落、雨天漏水等众多问题，不仅影响美观，更是存在安全隐患。

2018年建筑师张海翱和万科一起对亟待更新的敬老邨进行了整饬，改造从细节入手，如大量"弧"形设计元素、软性墙壁的使用、放大的门牌号，处处体现着小设计中的大善意。

从一楼到三楼，更新分别采用了黄、蓝、绿三种颜色来代表每一层，不仅方便老年人清晰地识别自己所在的楼层，也增强了空间的标志性和活力。并且，原来老楼的走廊的光线十分昏暗，更新便采用了亮度相对较高的涂料和材料，这不仅提升了楼道的光环境质量，也能使敬老邨的居民心情愉悦。同时，更新还采用了穿孔鱼鳞网对老旧裸露的线管进行遮挡，使其远离居民，以确保安全。

敬老邨的有机更新不仅从整体上改善了小区的生活条件，还充分尊重了居民多年的生活习惯，使居民在改造后仍能迅速回到最习惯的生活状态。这也正是有机更新的意义所在：将城市看作生命体，其生命的新陈代谢活动表现为持续不断的更新活动，并且是在"细胞"层面的，即小尺度、常态化、渐进式的更新活动。

作为人口导入型都市，上海中心城区的居住需求压力较大，而住宅有机更新无疑对改善底层居住条件、优化住区布局以及维持中心城持续的活力起到了极为重要的作用。除此之外，对于重点核心地区的打造也加快了中心城区的新陈代谢，让中心城不断焕发新的生机。

《上海市城市总体规划（2017—2035年）》在法定规划层面提出打造高品质的中央活动区，在原本外滩—陆家嘴CBD的基础上，拓展至老城厢、原法租界、虹桥开发区、徐家汇和上海火车站等发展成熟地区，以及黄浦滨江两岸的开发建设地区。"上海2035"在中央活动区内进一步划分商业商务区、文化休憩区、品质生活区三大类功能板块。其中，高品质生活区与以上核心公共功能地区和谐共生。

"昌里园"中游人如织
图片来源：朱琳《以园林介入城市：从园林视角解读上海昌里园的适应性更新策略》，《时代建筑》，2022年，第2期，106页，田方方 摄影

敬老邨露台改造后成为居民日常
来往的公共空间
图片来源：上海万科 提供

如果说浦西代表着上海的过去，那浦东的发展就决定了上海的未来。"十二五"规划之后，上海市政府投资520亿元进行陆家嘴黄金三角区域的整体规划，规划的第一步便是陆家嘴东扩计划，一共分为三个部分。

第一个是上海船厂项目，又称陆家嘴滨江金融城，是集办公、购物、娱乐、酒店、银行总部基地、滨江休闲娱乐于一体的6大中心。

第二个是滨江大道及沿江第一排待开发项目，规划以滨江休闲公园以及商业文化配套为主。其中，黄浦江东岸贯通工程已在2017年12月基本实现，滨江大道杨浦大桥至徐浦大桥段全线23公里，规划设计了别具特色的"三条道"——漫步道、跑步道和骑行道，大大提升了周边居民的生活品质。

第三个是翡翠滨江与民生码头、老粮仓、滨江大道共同形成的滨水"生活秀带"。最长江岸线约1.4公里，占据了陆家嘴东扩工程的1/3。毗邻黄浦江岸民生码头，万科翡翠滨江为了呼应百年粮仓，选择了有质感的石材立面，以淡雅的颜色、对称的装饰等手法呼应咫尺之距的黄浦江和近邻的粮仓。建筑大师罗伯特·斯特恩强调："最令人振奋的设计，总是建立在一种情感联系之上，我希望每一个到这里的人，都能感觉这就是他想要的家。"在翡翠滨江早期规划时，斯特恩就在寻求和城市文脉相结合。以新月广场为圆心，形成一种向心的力量感，以一种低调的方式，与粮仓实现对话。

同时，万科翡翠滨江也与"上海2040"城市规划、"上海2035"以及对滨水公共空间的打造紧密结合。如今，翡翠滨江已经实景呈现，仍然保持着与城市历史文化的相呼应。除了想要重新定义都会生活，翡翠滨江还承接着地域反哺的功能。着力打造一个以居住属性为主的完整的城市生活性综合体，和民生码头一起共同激活整个区域。

随着黄浦江东岸滨江公共空间的贯通开放、2017年上海城市空间艺术季的举办、2018年多个品牌发布活动及展览，民生码头一带逐渐成为了上海的独具艺术气质与生活气息的一片水岸。艺术赋能吸引了大批年轻人在这里居住生活，也激发了城市滨水区域的活力。

城市是一个连续不断的更新的过程，更新是城市永恒的主题，它不仅仅是旧建筑的翻新，还具有深刻的社会和人文内涵。当今，上海中心城旧住区的有机更新正朝着小规模、多元化的方向发展，推进着用地功能的规划调整；而中心城区重点地区的打造，也为中心城灌输了源源不断的活力之泉。

明天我们将住在这里

开放社区促进了城市空间公共性的扩张，提高了交通便捷度、街道的经济活力，以及城市公共生活的多样性与质量，故未来社区建设的目标之一就是社区的开放性。同时，当我们能把构成一座城市的"基底细胞"用美好、便捷、舒适的体验装满，覆盖人们日常生活的细微触点，小而美的未来社区生活圈就会遍地开花，共融到整座城市中。养老服务是未来社区的重要民生问题，经过多年探索实践，上海将在更高层次上实现服务细分、有效供给，为满足更深层次、多样化的养老服务需求而不断优化。

翡翠公园开放街区
图片来源：上海万科 提供

未来社区：步行丈量生活

上海以居民为圆心，以生活为半径画出了社区生活的圈；以开放社区为理念创造了更贴合居住出行的社区模式；也将嵌入式养老模式的成果书写在实践之中，步行便可丈量的未来社区，正在萌芽。

黄浦江滨水空间打开的新生活
图片来源：恒中摄影工作室 车凯 摄影

开放社区：打开生活的围墙

关于住区和城市的关系，在不同的地域文化不同的历史发展过程中有着不同的表现形式，但其核心目标都是要找寻安静、舒适的居住环境与充满活力的城市生活之间的结合点，并建立住区与城市相交融的关系。

自20世纪90年代以来，伴随中国城镇住房建设持续迅猛发展，封闭住区作为一种被普遍采用的标准开发模式和空间组织形式在全国蔓延，其规模巨大且速度惊人。不仅如此，旧城内很多原本开放的住区，也在政府部门主导的旧城改造行动中被封闭起来。

城市封闭住区的集中建设在明显改善居民生活居住条件的同时，其背后所蕴藏的许多矛盾与问题也日益突出。在城市中，一方面由于住区建造日益与城市隔绝，致使传统的社区与邻里关系逐步弱化、社区活力逐步丧失。另一方面，当代郊区住宅开发中大规模的封闭住区也加剧了这种隔离状况。在郊区，对机动车的严重依赖、对自然生态环境的严重破坏以及社区交往所需的公共功能和公共空间的缺乏，都使得人们过去所熟悉的邻里生活感和家园感荡然无存。

其实，开放式街区曾是近代上海最为普遍的城市形态。上海开埠以后，形成的公共建筑街坊、石库门里弄、花园住宅三种较为典型的城市肌理，均携带着开放式街区的基因。而上海在20世纪50—80年代建设了许多工人新村，这些居住社区在建成初期并没有围墙，同样是一种开放式街区的类型，如曹杨新村、曲阳新村等。那时候的"开放社区"激发了频繁、多样化的邻里交往的可能，创造了一个热闹、嘈杂，充满人情世态的生活世界。

住区建设的根本目标是聚居和交流，城市生活的根本内涵是生机与活力。当基本的居住需求被满足后，人们开始怀念过去弄堂里充满生气、亲密的邻里生活。

1992年的上海万科城市花园，是较早涉及开放住区的项目。那时，虽然"开放住区"还尚未成为一个清晰的概念，但是由新加坡建筑师最初提出的规划方案已经对此有所涉及：自由而开放的道路系统，"开放社

黄浦江滨水空间开放后的社区慢行
图片来源：恒中摄影工作室 车凯 摄影

区 | 封闭单元"的布局形式，人、车都可以自由进入的开放管理模式等，均在一定程度上体现了开放住区的规划思想。

住区道路的开放不仅使城市花园的商业服务设施日趋成熟，同时其自由布局的开放道路系统也为住区的逐步生长和发展带来了契机，使住区后来的发展得以自由延伸和逐步调整，同时也使上海城市花园呈现出丰富的城市生活形态。城市花园的建设也激活了整个七宝镇地区的发展，并促使万科对开放住区进行更深入的思考与实践。

21世纪初，上海春申万科城尝试了开放住区中的道路空间设计实践。

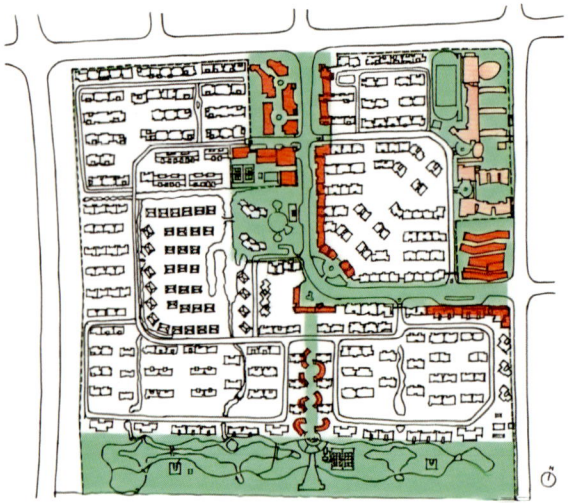

春申假日风景总平面图
图片来源：上海万科 提供

每当夕阳西下，万科春申城社区里的小酒馆、烧烤店就会点亮店铺门的霓虹灯招牌，从居民自家的窗户望去，这些店铺的霓虹招牌串成了一个"L"。这是由于社区布局规划时采用了新都市主义的原则，春申示范区详规中一条红线宽度为24米的"L"形市政道路被保留下来，使其直接穿过社区内部，成为了社区的开放中心。

开放的市政道路是住区空间与城市空间交融的纽带；同时，"L"形的城市型社区中心道路作为主要的开放空间，组织了公共绿地和各种各样街头公共空间和沿街店铺等，形成了生活性的开敞空间序列，为住区内的居民提供了生活的便利。和周边大片沉闷单调的封闭住区相比，春申万科城呈现出了活跃生动的生活气氛，留住了社区生活里烟火气。

沿滨江慢跑的人们
图片来源：恒中摄影工作室 车凯 摄影

2016年，中共中央、国务院在《关于进一步加强城市规划建设管理工作的若干意见》中指出："新建住宅要推广街区制，原则上不再建设封闭住宅小区，已建成的住宅小区和单位大院要逐步打开。"随着我国迈向高质量发展阶段，城市的发展式向服务于社会、经济、文化、生态等多元目标的可持续发展方式转变，为街区制确立了宏观政策基础。

2017年，在对开放社区的进一步思考中，万科翡翠公园进行了新的实践。翡翠公园以未来发展的共享意识，充分打开了城市与社区的边界，让居民直接享受城市资源同时，也以开放的配套反哺着城市生活。

翡翠公园内部吸收了纽约以街道为中心的城市生活格局，将街道和广场作为中心元素，形成精品商业、街心花园、主题公园、艺术雕塑等混合功能的城市街区。同时，也借鉴了城市规划的方法，将开放、无界的设计作为布局指引，让广场、街道和其他功能一起构成一个共享的开放式空间，并在组团里由开放空间、半开放空间和私密空间逐渐聚合，它们彼此互相穿插渗透，相互交融，展现了开放社区的独特亮点。

翡翠公园与周边城市区域相融合，社区路网格完全融入城市道路体系，社区邻里绿地也作为城市绿地系统的重要延展，大大提升了区域地块的整体性；同时开放社区内的景观构筑物、游憩设施、道路、花园等公共活动场地均为城市居民共享，城市与社区的渗透交融使翡翠公园充满了生活的活力。

梧桐树下的行人
图片来源：恒中摄影工作室 车凯 摄影

城市的活力源自开放，生机勃勃的交往气氛和有机整合的城市生活将会是未来社区的不可或缺的。"住区开放"已经超越了打破住区围墙的简单表面概念，它强调了住区是城市整体功能和空间构成的有机组成部分，而不是独立于城市空间、城市交通的孤岛。

开放社区的道路交通系统、服务设施系统、公共空间系统与城市的融合，将促进城市空间公共性的扩张，提高城市交通的便捷度、提升街道的经济活力，以及城市公共生活的多样性与质量。作为未来居住社区建设的目标之一，开放社区正在潜移默化中改变着居民的生活。

浦东滨江的"海阔天空"
图片来源：恒中摄影工作室 车凯 摄影

社区生活圈：生活就是圆心

中兴路一号城市鸟瞰图
图片来源：上海万科 提供

公元前 5 世纪古希腊智者普罗泰戈拉称："人是万物的尺度。"而在上海，步行是生活的一把尺。

以前的里弄生活是十分方便的，居民只要步行几分钟就能获得日常所需的大部分服务——小卖部、理发店、小菜摊、里弄食堂等，那时的街坊邻居就是居住在一起的老朋友，生活在其中便有一种天然的家园感。但随着城市高速发展，在现代主义的城市设计的原则下，人们的生活逐渐被分解，通勤时间过长、社区交往空间匮乏、邻里关系陌生、一公里社交圈内没有足够的硬件设施等，成了城市人居生活空间的通病。

城市的真正本质是由人及人的文化与社会关系组成的经纬。无论哪种城市规划概念，都是以人为出发点的，是围绕着人的需求而自然形成的一种生活模式。

2016 年，上海发布了《上海市 15 分钟社区生活圈规划导则（试行）》，希望通过完善基本生活单元，来体现新时期的城市生活方式、规划实施与社区管理的转型。2017年,"15分钟社区生活圈"理念被写进了《上海市城市总体规划（2017—2035年）》。上海在迈向卓越全球城市的目标引导下，将打造"15分钟社区生活圈"作为提升城市竞争力与软实力的重要举措之一。昔日的"里弄生活圈"正在重回我们的当下。

"15分钟社区生活圈"是上海打造社区生活的基本单元，即在15分钟步行可达范围内，配备生活所需的基本服务功能与公共活动空间，形成安全、友好、舒适的社会基本生活平台。"15分钟"是一个鲜活的刻度，它以人的感受为起点，用步行连接生活。同时"15分钟社区生活圈"不仅仅是在描绘未来社区，也是在描述每个人真实的理想生活，杨行社区便是如此。

作为2021上海城市空间艺术季的参展样本社区之一，由万科持续参与策划的宝山区杨行社区，聚焦于普通市民，希望将"15分钟社区生活圈"嵌入市民的日常生活场景中，营造美好的社区生活圈。

宝山杨行社区以万科的"杨行YOUNG"为策划概念，通过一系列多彩

中兴路一号细节图
图片来源：上海万科 提供

中兴路一号近景
图片来源：上海万科 提供

的社区文化活动，为杨行社区带来了年轻、艺术的社区生活方式，在为期两个月的活动展期内，除了杨行社区的装置艺术、涂鸦彩绘、新颖脱口秀等，更有各种形式的街道集市、活力跑、废弃物改造等有趣的展品融入社区，使"15分钟社区生活圈"由点及面地激发社区的创新活力，提升社区居民生活质量。也让杨行这个有机体，不断与外界完成着能量交换，进行着社区细胞的新陈代谢。

不仅如此，杨行社区的CO·life体验中心，打破了将售楼中心改造为会所的传统操作，将CO·life规划在社区最为核心的街道节点，从街道到室内，从城市客厅到社区绿地，搭建了绚家、绚邻、绚集、绚刻四种生活场景体系，营造了未来社区的美好生活场景。

从服务小区内的业主，延伸到服务整个社区居民，"区域营造"的理念深入万科，与未来生活圈的理念不谋而合。经过数年迭代，CO·life已经成为了打破物理空间限制的新一代的邻里空间。

中兴路一号内的开放公共空间
图片来源：上海万科 提供

"15分钟社区生活圈"的提出正是应对新常态下多元化的社区发展需求，在传统物质规划方法上更加强调以人为本的规划思路，尝试从社区居民行为需求的角度优化调整空间供给，形成以人的生活活动特征和需求为出发点，全面关注社区生活品质提升的、更高效、更高质的社区层面规划。

从昨日的土壤里生长出的未来生活圈应该是怎样的？除了从宝山杨行社区、CO·life 体验中心等社区层面入手，万科还站在城市的角度，回答着上海提出的时代问题。

中兴城的土地记载了这座城市的记忆：上海"北大门"进出口的上海北站、上海大学遗址/青云广场旧址、"五卅"初期的上海总工会遗址、"近代出版业巨擘"商务印书馆第五印刷所旧址等旧址星罗棋布。而今，这一带正由"百年工商传奇"的旧身份，向中央活动区域的"城市文化新地标"转变，并在"上海2035"静安区"一轴三带"的发展战略下不断更新。

我们无法精确预知未来，但至少可以用前瞻的眼光去设定一个可生长、开放、自适应的系统，跟随变化而调整向新，包容更多可能。面对中兴城片区的历史厚赐予未来规划、城市空间形态的更高需求，以及对"15分钟社区生活圈"的回应，中兴路一号量身定制了一座"超级底盘"，它从市民步行半径内的需求出发，最大化消解了城市与社区的边界，并根据中兴城片区特有的城市文化地标属性，带来了生活的烟火气。

中兴路一号营造的一个个生活场景，令这片"15分钟社区生活圈"拥有可持续生长的活力，既是设施圈、潮流圈、生态圈，也是邻里圈、社交圈。跳脱出了住宅自身的局限性，万科用通盘规划去构思中兴路一号，深度参与、共建着上海的未来生活圈。

当我们能把构成一座城市的"基底细胞"用美好、便捷、舒适的体验装满，覆盖人们日常生活的细微触点，突破存量土地、空间不合理割裂的制约，使老人老有所依、孩童幼有所教、年轻人兼顾奋斗与美好、邻里有了可交流的广场绿地而重构紧密关系……一个个小而美的生活圈遍地开花，共融扩大到整座城市，就像那句话所形容的："城市必须不再像墨迹、油渍那样蔓延，一旦发展，它们要像花儿那样呈星状开放，在金色的光芒间交替着绿叶。"

嵌入式养老：一碗汤的距离

上海万科申养大家庭集体合影
图片来源：上海万科 提供

上海是全国最早进入老龄化且老龄化程度最深的城市，根据《2021年上海市老年人口和老龄事业监测统计信息》数据显示，截至2021年12月31日，上海全市户籍人口1495.34万人，从老龄人口的年龄构成上看，60岁及以上老年人口542.22万人，在总人口中占比高达36.3%。

总体看，上海老年人口的绝对数量正在快速增长，独生子女父母开始成为老年人群主体，纯老家庭、独居老年人数量的不断增加，高龄老年人口的增长也在继续。同时，城市住宅商品化发展形成了代际居住空间的分异，更使得空巢及独居老年人比例迅速增加，少子化和家庭规模小型化也使家庭养老功能不断弱化。

在我国"未富先老"的背景下，政府尚未能承担大量的养老机构建设与运营成本，又受"邻避效应"干扰明显，挖潜推进养老机构建设的空间是有限的；郊区空间虽大，但一般远离老人的原居住地，会使老年人产生抵触情绪。同时，存在子女探视时间不灵活、经济成本偏高，老年人看病不便的问题，机构养老的问题日益凸显。

同时，我国人口老龄化往往呈现高龄化、空巢化与家庭规模小型化、少子化叠加的局面，家庭也难以承担更重的养老责任。不仅如此，由于故土难离，绝大多数老人更愿意选择居家养老，这种主观感情因素，其实很大程度上掩盖了老年人真实的养老服务需求。

故而，作为我国养老服务体系中的重要一环，嵌入式养老的重要性正在日益凸显，未来社区养老的巨大潜力也正被逐渐打开。

社区嵌入式养老是一种以社区内闲置物业资源等为载体，以资源嵌入、功能嵌入、管理嵌入为形式，以社区辐射范围内的普通老年群体为服务对象，通过对各方资源整合，以市场化机制开展运作的养老模式。它打破了"9073"的固态养老格局，依靠社区、贴近老人、服务便捷。

2019年6月，上海市政府发布《上海市深化养老服务实施方案（2019—2022年）》，并正式宣布"社区嵌入式是本市养老模式首选"。而早在2014年，上海便以长者照护之家、社区综合为老服务中心等为重点，

上海万科申养为社区嵌入贴心的养老服务
图片来源：上海万科 提供

开展了社区嵌入式、多功能、综合性养老服务机构的试点工作，若干年来也积累了较多具有代表性的成功实践。

为解决小区居民及家人的养老需求，让老人在熟悉的环境中也能受到细致入微的关怀，万科的首个社区嵌入式养老项目——"智汇坊"于2014年10月在上海万科城市花园开办。

"智汇坊"是小区里最热闹的地方：年轻的高校志愿者与老人们愉快地交流，送来温暖；老年大学提供了丰富老年活动——写书法、做手工、包馄饨，让在坊的长者老有所学、老有所乐；下午四点半课堂，孩子们在这里上课活动，老幼同托、老少同乐的场景十分温馨。"智汇坊"带来了充满生命力的颐养生活体系，而这背后离不开专业完善的养老服务体系的支撑。

大部分老年人其实都需要社区提供充分的养老服务，其中医疗的服务内容需求最为强烈，而养护结合正是万科的一大特色。智汇坊整合了社区周围的医疗机构，为社区内的老人提供专业的护理服务。同时，智汇坊不仅局限在基础的护理服务上，还扩展到了更为实用和迫切的医疗急救问题，对于老人出现的突发情况可以及时有效地处理，如急救车转院等。此外，对老年人的常见病、多发病，如心脑血管疾病、老年痴呆等，智汇坊还会提供日常的保健咨询，定期外请老年病专家坐诊以及定期举办保健讲座等，进一步提高养老服务的针对性和专业性。

智汇坊还关注到了老人的更深层的需求。老人可根据自己的个性化需求选择单人间、多人间，还可定制租期，多元个性化的服务最大程度上满足了老人生理与心理的双重需求，发挥出嵌入式养老模式的独特优势。

智汇坊的嵌入式养老模式是介于家庭和机构养老之间，并集中了两者优势的一种养老模式。它在内容上填补了社区照料在喘息服务、家庭护理专业指导等方面的空白；在能力上显著提升了社区养老服务的专业性，一定程度上弥补了社区养老服务在专业性和效能上短板，缩短了和机构服务能力之间的差距；在效率上充分发挥了社区零散土地资源的作用，以及各项社区服务之间的集合效应。更重要的是，嵌入式养老满足了社区老人"原居安老"的精神需求，在万科的实践中被证明是一种行之有效的模式。

智汇坊的成功实践，为上海嵌入式养老的发展提供了新的思路。嵌入式养老打通了传统养老模式下的壁垒，将家庭、社区和机构联合起来，大大减轻了青年人的养老压力，也方便了子女时常探望，亲人在侧，檐下含饴，正是晚年生活最美的画卷。

社区嵌入式养老服务是上海立足本地实际，深入挖掘资源，缓解养老服务场所资源短缺，为老年人群就近提供照料服务的一种新模式。而加强养老服务事业发展是上海当前和今后很长一段时期既定的工作任务，是未来社区的重要民生问题。

经过多年的实践探索，上海在养老服务事业上取得了长足的发展。当下，上海也在更高层次上实现服务细分、有效供给，为满足更深层次、多样化的养老服务需求而不断优化。

2015年，时任上海市委副书记、市长杨雄一行参观考察"智汇坊"
图片来源：上海万科 提供

科技改变生活

我们畅想家是城市中的世外桃源,有洁净的空气和水、安静私密的环境、一键控制的灯光和设备。在科技注入住宅后,桃源之梦逐渐清晰。走出家门,进入社区,科技让政府、相关产业与居民互联与协作,形成了更有内聚力的家园。

城市花园内的智慧生活
图片来源:恒中摄影工作室 车凯 摄影

科技住宅：绿色生态 智慧健康

安全安心，舒适便利。这是住宅永恒的主题。要做出具有国际水平的住宅，节能和生态也是关键之一。改革开放后，虽然上海在人均居住面积上奋起直追，但节能设计一直是中国住宅设计的弱项。近些年，住宅建筑的内涵越来越受到重视，特别表现在绿色建筑和生态居住方面。我们需要探索出一条符合中国国情的绿色住宅道路，并且赋予之新的美学意义。

这条探索之路上，上海比其他城市走得更前些。在2003年，上海在住宅的生态与环保上迈出了第一步，颁布条例推动生态节能住宅建设。也是在2003年，这座褪去符号化的装饰、"其貌不扬"的朗润园，凭借26项绿色环保技术，成为上海第一个生态小区，也是全市第一个列入创建一级生态小区的项目。外墙和门窗的保温系统、室内的通风系统、降噪系统、燃气泄漏警报系统等，这些"高科技"分布在朗润园的各处，每一处小小的提升都使节能和舒适度上提高了一些。

朗润园内景
图片来源：恒中摄影工作室 车凯 摄影

从房子建起的那一刻，我们就希望生态和绿色贯穿它的全生命周期，如果能像汽车一样建造房子，工厂预制好的构架运到现场组装即可，那么建造的过程就会更加节能、安全、可控。2004年，万科工厂化中心成立，开始PC（装配式混凝土）研究。2008年，全国的首个工业住宅——万科新里程就在浦东交付，与传统作业模式相比，一栋20层的工业化住宅就能减少20吨标准煤的消耗。2014年，万科翡翠公园一期以第三代PC技术体系，将预制率推上了28%。在工业化住宅领域的不断耕耘，万科为推动行业规范形成起到了积极作用。

住宅作为老百姓生活中最大的消费品，其健康性能和绿色性能同样重要。以人为本的次的需求。突出了健康性，并与绿色、生态的先进理念形成了互补性。

位于上海市政府首批确立的四大示范居住区之一——上海万里城的核心区域的中鹰·黑森林项目经过十多年的发展，形成了七大健康舒适住宅系统和20余项建筑科技技术。在居住环境的营造上，发生了两次颠覆性改造，最初的硬地坪、喷泉、走廊被全部敲掉，河流水景被填实，全部种上11000棵成年香樟树，被树林包围的"森林式"绿化为社区营造了一个城市中难得的天然氧吧，提供负氧离子含量极高的空气微循环外环境。

住宅本身引入自然的力量、开放起居空间、使用环保材料，与自然的紧密连接，是带来从身体到心灵的舒适体验。23项健康科技技术，以科技的力量保障舒适居住的持续体验。

后疫情时代，人们健康意识与需求的大爆发，更加表明发展健康住宅的重要性。上海宝山启宸、安亭莱茵半岛等项目参考日本的健康标准，以控制材料为主，为健康人居进行了一系列优化措施。生活空间的舒适度与品质感是生活健康的主要保证。从对住宅的迭代上，上海万科转变了传统从功能出发的设计思路，深研人们在日常生活中的细节，并对使用场景进行了深挖。

万科联合松下Panasonic住空间团队，一起合力打造了天空之城@HOME爱住租赁社区10号楼，同样是对健康住宅理念和技术的运用，是对未来居住生活的创想。深研全球生活趋势，秉持健康空间策略，以入住者视角展开考量，从空气、光、水等维度全面关照居者生活，打造

上海万科城花新园内景
图片来源：恒中摄影工作室 车凯 摄影

五感舒适的人居空间，合理规划室内格局及生活动线，提升健康生活的价值，坚持"品质＋精工细节"，打造了 33 平方米与 66 平方米的多元户型满足不同人群需求。

当物联网连接起了虚拟数据与现实生活之后，以生活便利性为导向，兼顾住宅的节能性的"智慧住宅"概念被提出和实践。智慧住宅经历了 3 个发展阶段，初期的智慧住宅主要关注老年人和残疾人的安全保障、健康状况维持，以及实现他们独立生活的辅助设备；之后过渡到突出居者健康监测的目标，同时强调面向各年龄段的辅助生活功能的时期，再到如今由于市场上智能电表和家庭能源管理系统的普及，开始兼顾能源效率的提升。至此，智慧住宅的概念不仅是辅助生活和监测健康，而且也强调能源效率，保证生活环境的可持续性。把技术置于生活场景中，将人的身心健康和生活体验摆在首要位置进行考量和研究。

在智慧住宅的实践，日本设计建造出了一些比较成功的样板。如松下家园智慧住宅（PanaHome Smart House）。整栋住宅运用能源技术，结合日照、自然通风特点，创造了零碳排放的舒适生活空间。各种节能措施，如天花板和外墙的隔热构造、低辐射双层玻璃、综合地热系统、一体化混合通风系统等，在这栋住宅上均有使用等。住宅更采用了能源生产——储存关联系统，综合了发电、蓄电和智能应用功能，并与中央控制器 HEMS 协同，进行家庭能源管理。住宅的发电系统结合了光能发电和燃料电池，即使在停电期间，也可以保持长时间稳定的电力供应。

对于存量的保障性住房，城市管理者和设计师同样要考虑社会的技术义务。低碳和智慧技术在旧建筑改造中潜力巨大。智能社区管理、楼宇管理需要推动，这是智慧城市的基础，具有巨大的社会效益和经济效益。保障性住房是最好的试验田，值得加强投入加强设计。在中国保障性住房领域，低碳智慧的公共义务不是选答题，而应该是必答题。

当房子用来住的时候，住宅的科技含量就愈发凸显，房地产的制造业的特征也愈发清晰。提高住宅本身的耐久性和安全性，以更高标准的物理性能应对可持续发展的未来。

上海万科松下 @HOME 爱住室内空间
图片来源：上海万科 提供

上海万科松下 @HOME 爱住中年轻人的生活场景
图片来源：上海万科 提供

图片来源：恒中摄影工作室 吕恒中 摄影

现代性，上海公寓大楼的腔调

徐洁

对于许多人来说，公寓大楼是老上海现代生活的一种标杆式的存在。

如果说水平铺展的里弄建筑是近代上海城市的底色，是中国江南院落居住建筑与西方工业文明联体建筑的结合，是传统的延续与发展，那么拔地而起的公寓大楼则是这座城市的亮点与标志。上海 20 世纪 20—40 年代建造的公寓大楼是国际化的现代性建筑，是工业革命和科技发展的结晶，在建筑材料、结构与建造技术上实现了突破：钢结构、钢筋混凝土结构与电梯的发明与运用，改变了建筑原有的建造方式，避免了木结构建筑的火灾隐患，克服了石材建筑的成本和自重，将经济、实用、安全、美观推向了新的高度。在大都市不断攀升的地价牵引下，为大都市量身定做的集约化公寓大楼，融入了对崭新的城市现代生活的理解和设计：室内空间开敞、明朗、自由的平面，符合现代生活功能；外观高耸入云的几何形象，以简练的竖向线条，强化垂直向上的动感，现代风格融入了装饰艺术派手法，昭示着一个新时代的来临。

这些公寓大楼多坐落在中心城区的黄金地段，伫立在繁华大街两侧或是街道转角的醒目位置上，是街区重要的空间标志。河滨公寓、武康大楼、麦琪公寓、华懋大楼、峻岭公寓、培文公寓、永业大楼、淮海公寓等，都是上海城市辨识度很高的历史地标。与同时代的纽约巴黎相比，这些公寓大楼拥有类似的高度、装饰和设施，代表了一种时尚的、现代的生活方式，拥有热水、煤气、自来水和进口的卫生设备等，这些都不是里弄住宅可相比的。能够住在这里的都是社会中上层人士，于他们而言是公寓大楼本身就是一种鲜明的身份标签，引领了一种高端新派的都市生活方式和理念。

近代上海的公寓大楼是城市历史的重要见证。比如张爱玲的文学世界与生活空间，就和这些公寓大楼结下了不解之缘。相较于从上海里弄走出的"亭子间作家们"，张爱玲可谓是"公寓作家"，开纳公寓、爱丁顿公寓、重华公寓、卡尔登公寓，串联起成年后的她在上海生活成长的轨迹。她在爱丁顿公寓（今常德公寓）度过了 5 年时光，写下了风靡上海滩的《倾城之恋》《封锁》《金锁记》等名作。爱丁顿公寓建于 1936 年，由意大利设计师设计建造，每套房都装有壁炉、抽水马桶和热水器，还设有单独的保姆间，外观也是 Art Deco 风格。8 层楼在当时已是高层建筑，在静安寺地区鹤立鸡群，站在阳台上甚至可以看到外滩。张爱玲认为"公寓是最合理想的避世的地方"，既可以深居简出，以超然的、疏离的姿态张望身边的世界，又可以享受现代都市文明的消费乐趣和市井烟火气。她最喜欢倚在阳台上看风景，"阳台外是全上海在天际云影日色里，底下电车当当地来去"；夜晚她喜欢听"市声"，没有楼下电车当当地陪伴，她睡不着觉；她经常去附近的平安大戏院看电影，到凯司令面包房买西点，到第一西比利亚皮草行、绿屋夫人沙龙买衣服，甚至去熙熙攘攘的静安寺集市挑选绣花鞋……就像帕穆克和伊斯坦布尔、普鲁斯特与巴黎，张爱玲也沉醉于上海城市生活的景象、声音、气息和味道。公寓大楼既是她实现价值的成就之地，也是她归属感、幸福感的踏实来源。

在很长的一段时间里，上海的老公寓大楼代表了城市的现代性。1949年后，它们依然引领城市的时尚生活：培文公寓底层的上海妇女用品商店，是那个年代上海女性的时尚之选；与之相望的永业大楼底层的上海全国土特产商店，是上海人味蕾幸福的不二选择，来自家乡的食物味道，慰藉了无数外来移民的乡愁；而峻岭公寓和华懋大楼也成为锦江饭店——上海最早的国宾馆之一，1972年2月27日，正是在锦江小礼堂，中美正式签署了举世瞩目的《中美联合公报》，开启了一个新时代。

近代上海的公寓大楼是城市现代性的标志，推动并见证了这座伟大城市的成长。那些大楼留下了历史人物的身影，见证了时代变迁，也融入了城市的街道空间。近百年光阴过去，曾经兀立于低矮里弄中的老上海公寓大楼，被铺天盖地拔地而起的新摩天大楼包围，虽有些陈旧但并不落伍，依然保持着自己的风度和格调：人们可以在门厅大理石铺地或马赛克拼图中，品读装饰艺术运动的趣味；从电梯楼梯间盘旋向上的曲线扶手看见和缓古典的优雅姿态；从门窗黄铜把手灵动的线条感受工业时代的质感和亲切细腻的手工技艺；从周围茂密阴翳的法国梧桐，步行可达的咖啡店、面包店、超市、菜场，囊括这座城市生活的优越感和丰富的可能性。

近50年来，上海公寓大楼建设始终保持着对现代性的追求。作为城市迈向现代化的象征，公寓大楼引领了上海城市的发展与创新，从制度创新到模式突破，都可以看到这座城市的进取心，和对国际化的向往与追赶。

1973年，上海在漕溪北路建设了6幢13层、3幢16层的高楼群，成为上海20世纪70年代的新地标，和1975年建成的上海体育馆（万人体育馆）共同组成了上海奔向现代城市的缩影。改革开放后，在上海第一块批租土地上建造的商品房（侨汇房）——雁荡大厦，与同在雁荡路的培文公寓、永业大楼相望对话，重启了中国与世界接轨的商品化大潮的序幕。1979年开始规划的虹桥开发区，代表了中国改革开放的决心和勇气。开发区的太阳广场是改革开放后第一块市场出让的地块，是上海第一幢合资兴建的高层公寓。

今天的上海已是世界的舞台，在上海公寓大楼的现代性注释中有了更多的国际性。上海在迈向全球城市的进程中，在比对融合中创造着上海城市独特的语汇，新世纪的国际现代公寓大楼。在追求科技与文化传承上拓展着上海城市生活空间的广度，联结呼应这座城市的历史深度。中兴路一号的现代性和科技感，与黄浦江畔翡翠滨江的历史感和文化气息，昭示着公寓大楼的新时代。

英国建筑师理查德·罗杰斯是2007年普利兹克建筑奖获得者，伦敦海德公园一号的设计者，并与皮亚诺一起主持设计了巴黎蓬皮杜艺术中心。他的高技派建筑不仅仅是一种风格、一种技术，更是一种对于建筑诗性和都市理想栖居的细腻解读。

RSHP事务所的中兴路一号摒弃了传统建筑的承重墙设计、框架结构设计、板梁设计，高层塔楼采用了颠覆性的"双十字承重结构"，由图形中心的交叉十字结构承重，室内没有一根柱子，也没有其他承重墙，释放出整个空间的自由。室内剩余空间不必受制于几室几厅的固有格局，是一个可以灵活演变的、"开放性""流通性"的自由空间。设计以平面的通透自由与开敞透明性，演绎自由无拘的生活，与城市中心高密度混杂的建筑空间形成对比，是简洁现代性在住居上的新诠释。

中兴路一号以玻璃的通透性及明亮性融合内外。三面悬挑的超大落地高透玻璃窗，塑造了 270° 的超大视角。充沛采光之外，更将上海的城市风景最大化地呈现眼前，远处的苏州河、外滩黄浦江无障碍地在眼前流淌。建筑立面玻璃的透明性和纯净感，营造出开放、流通、共享的空间，将室内的自由流动与简约、明朗、通透，与上海的城市风景融为一体。

RSHP 事务所坚持"建筑的社会性"也许比建筑本身更重要。作为一个对话者，通过对上海公寓大楼的考察，对楔形场地的武康大楼街道的分析研究，他的设计回应了上海城市的空间与建筑历史，不仅采用上海特色的红砖瓦中分离出的色系作为竖向色调构件，更希望在上海中心城区创造一个有围墙的开放式社区，向城市让渡一些开放空间，塑造具有多样性、丰富多彩、自由生长且多业态融合的复合型国际社区，而不仅仅是一处封闭的高端豪宅。中兴路一号既有面向内部的优雅——悬浮的花园，美轮美奂的泳池、健身、咖啡等内部专享的生活配套，也有交融外部的烟火气——沿街面不仅开设商铺、超市，甚至退让红线，形成沿街小广场，让居住小区与城市街区互为嵌套。因其前瞻性和高品质，中兴路一号从周围无数建筑中脱颖而出，引领着周边老旧街区的更新改造和品质提升，也吸引了一批拥有相同理念和理想的年轻拥趸，来创造城市未来的新生活。

如果说 RSHP 事务所的中兴路一号追求现代性和未来感，那么罗伯特·斯特恩的翡翠滨江项目则回归历史、传承文化。建筑大师罗伯特·斯特恩在纽约中央公园西 15 号的设计中，呼应了纽约中心城区经典的摩天楼风格，将其融入中央公园的历史环境和空间结构中。他在翡翠滨江的设计中也努力找寻历史的语汇和上海外滩的风貌特征。

在陆家嘴的黄浦江畔，项目地块位于拥有 100 年历史的民生港码头和八万吨筒仓的混凝土圆桶矩阵对面。罗伯特·斯特恩的整体规划将所有塔楼向右侧转一定角度，以此保持与老粮仓相呼应。一期的半圆形古典式的对称建筑布阵与半圆形的花园尺度，营造出殿堂般的秩序与仪式感，亦赋予邻里交往的亲切围合场域。二期点式高层与多层洋房结合，围合的后现代古典建筑群与新月花园的古典式柱廊，塑造了归家的仪式感。

罗伯特·斯特恩认为："建筑是要在过去与未来之间找到存在感。"对于陆家嘴和世界其他地方，已经有足够多的玻璃建筑了。但如果使用石材，手感、质感是玻璃建筑无法实现的。"项目以新古典主义的形式、风格，致敬黄浦江对岸外滩的百年历史石头建筑，这种对话和对望隔着黄浦江水呼应了上海的城市历史，丰富了黄浦江两岸的天际线。

正如郑时龄老师所言："在翡翠滨江和民生港，城市更新实际是重整我们自己，也是重塑我们的未来。"新建筑成为融入历史、连接当下、指向未来的创作，重新定义了日常建筑的永恒魅力。

曹杨新村的故事

周俭
全国工程勘察设计大师、同济大学建筑与城市规划学院教授
上海同济城市规划设计研究院有限公司院长、普陀区曹杨新村街道 15 分钟社区生活圈规划总负责人

曹杨新村的先进规划理念

曹杨新村是中华人民共和国建立以后，国家建设的第一个解决工人居住问题的工人新村。当时第一批住入曹杨新村的都是全国劳模和先进工作者。曹杨新村的规划设计理念在当时是非常先进的。有很多的从国外留学回来的专家为曹杨新村打造了一个非常好的规划空间格局。

曹杨新村以"邻里单位"的结构来规划，这跟我们今天讲的"15 分钟社区生活圈"其实非常相似，但是出发点并不完全一样，当时关注的重点是生活的便利性。除了"邻里单位"的思想外，曹杨新村的规划还结合了当地的地理条件，把中国的山水城市、因地制宜的营城理念融合进来。我们今天看到它有一条非常自然的环浜，就是当时规划保留下来的自然河道，它成为了曹杨新村整体空间格局中非常重要的结构性空间，依河修路，"弯、窄、密"的路网空间体系形成了如今非常有特色的空间形态。"弯"就是顺河形成的道路，沿路行走，景观一直在变化，很丰富；也正是因为"弯、窄、密"的路网结构，曹杨新村几乎没有什么交通拥堵问题。

曹杨新村不仅仅有居住，它还有很多产业，但是随着时代的变化，这些厂都迁出去了，在这个过程中，曹杨没有驻入其他业态，而是又驻入了住户，使这里变得越来越密，现在的居住人口是原来规划的三倍。曹杨新村从 1951 年到今天，经历了不同的发展时期，它的变化从没有停过，各种住宅类型在曹杨新村都可以找到，可以说曹杨新村是上海住宅发展历史的博物馆。

曹杨新村未来的规划目标

曹杨新村有非常独到的地方，是个非常好的研究对象。曹杨新村原来就是我父母单位的职工住宅区，是一个由许多职工住宅构成的单位社区，我父母的同事、朋友，包括所有的小孩互相之间都是玩伴。当时没有围墙，整个新村空间完全开放，没有小区门禁，没有小区门禁，新村里所有的路都是通的，所有的空地包括里面的小路都是我们大家玩耍的场所。今天规划建设的住区失去了这么一种开放贯通的户外空间体系，现在的小孩子不是不想到户外交流或玩耍，问题是我们失去了这么一种空间条件。

我们在这次曹杨新村规划社区生活圈更新规划中采用了扬长补短的策略，强调把它的优点和特色传承下来。围绕这个思路，我们提出了三个规划目标：第一，要传承经典。保留曹杨新村由"弯、窄、密"的路网体系构建的空间格局，强化曹杨新村独特的"世外桃源"般的环境风貌。第二，要提升品质。曹杨新村起初是上海第一批有抽水马桶和管道煤气的居住区，从居住标准方面来看，当时的曹杨新村是一个"高标准"的居住区，在历史上有自己独特的地位，因此我们的目标是应对现代的需求，对居住品质进行整体提升，再现曹杨新村的价值。第三，以"五宜"为目标增添更多的公共服务和复合性功能，挖掘潜力空间，关注全龄友好，满足今天曹杨居民对未来美好生活的向往。

作为曹杨人的期许

我非常希望今后的曹杨新村，把一个个封闭的"园"能够打通，

住在曹杨新村的居民都有一个小小的小区门禁卡，每个"园"的门禁都可以进出，可以这样一路开放、走通，恢复曹杨新村原来开放的空间网络，构成良好的慢行系统。从社会服务来讲，我也希望曹杨新村的公共服务品质能够和城市同步。当年曹杨影剧院可谓是全市"一线院线"，最新上映的影片都是第一时间在曹杨影剧院上映。今后曹杨新村的公共服务设施要按照全市一流的标准去打造。

还有，曹杨新村的环浜真的是非常宝贵的资源，我很希望环浜能够更加开放，现在的环浜应该是说 1/2 已经全部开放了，但剩余的半个环希望也能够开放出来。同时环浜上面一共有 9 座桥，希望能作为曹杨新村的文化地标来打造，有意境，有内涵，有故事。

上海的居住基因和住宅发展

李振宇
同济大学建筑与城市规划学院教授、博士生导师
同济大学建筑设计研究院共享建筑工作室主持建筑师、上海市建筑学会副理事长

上海的居住基因

上海是一座移民城市，人口的汇聚是上海快速发展的内在动力，也带来了多样化的居住习惯。同时，上海始终在不断扩大，每一个阶段都有刺激它快速增长的机会，而上海独特的居住基因主要有三个。

第一个就是租房的基因，租房一直是上海居住的一个密码。我们可以看到1949年以前，上海约80%的人都是租房子，从原来的中式的院落，发展为紧凑型石库门、广式里弄再到新里弄，它们都是为一家设计的，但大多数都不是被一家使用的。一些影视戏剧作品也呈现了当时的居住状态，如《乌鸦与麻雀》《七十二家房客》。与其他城市不一样的是，上海的租房基因是非常顽强的，这是上海的一个特点。

第二个基因是资产基因。上海的住房是一笔大资产，拥有住房与没有住房隔着巨大的鸿沟。过去上海有句俏皮话叫"不怕家里失火，就怕路上跌跤"，因为家里房子很小也是租来的，失火也没太大损失，但是摔坏了一件长衫、一套西装，那是很值钱的。住房资产对已经在上海扎根的人是很重要的，而对于上海不断进入的新移民来说却是可望不可即的。

第三个基因就是它的金融性。房子成为资产以后，它就有了金融价值。我的祖辈在抗日战争以后就跑到上海，那时候买不起房的，只能"顶"（买卖租赁权）房子住，后来家里没钱了，就把三层里弄的底楼和三楼"顶"出去维持生计，实际上这就是住房资产性和金融性的表现，是上海一直存在的基因。

所以在上海的住房基因里，租房是常态，有房是资产，买房卖房是金融。

住宅的创新发展

我在德国艺术家约瑟夫·保罗·克莱休斯的启发下，把100年以来住宅的创新发展归为四类。第一类是社会学意义上的创新，如阿拉维那的"半边楼"，它研究的不仅仅是形式，而是关系；第二类是城市设计层面上的创新，比如菊儿胡同，就是一种城市设计的关系的改变；第三类是空间与形式的创新，像萨夫迪做的Habitat 67，汉斯·夏隆的罗密欧与朱丽叶公寓，就是空间与形式的创新；第四类就是技术与生态环保，有向日葵住宅、弗莱堡瓦邦社区、上海的中鹰黑森林等。

上海外环以内可以称之为围合式住宅的只有182个，围合式住宅如此之少的原因主要有四个：日照、通风、对视影响、销售制度。针对这个问题，我们研究团队提出了四招，用通俗的话讲就是转一转，断一断，拔一拔，混一混。转一转就是房子未必都要朝正南正北，偏转的角度有利于日照；断一断就是围而不死，促进通风、减少转角的对视，比如德国的"卡罗北庭院"；拔一拔就是高低组合，就像阿姆斯特丹的"鲸鱼"住宅；混一混就是功能混合。

所以要发挥城市的精细化治理和管理的作用，最简单办法有两点，第一点要鼓励不同的功能的混合，第二点是城市设计的介入，城

市设计要成为土地出让的先决条件。万科的城市住宅设计，注意到了上海住宅的传统与发展，重点关注了场所的营造和功能的多样性，是有四个方面的类型学创新的。

健康住宅体系

商品房市场经过 30 年的发展，已经逐渐成熟，对整个社会、对城市建设、对提高居住的数量和质量起到了巨大的作用和贡献，但商品住宅在发展过程中也经历了各种困难和挑战，甚至是矛盾。如住宅的千篇一律，从规划的角度看，是没有做好进一步引导；从建筑师的角度来说，是很少争取住宅设计的多样性、创新性。我认为一个城市健康的住房体系应该是三分天下的，即自有房是三者之一，保障性住房是三者之一，市场出租房是三者之一。其中市场出租房有两种，一种是个人出租，还有一种需要像万科这样的企业来发挥作用，我相信万科一直是一个有理想、有担当的企业，应该在租赁住宅市场作出表率。

保障性住房

保障性住宅属于公共财政投资，应该承担它的公共义务。第一方面是空间的义务，保障性住宅应该开放；第二方面是艺术，它应该具有美学贡献，比如德国的保障性住房要花 1% 的钱来额外增加环保，1% 的钱来额外做公共艺术；第三方面是技术发展义务，必须环保、节能；第四方面就是公平的义务。所以接下来，我们还要花很大的精力来解决保障住房的问题。

结语

万科是一个先驱者，发现了城市用地当中不被人注意的用地的价值，最早打造了城郊居住的范式。同时，万科注意到了新生的城市群体，并且为这些群体提供了相应的居住环境。并且，万科始终关注公共空间的营造，做到了一定程度的开放共享。在住宅风格上，万科长期以来坚持清新自然的格调，不追求华贵，没有过度的装饰，是有美学品位的。对于内部空间，万科既能用好空间，同时又不失趣味，在实用和趣味之间取得了很好的平衡。在中兴路一号项目上，对于庭院空间和裙房屋顶花园进行了非常有意义的探讨，在高层住宅平面上创新发展了"五户平面"。最后，万科在社会学上的探索、技术上的探索、类型学的探索，甚至于标准化的探索，都表现出万科是一个有较强社会责任感的企业，不断推动着城市的建设发展。

回归住宅的多样性

张佳晶
上海高目建筑设计咨询有限公司主持建筑师
上海交通大学客座教授

回顾上海的住宅历史，会发现上海的住宅发展是断裂式的，每个时代都有着不同的社会背景。

旧上海的居住是多样化的，既有里弄，也有高层公寓。在建筑的形态上，板式、塔式、U形、围合式都有，也不拘泥于南向。中华人民共和国成立后的上海居住发展与旧上海完全不同，可以划分为四个阶段：第一个阶段是20世纪50—80年代的新村，和老上海的住宅是不一样的，因为学习的是苏联模式；第二个阶段是20世纪80年代开始建设的大型居住区，比如田林新村，多是为解决市中心的拆迁和工厂职工的居住需求，住宅的高度从原来的三四层，加到了六层，那么六层的住宅楼就成了那时的一种居住模式。

到了商品房时期，我认为也有两个阶段。第一个阶段是20世纪90年代初，是百花齐放的。那时上海还没有大型的房地产企业，本地的小企业们有着创新的意识，开发的住宅也比较多样化。第二个阶段是2000年之后，大型地产公司进入上海以及本土企业成长起来后，走上了标准化的道路。

和新村时代相比，商品房确实改善了上海的居住状况和居住条件。在居住的参数上，比如土地利用、居住环境、房型、外立面等方面都带去了提升。万科在其中也是起到了积极的作用，其中让我印象深刻的项目有两个。一个是位于漕宝路的华尔兹花园，这是一个非常有追求的项目。曾经是电子仪表厂，一排排的厂房之间种有很多棵百年大树。万科在拿到这块场地之后，一棵树都没有砍，在原有厂房的位置，高高低低，利用日照角度，错落地建造了一些小高层。这样的建设是非常巧妙，也是非常不容易的。这些大树也为小区带去了良好宜人的环境。同时房子也没有过分夸张的立面，户型以两室、三室一厅这种比较合理、亲民的核心家庭户型为主，解决了普通人的居住需求。

今天的租赁住宅时代，为回归多样化带来了一些可能性。在租赁住宅和公租房时代，上海率先出了导则，并松动了住宅规范，在2011年颁布的公租房导则[即《上海市保障性住房设计导则（公共租赁住房篇）》2011年版]编写得非常细致，其实修规范就像是修代码，只有代码修改了，输出端才能发生改变。因此，上海是有想转变的意图的。万科目前在长租公寓的实践，对改善年轻人的居住体验是有一定作用的，也能将一些低效的商办改建成比较有活力的租赁住宅。但想让租赁住宅对城市面貌的改变作出贡献，需要在更大的系统层面上，通过一些新建的租赁住宅项目以形成居住区，通过房型和构成方式的多样化、街道空间的改变、开放空间的导入，等等，与现行的法规直接对话。

今天的建筑师就需要用设计的力量，通过专业的力量和更高的认知水平，将法规和技术与房地产管理销售的思维相结合，去引导开发商，做出有利于街道空间恢复的项目。

新公共性：关于社区营建的理论和实践话语

社区公共空间的本质是为多样性市民的聚集提供时间和空间基础，因此，"好"的公共空间总会天然内嵌着若干特定的社群关系。在当下的城市生活中，新的社会语境的不断涌现需要我们对公共性本身的作用机制及其所关联的建筑学经典问题进行反思和拓展。在这些问题所构成的语境中，"新公共性"并非一个宣言，而是对一系列当代建筑实践所共同呈现出的时代敏感性的捕捉。

2021上海城市空间艺术季主题演绎展论坛以"新公共性"为主题，对公共空间所关联的建筑学经典问题进行了反思和拓展，同时也对新公共性背后的建筑学意义进行了剖析。通过论坛，"新公共性"背后的建筑学意义被拆解和重组，拓展了关于公共空间和公共性的理论话语。

艺术点睛、创意赋能——社区生活圈营造探索

社区生活圈成为一个越来越被关注的"圈"，成为承载生活、生产和休闲活动的基本空间单元。社区不但应满足需求，还应面向未来，引导居民需求向更高层次提升，这需要更多传统规划方法以外的创意和艺术手法达成，引领更加美好健康、归属关怀的生活方式。生活圈的重要意义在于其有利于推动实现"真正满足人民对美好生活的向往"的愿景，让人民有幸福感、安全感、获得感和归属感。"多元开放，艺术加持，创意无限"的理念和方法，可以使社区更具人文特色、社会更具温度、生活场景更加美好。

——奚文沁
上海城市规划设计研究院规划二所所长
暨历史保护与公共艺术中心主任

社区元空间

社区元空间探索了一种可灵活部署的社区公共空间原型，在高密度城市环境下，采用数字化批量定制建造技术和可重组建构体系，设计出多种可快速搭建的空间载体，具有高度的场地适应性和功能多样性，为当代集约型社区空间提供了一种面向不同人群的新型活动场所和新兴生活范本。利用城市的剩余空间建立城市的关系，将不同历史片段进行融合，展示出对历史街区的态度以及对社区新公共性的探索。

——袁烽
同济大学建筑与城市规划学院教授、副院长

百禧公园的前世今生

百禧公园通过挖掘场地文脉、建构空间场景、重塑街道绿网，形成"长藤结瓜"般的南北贯穿步行廊道，进一步拓展曹杨社区有机更新的范围，并从区域规划层面构建15分钟社区生活圈。在此基础上拓展从主脉延伸，再串联生长一体化的远景，以求景观提升进而带动城市区域有机更新，绿蔓曹杨。透过城市区域中非标准场所节点的全新置换，以激活历经70年的工人社区与链接城市公共生活。改造后的空间如藤蔓一样生长，为这里种下了一些未来事件的种子，生活场景因而逐渐改变，更加丰富。

——刘宇扬
刘宇扬建筑事务所创始人、主持建筑师

休息与时间

从永嘉路309号口袋广场的设计与使用出发，阿科米星对未来不同类公共时空设计的一个思考点：休息的空间与使用者的时间。什么样的公共空间是好的公共空间？它会带来怎样的影响？这个问题是值得思考的。在未来，建筑师也许需要思考如何设计时间，当新公共性产生新的可能，我们也需要去警惕公共空间工具化的现象。

——庄慎
上海交通大学设计学院教授
阿科米星建筑设计事务所创始合伙人、主持建筑师

城市微更新的社会效应

对于社区而言，有效的城市更新，它应该是一种有机的更新，或者是一种持续性的更新。应该将微更新作为公共参与的一种方式，产生有深度的、有持续性的效果，才能更让社区的再生成为可能。将针灸式的介入在更大的场域里激发起居民的公共感受性，从而让大家重新关注自己生活的社区。建筑设计应该成为一种手段，通过精准小规模干预，来引起城市整体社会环境提升的意图。

——童明

东南大学特聘教授，建筑学院博士生导师
上海梓耘斋建筑工作室主持建筑师
中国城市规划学会城市更新分会委员

空间正义——胡同微更新中的大问题

近年来针对北京胡同的更新手法层出不穷，也争议不断，使人们忽视了在手法之上有更应重视的空间生产问题：如何合理分配城市更新的成果。设计是空间分配的手段，设计师必然是合作条款的制订者。这也是我们参与胡同更新改造时的一个基本立足点：用空间分配权去寻找解决普适问题的答案。以胡同空间为例，使它成为能够撬动解决很多社会问题的杠杆，增加人们公共交流的机会，从而促进新的邻里关系产生。

——王辉

URBANUS 都市实践建筑设计事务所创建合伙人
主持建筑师

注：依据 "2021 上海城市空间艺术季主题演绎展论坛 – 新公共性" 相关内容整理。

SHANGHAI SHAPES HUMANITIES FLOUR CULTURE

SHING
RES

图片来源：恒中摄影工作室 薛钰滔 摄影

图片来源：恒中摄影工作室 薛钰滔 摄影

上海，一座人文之城。

土耳其诗人纳乔姆·希克梅曾经说过这样一句话，"人的一生有两样东西是不会忘怀的，一个是母亲的脸庞，一个是城市的面孔"。城市作为人类物质生存的寓所，它的生命和迷人之处在于它的参差多样，各具特色。而内化于都市人的日常生活和行为准则的城市精神，将上海的多元特色浓缩，塑造出属于它独特风格的文化符号。

习近平总书记将上海城市精神概括为"海纳百川、追求卓越、开明睿智、大气谦和"，提炼出"开放、创新、包容"的上海城市品格。可以认为，这16字的新上海城市精神极为准确地表述了上海的城市定位，也表达了上海在构建新时代城市特质中的大气与自信。站在历史与未来的交汇处找寻和挖掘，上海的文化精髓具备了一种世界性意义。在走向大众的精神文化创建中，逐步形成了作为一个更加开放包容、更富创新活力、更显人文关怀、更具时代魅力、更有世界影响力的社会主义国际文化大都市的现代形象，并令每个人都享受到都市文明的成果。

一座令人向往的"人文之城"正徐徐展开画卷。向世界、向全国彰显属于上海的文化实力。

FLOURISHING CULTURES HUMANITIES SHAPE SHANGHAI

建筑中的文化沉淀

人在城市生活时间愈久，对城市的记忆与认知就愈深。正如意大利作家伊塔洛·卡尔维诺在《看不见的城市》中所言："城市不会泄露自己的过去，只会将它像手纹一样藏起来。它被写在街巷的角落、窗格的护栏、楼梯的扶手、避雷的天线和旗杆上，每一道印记都是独特的痕迹。"对历史建筑与文物的认识与保护，意味着上海这座城市的价值取向，意味着历史的选择，同时也意味着对城市未来的选择。

龙华远望
图片来源：恒中摄影工作室 车凯 摄影

城市底色

弄堂，是上海人对里弄的称呼，是市民的生聚之地，是世世代代生活于此人们的生活方式、人际关系、风俗习惯等构成的里弄生活常态，也是许多上海人对"家"的最初记忆。保护和继承里弄文化，是新的历史发展机遇下文化复兴的一种有效途径，也是进一步加强里弄文化与现代文化的融合，使城市持续性生长的必然要求。

豫园内，一池倒影
图片来源：徐洁、支文军《上海24》（上海：上海社会科学院出版社，2010年），142页

东西交汇，建筑文化的基因

里弄建筑不同于传统的江南地区民居，除了带有中国传统建筑的特色外，又兼有外来建筑的影响印记。从某种意义上说，上海的里弄建筑风格在融合"江南文化"根脉的基础上，凸显着上海建筑中西古今合璧的"海派风格"，也是上海"红色文化"血脉最基本而重要的载体，它的产生源于它与上海文化密不可分的联系。

早在 13 世纪上海建镇时，最早的上海城就已初具雏形。由于上海地区以埠际贸易为中心的商品经济的发展，城镇规模逐渐扩大。明嘉靖年间（1522—1566 年），镇上街巷已增至十多条，城市中已有南北、东西走向整齐交叉的街巷道路系统，名称中常见"里""弄"等字，即后来"里弄"名称的源头。到了明末清初，城市的街道布局已基本定型——也就是今天大家所见到的黄浦区老城厢。

上海城的城市布局颇为灵活。由于是先有城镇而后筑城墙，上海县城轮廓不是四四方方的，而是略具方形的不规则椭圆形平面。城内布局也并非以轴向十字道路为中心，而是以纵横交错的河道为主线。主要道路大多沿河而筑，河网、道路纵横，桥梁星罗棋布，呈现出一副典型江南水乡市镇的面貌。这种独特的江南文化面貌是由其地缘、历史和开放因素共同造就的，在今天的江苏甪直、同里、周庄等镇依然可以见到。

从田子坊到摩天大楼鸟瞰
图片来源：《华建筑》，2017 年，第 5 期，2 页

可以说，老城厢代表着上海城市生长发育的根脉，展现出开埠前上海地方文化中非正统性、商业性、兼容性的特质。上海受中国正统文化的制约相对其他城市小很多，又在商业贸易中起到着不可替代的作用，"五方杂处"的文化局面更是在开埠后得以发扬光大。这些特质为上海奠定了极强的适应力，令其能够在近代化的道路上始终走在最前列。

1845 年租界的设立，使这座城市跨越老城厢城墙向外发展，日渐繁荣的租界城区逐渐成为中国人接触西方文化的重要窗口，诸多新的建筑技术和思想不断流入上海，使中西合璧的石库门里弄建筑的出现有了可能。

石库门建筑融合了中西风格，是里弄建筑风格里的一种，也是上海生活方式的重要反映，且大都为中国建筑师设计。平面上虽源于欧洲的联立式住宅，各个单元则脱胎于中国传统的三合院和四合院，是我国传统居住方式与西方房地产经营方式结合的产物。到上海解放时各式里弄已达两千余万平方米，约占上海整体建筑面积的 60%~70%。如果登上高楼居高远眺，尽目所及都是一片片鳞次栉比、此起彼伏的石库门里弄屋面。

作为近代上海的独特建筑形态，石库门曾见证许多重要历史人物的聚合点和重大历史事件，也是形塑中国共产党精神特质的重要渊源。1912 年建成的老渔阳里，内有 8 幢砖木结构两层高石库门建筑，其中的 2 号楼坐北朝南，为旧式石库门住宅。这里留下了中国共产党历史上浓墨重彩的一笔，是宣传马克思主义的主阵地、第一个中国共产党早期组织的诞生地，也是上海社会主义青年团的孵化地。与其同在一条弄堂的是新渔阳里（今淮海中路 567 弄），是党的早期组织成员的重要活动场所。

这里创建了中国最早的青年团、中俄通讯社，发起了上海机器工会筹备会，是党领导下成立最早的工会组织。

作为工业化、现代化和国际化都市的近代城市，上海为共产党的成立提供了最适宜的地理环境，而上海发达的媒介网络、优越的人文环境为马克思主义的早期传播和共产主义活动提供了便利条件。这些因素为中国共产党在上海诞生奠定了基础，成为近代中国革命史上划时代的里程碑。

同时，作为近代上海人生息繁衍的空间，石库门建筑更是了解上海人来历、特征以及文化性格心态的渊薮。20世纪二三十年代建成的高福里，当人们走进"丰"字形鱼骨状的里弄街巷里，更容易识别的是西式的建筑语汇和装饰元素，横向的线脚、融合爱奥尼和柯林斯柱式的组合柱、罗马风格的栏杆、山花等，仅当乌木大门、青瓦屋顶和分割住宅单元的山墙映入眼帘时，才能隐约判断出它的中国血脉。若对早期的石库门建筑进行"解剖"，就会发现它内部的骨架仍是来自浙江苏式或安徽徽州的立帖木构架。而就单元空间和组织方式来说，石库门建筑仍有江南传统民居的影子，但为了适应都市的人口密度，它将院落缩小成天井，融合了欧式的多层联排住宅。这种中西合璧的风格，不仅体现出石库门面向中国民众的明确定位，也体现出中华民族聚族而居、以合为主，分而不隔、相互照应，对外封闭、对内敞开的性格特征。

上海的建筑风格既多样又兼容，既敏感地反映时宜又认真地结合实际。而这些特点来源于当时上海的文化属一种所谓边缘文化，即上海作为一个水陆发达的沿海城市，在开埠之前便已综合了来自内地各地的文化。上海不仅在地理上处于东西方文化碰撞的边缘，在思想上也处于儒家文化与商业文化的边缘，因而它在开埠后逐渐形成了各种文化交融与重叠的"海派文化"，反映到建筑上便成为了中西交融的"海派建筑"，构成了上海都市文化的重要内容。

中共一大会址前合影的儿童
图片来源：徐洁 摄影

上海恒丰里里弄内景
图片来源:徐捷 摄影

里弄更新，上海城市的人文

梧桐树下的建业里
图片来源：章鱼见筑摄影工作室 摄影

里弄是今天仍然活在城市中的历史遗存，它的风貌不仅仅呈现了上海居住建筑的历史，也是上海"家"的形象，社区精神的载体。1947年，上海约有3840条弄堂。随着上海城市空间建设的扩展，53年后的2000年，弄堂数量减少了30%左右，约为2560条。而它下一次减少30%，只用了13年时间——2013年，上海弄堂数量约为1490条。这是今天显而易见的场景——在上海的中心城区，里弄街区正在日益消失，取而代之的是新式的高层住宅。作为上海城市文化的物质载体，保护里弄住宅，可以称作是保护上海风貌保护最重要的底色。

1986年上海被命名为国家历史文化名城，正式掀开上海进入历史文化保护领域的序幕。5年后，上海历史文化名城保护规划和上海市优秀近代建筑保护管理办法的出台，为上海城市改造中的历史建筑保护与再生作出了政策保障。

20世纪90年代起，上海市政府提出了一系列关于里弄保护更新的改造政策，同济大学郑时龄院士将其中不同的更新方式概括为四种模式。第一种是"新天地模式"。上海"新天地"于90年代中后期建成，将黄陂南路上"中共一大"会址旁3万平方米的里弄石库门住宅，改造成为餐饮、购物和娱乐总汇，可称为上海版的香港兰桂坊。当时优惠的开发补偿政策、里弄石库门的城市标识和只租不卖的经营方式，近旁CBD中外白领和游客消费群，以及文化和商业精到结合引导出的顶尖时尚和观光消费，使其成为了旧里弄商业高档化改造(Gentrification)的成功案例，并常常被视作里弄石库门保护的样板。

而实际上"新天地"的创意在开发，而非保护，这片里弄也并未划入保护范围，因而除了大的里弄空间格局和大部分旧建筑的外墙体被保留外，从屋架、地面到内部空间，都经过了改头换面的二次设计。新天地项目是石库门里弄建筑改造的一种模式，上海后续也有一些规划设计复制这一模式，尚贤坊和建业里的早期规划就是其实例。

新天地是人们重新认识里弄作为一种上海文化的新起点，也是上海在新世纪开始思考探索里弄再生的一种重要方式，但如果仅生硬套用一种模式仍有不足。在同时期，上海又形成了第二种开发模式——泰康路田子坊开发利用和保护模式。田子坊原名"志成坊"，以一条100多米长，宽仅2米有余的小弄相连接，内有始于20世纪30年代的艺术工作室和作坊（1949年后曾作为里弄工厂使用）。相对于新天地的手术式改造，1998年启动开发的田子坊尝试了社会介入式的活化途径。即由政府出资改善基础设施，知名艺术家入驻复兴艺术作坊，居住空间以住宅上住下租的方式参与开发，十年来在兴旺的弄堂场景中，中外艺术家、商人和游客盈门，名气越来越大，形成了保留完整里弄石库门生活形态和建筑形态的历史文化风貌街区和里弄创意园区。

建业里模式是第三种，将改造与开发模式为政府和中外发展商合作，部分保留居住功能的原样修缮，部分拆除改建为公寓式酒店；第四种为文保模式，常见于受到国家文物保护法保护的里弄石库门建筑，如国家重点文物保护单位渔阳里、市级文物保护单位步高里和尚贤坊等，基本上严格按照文物保护的要求进行修缮，并尝试了改善管线和卫生设备的新技术手段。改善所需资金由政府出大头，文保部门出中头，住户出小头，为居民参与性旧改模式。

可以看到，上海里弄保护更新的背后是对于复杂的综合系统的平衡，上海里弄的发展与保护呈现出了极强的包容性和开放性。这是上海里弄生命力的体现，也是上海城市精神的体现。近十年来，在上海建设全球卓越城市的战略目标下，上海的城市更新逐渐从"拆改留"变成了"留改拆"并举，以保留和保护为主，城市建设在保留保护的前提下，持续打造高品质的城市空间，塑造城市活力。

里弄建筑与生活在历史中的人物勾画出上海百年的样貌，展示着城市文化的多元丰富。经历了文化意义上的三个上海"勃兴的早期现代大都市、激荡的社会主义大都市，以及爆发的当代全球城市"的发展阶段，市民的重新回归和里弄宜居性的提升重塑了里弄的居住功能，使其与上海城市发展阶段相匹配。来上海的人们也开始从外滩、南京路进入日常的街巷与里弄中，这才是城市生活的另一面的魅力，是和市民生活同行，能够相遇的城市空间。

高福里弄堂人家生活景象
图片来源：恒中摄影工作室 车凯 摄影

城市高地：从徐家汇、龙华到西岸

徐家汇建筑群落书写着在上海起于青萍之末的海派文化记忆。龙华塔目睹着周边地区的功能演替和形态变迁，传承了在上海集聚与熔铸的江南文化记忆。西岸地区铺陈的艺术轴线与平地而起的新高度，不断刷新着海派文化在大众视野快速升温的速度。城市高地的转换与存续为繁华都市的血脉注入源源不断的发展活力。

艺术的绵延，上海西岸的建筑与环境
图片来源：《时代建筑》提供

徐家汇源，人文汇聚之地

作为近代中国中西文化交汇的中心之一，徐家汇是海派文化的源头。

通吴淞江的法华泾，通黄浦江的肇嘉浜，连接松江的蒲汇塘，三条河道在此交汇，交通极尽便利，土壤肥沃。此处因是明代文渊阁大学士徐光启的别业，徐氏后人在此边耕读传家，同时守卫徐光启的墓地而得名。

19世纪中叶，徐家汇逐渐发展出包括宗教（天主堂、大小修道院、耶稣会修院和圣衣院）、慈善机构（土山湾育婴堂、孤儿院工场和圣母院）、教育（徐汇公学及小教堂、徐汇师范、崇德女中、启明女中、类思小学、圣诞女中和震旦大学）以及科学文化（藏书楼、观象台、博物院、圣教杂志社、圣心报馆和土山湾印书馆）4类共20多个机构的传教中心，构建出大型的公共文化城区。

徐家汇南部的土山湾，曾经为上海，乃至全国的文化、经济和社会发展发挥过重要作用。1864年，"土山湾孤儿院"设立的工艺院近似于"校办工厂"，集教材编写、技艺教授、手工劳动于一体，由中、外教士传授技艺。不少新工艺、新技术、新事物如西洋油画、镶嵌画、彩绘玻璃生产工艺、珂罗版印刷和石印工艺等皆发源于此。工艺院中的图画间习称"土山湾画馆"，意味着中国最早的传授西洋美术的学校在19世纪中期就已经出现。而上海的第一代西画家，如周湘、徐咏青、张充仁等均在土山湾画馆学习过，徐悲鸿、任伯年、刘海粟等艺术大师也都间接受过画馆的影响。这个最初只为容纳孤儿工作而设立的工艺厂，被徐悲鸿称之为"中国西洋画之摇篮"，使得欧洲油画以完整的技术体系第一次进入中国，掀开了中国文化史上重要的一页。

19世纪、20世纪的徐家汇，也是"海派学术"的渊源。1872年，传教士在徐家汇处启动了规模庞大的"江南科学计划"（1872—1876），推动了中国新文化建设的新"学术路线"。此后，徐家汇逐渐成为中国近代的科学文化重镇和远东地区的科学文化中心。在此计划前后，徐家汇地区建立了上海和中国第一所西式中等教育学校——徐汇公学，第一座西式图书馆——徐家汇藏书楼，第一座天文台——徐家汇天文台，第一座博物馆——震旦博物院，第一个学术研究机构——汉学研究所，等等，至20世纪初，徐家汇已成为西学东渐和东学西传的重要窗口。

徐汇公学于1850年创办，1953年改为公立学校，更名为上海市徐汇中学，被誉为西学东渐第一校。曾经就读于徐汇公学的著名教育家马相伯是徐汇公学的第二任校长，也是第一任华人校长。在徐汇公学求学期间，马相伯除了系统地学习中国传统经典文化之外，也广泛地涉猎了西方先进的自然科学、哲学、神学、西方古典语言以及其他现代语言在内的人文科学。在人才培养过程中，他有效地将中西方文化加以融合，以贯通科学与人文并重的教育理念设计出一套具有独特风格的教学体系，并先后创办了震旦大学、复旦公学以及参与创办了辅仁大学，为教育现代化的开展起到了重要的推动作用。

徐光启对西方文化教育精神的认知与把握，不仅影响了明末开明士大夫的价值选择，开启了第一次"西学东渐"的运行规则及其发展路向，并对近代第二次"西学东渐"起到了潜移默化的积极作用。马相伯则在清末继往开来，作为第二次"西学东渐"的核心人物，为"海派文化"中注入了19世纪、20世纪新的"西学"。两者分别在国势羸弱的不同时代致力于中西文化教育会通的艰难探索，同样作为天主教教徒的爱国教育家和思想家，他们都流淌着中华民族血脉，有着"和而不同"的学术追求。

"江南科学计划"在徐家汇地区孕育出文理兼备的教育体系的同时，也构建起完整的科学传播体系。创办于1847年的徐家汇藏书楼，是中国最早的西式图书馆。南北交错的两幢建筑。北楼即大书房，建于1897年，建筑风格为中西合璧，上、下两层双坡顶，砖木混合结构，南北设欧式壁柱尖券硬洋松窗框和百叶窗。一楼是宁波天一阁建筑风格藏中文图书，二楼是罗马梵蒂冈建筑风格，藏西文图书将不同建筑艺术风格进行融合，是上海现存最早的近代图书馆，也是我国西学东渐和东学西传的重要缩影。

徐家汇观象台的建设是"江南科学计划"中的首项天文事业，自1872年开启上海地区气象观测记录的历史，在创立至今的100多年里始终未曾变更其使用功能。观象台初建时，为3层砖木结构，主体高17米，双坡屋顶，平面是北侧有宽大走廊串联的五段式布局。主入口设于北侧由台阶至2层的中央塔楼底部，南北立面均为灰、红砖相间的清水砖墙三段式对称构图，全部窗樘为圆拱，外有硬木百叶窗。整座建筑显现了法国古典主义建筑风格的遗韵。中华人民共和国成立后，观象台成为上海市中心气象台的主要业务用房，半个多世纪以来一直秉承科学精神与服务理念，成为中国现代气象观测和预报发展史的见证。

19世纪末、20世纪初马相伯也亲自参与筹建徐家汇观象台、徐家汇藏书楼，并创建后来的震旦大学、复旦大学。从某种意义上来说均可看作是徐光启时代"江南科学计划"的延续。作为让中国放眼看世界的第一人，徐光启生处明朝以来中国和欧洲的冲突激烈之时，一生调和的是让东方和西方的人类，在精神和物质上全面、双向的沟通。他在徐家汇的文化、科学研究，是徐家汇区域文明的源头，也奠定了上海中西文化交流的基石，是海派文化的重要渊源。而其后的徐家汇也确实发展成一个调和中西的地方。后人承继徐光启、利玛窦开创的西学东渐、中学西传事业，在此陆续兴建的大量的科学、技术、文化、教育、出版、慈善和宗教机构等便是其印证。

作为中西文化兼容并蓄的象征，如今的徐家汇已成为相对开放的公共文化城区："徐家汇源"所蕴含的大量宗教历史遗存是上海古代与近代历史的重要见证，所拥有的各类文化设施、众多名人故居及文化街是上海现代的重要文化缩影，而徐家汇发达的商圈则是当代大都市的典型写照。

正如复旦大学李天纲教授提到的，徐家汇创自耶稣会，属于中国天主教，是中国近代文化版图上的"上海拉丁区"。但它是由近代上海丰富的文化资源酝酿和造就的，上海的各界民众共同参与了这种文化建设，因此是上海文化不可分割的一部分，属于"海派文化"，因而也属于"中华文化"，更是19世纪、20世纪的"全球化"过程中产生出来的优秀文化的一部分，它属于一种世界文化遗产。它表明世界各国人民，可以聚集在上海这个"全球化"的城市，共同创造出一种新的，属于人类未来的"新文化"。

徐家汇公园鸟瞰保留的烟囱从城市基地到开放的公园
图片来源：王文姬《从"公园"到"花园"让设计为城市带来新的能量》，《华建筑》，2017年，第5期，36页

20世纪20年代，徐家汇教堂建筑鸟瞰
图片来源：张斌、卢永毅《辩证的真实性：徐家汇观象台修缮》，《建筑学报》，2016年，第11期，35页

徐家汇天主教堂广场上游人如织
图片来源：图虫创意 提供

龙华，不灭的灯火

徐家汇向南三里之遥，就是龙华寺。

每逢春二三月的时候，徐家汇到龙华这一条路上，赶庙会和赏桃花的游人络绎不绝。每年一度的"龙华庙会"是江南地区著名的庙会，至今已有300余年历史。每当此时，龙华寺香客不断，附近商贾云集，又值桃花盛开，游人如织，形成盛会。龙华庙会将娱乐、购物和佛事活动融为一体，"三月三，上龙华，看桃花"的民谚就是对该传统庙会核心内容的概括。

龙华寺的名称源于佛经中弥勒菩萨在龙华树下成佛的典故，传道播法，广度众生，谓之"龙华会"。龙华寺以其历史悠久、规模宏大、建筑雄伟被列为市级文物保护单位。殿宇大部分属清同治、光绪年间的建筑，并保持了宋代伽蓝七堂制。"伽蓝七堂"的布局同我国传统四合院布局几乎完全一致，是我国佛寺建筑的固有标准。建筑群恪守中国传统的中轴线排列，形制完整，布局严谨，体现出千年来所孕育的地域性文化以及中国哲学所讲求的"天人合一"的思想。

龙华寺因塔而建，古塔、古寺与龙华桃花并称为龙华三绝。作为上海市区唯一的古塔，龙华塔以"千年古塔""龙华一绝"而蜚声海内外。龙华塔身形式为砖身木檐的楼阁式密檐塔，塔身、塔基为北宋太平兴国年间重建，平面八角形，塔身八面七层，底层高敞，以上各层逐渐收敛，外壁各层均有平座、勾栏，飞檐翘角，出檐深远。直到现在，每逢除夕，上海居民还按传统习惯，聚集于龙华胜地，在聆听108响钟声中迎来新的一年。如果说老城厢是上海时空中的一个面，延展着江南文化的宽度，而龙华塔则是一个久远的点，一个垂直的标杆，标示了上海江南文化的跨度与高度。

在时间纵向上，龙华的发展涵盖了辛亥革命、护国战争、党的创建、国民大革命、抗日战争、解放战争等多个重要时期，历史跨度长、类型丰富。在辛亥革命以后，龙华地区长期作为上海的军政要地，是旧民主主义革命后期至新民主主义革命阶段敌我斗争惨烈的桥头堡，大批革命先烈在此殉难。龙华的地理区位集中、红色文化类型富于多样化，有着系统性、完整性的历史沿革。

与龙华寺毗邻的龙华革命烈士纪念地，曾是国民党淞沪警备司令部旧址，是龙华革命烈士就义地。烈士陵园通过将主题、主轴线、主体建筑相交融，建筑、园林、雕塑艺术交映，突出地把建筑、纪念碑以及纪念馆三组特定纪念建筑群作为主体连用。其他建筑都围绕主轴线向四周放射，以景观要素的功能性建构了场所的纪念性。英雄英烈长眠，作为承载历史和现实的纽带，延续着红色文化基因的历史厚度。

这里不仅有革命战争年代的红色资源，也是新中国史和改革开放史的重要组成部分，是社会主义工业建设的前沿阵地之一。在交通运输方面，20世纪50年代，龙华机场是上海唯一的航空港；"一五"计划期间，新龙华站成为上海地区最早的编组站和大型货场，1990年已拥有27股线路，长江以南的车流均在此编组和始发。在工业建设方面，军工企业、上海水泥厂外，上海飞机制造厂、上海协昌缝纫机厂、上海亚美电器厂、上海大理石厂等一批知名企业在此蓬勃发展，"蝴蝶"牌缝纫机、"亚美"电器、"飞龙一号"飞机、"运十"飞机等知名品牌也享誉中外，龙华的工业建设成就也构成了新中国社会主义建设事业和改革开放伟大进程中的绚烂一笔。

龙华广场今日景象
图片来源：恒中摄影工作室 车凯 摄影

上海龙华片区上空远眺西岸
图片来源：恒中摄影工作室 薛钰滔 摄影

龙华的发展成就是时代精神的生动体现。伴随城市扩展，龙华片区已成为繁华都会的中心区域。在城市的发展建设之中，既可以保护其历史以传承城市文脉，又可以使它在今天的城市中发挥价值，满足当代人们的使用和文化需求，产生出对城市传统文化深刻理解并进行恰如其分阐释的需求。

2014年初，前身为龙华机场的余德耀美术馆经改建后建成。3000多平方米的老机库保留下航空业简约的设计元素，又与新建部分的玻璃大厅有机融合。昔日龙华机场的航空运输、航空维修制造、航班备降等任务早已卸下，龙华机场和它的临空板块经过近些年的规划与建设，利用区位出色、空间广阔的独特优势，在黄浦江西岸形成绵延的世界级滨水艺术地带。

但城市更新的价值，不仅在于物理层面上建筑的翻新与改造，更在于如何通过新旧融合为区域乃至城市注入具体可感的活力。在如今的龙华历史风貌保护区旁，由上海万科主导开发建造的约22万平方米TOD集群"龙华会"，已作为徐汇区"十四五"重大载体项目之一展开，借此推动龙华周边的整体升级。

作为地铁11号线、12号线龙华站上盖项目，"龙华会"的设计是对龙华港"一河两岸"滨水空间改造的延续，也是对于文化记忆的致敬。项目以龙华塔为轴心，延伸江南水乡的建筑风格，在街巷里弄交错间，赋予其商业经营功能：购物、香气、咖啡、音乐、户外等，形成了一个空间功能复合的当代生活集市，在尊重龙华历史街区传统城市肌理和文脉的基础上，面向当代和国际语境，以现代的手法、轻盈的笔触将传统江南建筑精致的窄院、典雅的立面与现代透明开放的商业街区相融合。

"龙华会"既生长于龙华古寺所积累的深厚江南文化，又延续着徐家汇、西岸传媒港融贯历史、当代与时尚的海派文化，成为了城市多元文化空间的容器和触媒。项目保留与龙华塔的对位关系，通过与龙华塔相通的数条放射状轴线，打通由龙华塔向徐汇滨江的片区历史文化通廊。项目规划涵盖了约 8.8 万平方米的水岸商业街区，以及约 6 万平方米办公建筑"龙华万科中心"，整体空间顺应历史水系和绿化脉络，保留景观通廊，将自然生态纳入街区空间之中。历史与未来交融的构想让龙华会可以持续与其所在场域产生妙趣横生的磁场交互，赋予龙华在未来可以自发生长的能量，与未来造访此地的有趣灵魂一起创造打破边界的奇思妙想，与在此共同扎根的入驻品牌实现跨越周期的共生共创，共同提升上海国际传播能级和国际影响力。

在当下社会中，传统文化通过法定节日得以传承，节日庆典中的仪式和习俗，成为家庭、亲情的记忆重温。每一座城市都会有这样的时刻，它沉淀着我们的历史，有彼此共同的记忆。上海的龙华就是这样一块高地，是每年新春人们祈福的场所，也是传统街市的场所。龙华塔和寺庙的长明火护佑着这方神灵，这是上海城市的永恒之地。未来的"龙华会"将在当下全球文化交流越发频繁的今天，唤回龙华庙会的文化记忆，呈现"三月三·桃花节"的季节限定景象、传承非遗文化的"龙华妙会"市集等主题活动，充分考虑城市、社区、街道与人的需求和感受，让不同的人都能在这里找到自己的生活方式和文化共鸣，串联起龙华寺里冉冉烛光、龙华港海事塔的闪烁灯光，古今对望，相融共生，延续龙华不灭的星火。

万科龙华会对城市肌理的延续
图片来源：上海万科 提供

西岸，创新与传播

西岸艺术中心
图片来源：程国政《徐汇滨江：迈向国际的文化水岸 上海徐汇浦江西岸十年蜕变记》，《华建筑》，2017年，第5期，13页

徐汇滨江地区是近代上海重要的交通运输、物流仓储和生产基地。这里聚集着铁路南浦站、北票煤码头、上海飞机制造厂、龙华机场、上海水泥厂、白猫集团、上粮六库等大工业厂区，曾经是一条封闭的传统工业岸线。步入21世纪，尤其是伴随2010年上海世博会的召开以及"后世博时代"的到来，从日晖港到龙华滨江，一直延伸到徐浦大桥，徐汇滨江岸线和周边地区发生了翻天覆地的变化。

在过去的发展中，徐汇滨江始终以文化产业开发为核心主线。2010年起，徐汇滨江地区在"统一规划、整体开发"的建设理念和"规划引领、文化先导、生态优先、科创主导"的发展理念下对上海西岸启动了地区城市更新，并进一步提出将"西岸文化走廊"建设成为上海规模最大的文化艺术集聚区和代表上海当代精神的国际级文化艺术集聚带，开启了生产型岸线向生活型岸线的华丽转变。上海西岸正式作为上海徐汇滨江地区的新称谓被广泛使用。

西岸的规划设计，对标巴黎左岸、伦敦南岸等世界知名滨水区域更新。同时，上海市政府参照德国汉堡港、英国金丝雀码头等"棕地"复兴成功经验，在西岸创造性地运用"上海CORNICHE"的设计理念通过对历史建筑的改造利用与新型文化建筑的设计建造，构建出开放空间整体的故事线索，形成了文化产业主导的、具有特色风貌的西岸美术馆大道，完成了从工业到文化产业的转型升级。

岸线11.4公里的"上海西岸"作为徐汇滨江地区的全新称谓和城区品牌，通过打造特色文化空间和持续举办优质文化活动，增强公共文化产品和服务供给，进而完善区域公共文化体系建设。未来将建成世界级滨水开放空间，形成集聚20座高品质公共文化场馆的亚洲最大规模艺术区，构建以西岸传媒港、西岸金融城、西岸数智谷、西岸生命蓝湾四大产业互为支撑的国际创新创意产业群，打造迈向国际大都市的卓越水岸。

余德耀美术馆
图片来源：王国伟、杨青青《艺术滋养，气质徐汇 徐汇区的艺术叙事》，
《华建筑》，2017年，第5期，48页

西岸的一个重要特征是其国际性。西岸的建设已经吸引到全球多个著名建筑设计师参与建造和设计区域内各类场馆和场地来打造具有地标性建筑群的岸线，由此形成的美术馆大道是"西岸文化走廊"建设过程中最重要的一部分，也是徐汇滨江地区城市更新的独特之处。沿江的龙美术馆、余德耀美术馆、西岸美术馆、星美术馆、油罐艺术公园、西岸剧场群等20余个文化艺术空间串联成线，共同组成了亚洲最大规模的艺术区，同时还引入了如中法最高级别文化交流项目蓬皮杜五年展陈合作、与香港西九龙文化区形成合作等，吸引到众多国际级别艺术展览和艺术家来此开设亚洲站展览。

西岸的另一个重要特点是其城市公共性的体现。沿徐汇滨江打造的"一河两岸"景观工程与"西岸文化走廊"相互补充，将8.95公里的岸线三道贯通，连通岸上9座桥梁，创造出50万平方米开放空间，在提升区域整体环境品质的同时，增进当地市民的参与性与互动性，使西岸成为高品质城市开发的模板，为上海这座城市提供了一个充满活力和人文气息的亲水地带，拉近了人与自然环境之间的距离。

在规划引领，文化先导，生态优先的同时，西岸作为上海科创中心建设过程中的重要一环，向全球递出徐汇打造人工智能高地的一张名片。从20世纪初至2010年"近代中国民族工业的摇篮"到今日"与世界对话的上海文化、科技新地标"，西岸在发展文化产业同时，聚焦人工智能、生命健康、艺术传媒、科技金融"四轮驱动"。

西岸鸟瞰
图片来源：恒中摄影工作室 薛钰滔 摄影

曾经的龙华机场地块已转型为西岸数智谷，进化为徐汇人工智能产业集群并被列入全国首批战略性新兴产业集群名单的旗舰项目。数智谷以西岸智塔（AI Tower）为区域核心，整合绿地汇中心、东航滨江中心以及滨江城开中心、阿里巴巴等载体，集中布局以人工智能为主的头部企业、独角兽企业等，带动千亿级人工智能产业集聚区建设。时至今日，西岸智塔已逐步被确立为人工智能企业总部的聚集地，而作为西岸传媒港区域商业旗舰项目的西岸凤巢（AI Plaza），也成为了徐汇滨江十余年开发所积累的"产业能量"转化为"生活热量"的标杆。

"千年龙华，百年徐汇，十年西岸。"自徐家汇起始，沿曾经的肇嘉浜河道到龙华，转入龙华港，奔流向黄浦江。从江南文化的标记、海派文化的源头、近代中国民族工业的摇篮再到今日的世界会客厅，这段流淌的时光延续着文化，持续地记录着那些依旧在的城市功能和新的产业生活，最终融汇为一幅面向未来的时空图景。

穿行百年都市

上海的老建筑与历史紧密相连。

弄堂,是上海人对里弄的称呼,是市民的生聚之地,是世世代代生活于此人们的生活方式、人际关系、风俗习惯等构成的里弄生活常态,也是许多上海人对"家"的最初记忆。保护和继承里弄文化,是新的历史发展机遇下文化复兴的一种有效途径,也是进一步加强里弄文化与现代文化的融合,使城市持续性生长的必然要求。

上生·新所喷泉广场上,儿童在奔跑
图片来源:恒中摄影工作室 车凯 摄影

从荣宅到孙科别墅

一座城市在同一个空间中会遭遇不同的时代,我们可以在这座城市中看到一段沉淀在趣味和文化形态中的历史,这既是一座可以被观看的城市,也是一座可以被阅读的城市。

——法国哲学家保罗·利科

在上海,每一栋老建筑都有自己独特的故事和风格,它们见证着城市的人来人往,沉淀着城市的历史人文和沧桑岁月;梧桐树、64 条永不拓宽的马路、名人故居和优秀历史建筑……这些丰富的元素构成了上海有别于其他城市的独特空间肌理与标识——历史文化风貌区。

上海在历史文化遗产保护方面一直走在全国前列,44 处历史文化风貌区(中心城区内 12 处,面积 27 平方千米,约占上海市中心区总面积的十分之一)完整、连片地进行城市历史文化风貌区保护,使上海在不同历史时期发展积淀形成的城市空间脉络得以完整展现。

黄浦江畔的外滩风貌区,是近代中国重要经济中心城市的经济引擎,而人民广场反映着高度发达的近代商业文化事业,江湾是民国时期按规划建造的市政中心,老城厢则以江南水乡的传统居住形态为特征;衡山路—复兴路、新华路风貌区内风格多样、环境优美的花园住宅区更多体现带有了西方文明特征的优雅、舒适、人性化的居住空间。虹桥路风貌区位于当时的郊区,以别具一格、密度较低、绿树成荫、环境优越的乡村别墅为风貌特征。愚园路、南京西路、山阴路等风貌区则多种类型住宅并存,体现了西方文化与本土文化在此融合、创新、发展成为海派特色的轨迹。

其中,以历史街区为主线的南京西路历史文化风貌区,因各式住宅和风貌建筑闻名遐迩,上海展览中心、美琪大戏院、静安别墅、华业公寓、太阳公寓等公共建筑和各类住宅在此汇聚。位于新闸路以南,延安中路以北的陕西北路堪称这一片区的重要亮色,作为上海仅有的三条中国历史文化名街之一,与武康路、多伦路齐名。正如上海人常说"一条西摩路,半部近代史",建成于 1914 年的陕西北路旧名西摩路,距今已有百年历史,短短一段仅有一千米的小马路上便串联了 21 处名人故居:太平花园、西摩会堂、荣宅、宋氏花园等优秀历史建筑次第静立。

荣宅内景
图片来源:恒中摄影工作室 车凯 摄影

地处近代上海公共租界区域的西摩路,是华洋混居的高档居民区,也是海派文化的重要聚集区。宋氏家族、荣氏家族等达官贵人、商界名流、政客学者、爱国志士纷纷汇聚于此,留下了辛亥革命后南北和谈、蒋宋联姻等丰富的历史记忆;这里还是上海的犹太人、西班牙人等外国人的聚居区,有丰富的异域文化印记;同时这里也是"红色学府"上海大学的遗址、五卅运动的策源地之一,近代史上的诸多重大事件,都能在陕西北路上找到注脚。

时至今日,行至陕西北路南京西路路口西北角,如果留意脚下,会发现一块"陕西北路文化休闲街"的牌子。马路一端是现代时尚的流线型城市地标恒隆广场,穿过横道线就是八层美式风格的平安大楼,欧洲式红砖镌刻着"平安影院"的历史印迹。跟随名牌继续向南步入陕西北路,就像穿越了时光隧道,梧桐树掩映着的陕西北路依旧保持着一百年前的路宽,在 9.2 米宽的老马路上缓步前行,一个有着高耸的浅红色圆形穹顶的白房子首先映入眼帘,这个位于陕西北路 186 号的花园洋房是荣宗敬先生的故居,更为人熟知的名字是荣宅。在 20 世纪二三十年代,堪称上海最为高雅、神秘的花园洋房之一。

荣宅的神秘,因其主人的显赫身份而更添传奇色彩。宅子的主人荣宗敬,

孙科别墅一隅
图片来源：上海万科 提供

是近代上海白手起家的著名实业家，以"面粉大王""棉纺大王"之名享誉全国。荣宗敬和他的弟弟荣德生是近代中国历史上赫赫有名的荣氏家族的创业元勋，19世纪末白手起家，创立了茂新面粉公司、福新面粉公司和申新纺织公司三大企业。鼎盛时期占据全国面粉产量的31%和棉布产量的29%，是名副其实的"面粉大王"和"棉纱大王"。

荣宅始建于1899—1910年间，占地面积4173平方米，建筑面积2182平方米，是上海规模最大、保留最完好的洋房之一。主楼立面设两层列柱敞廊，从廊柱顶部辨别，柱子涵盖了古希腊的三种柱式，即多利克风格、爱奥尼风格和科林斯风格，颇具法国古典主义特征；平面布局灵活，内部地面、木作和彩色玻璃等装饰精美，是一座带花园的三层西式花园洋房。据史料记载，1920年荣宅扩建时增设了辅楼，辅楼呈六角形，拥有独特的浅红色圆形穹顶。

在中华人民共和国成立后，荣氏故居先后被中国经济研究所、业余文化学校和饭店等使用。2002年，荣氏老宅被准备开拓中国市场的传媒大亨鲁珀特·默多克看中，签下10年租期，成为新闻集团（News Corporation）旗下各大子公司在上海的驻地。租约到期后，星空传媒从这里搬出，老宅开始闭门谢客。2011年，荣宅与意大利时尚品牌Prada合作，开启了二十年之约。Prada邀请意大利建筑师罗伯托·巴奇奥基主持整个修复工程，并委托上海章明建筑设计事务所负责深化设计，室内装饰主要由意大利工匠主持修复，经过6年漫长的修复，2017年荣宅正式面向公众开放，定期举办艺术展览和各类时尚活动。

在实际操作过程中，荣宅的修复并非简单地按图索骥，而是一个不断充满选择和权衡的过程。修缮团队由意大利和中国专家工匠组成，目标在于修补宅邸内的破损之处，恢复内饰外景的历史原貌，并对宅邸进行结构性加强及功能性革新——包括石膏装饰、木质镶板、彩色玻璃及类型多样的装饰面砖等。最终建筑师选择让主要房间回到荣宅20世纪二三十年代的颜色，使建筑真正回归了那段历史现场。

在荣宅修缮中，相对于翻新和修复而言，Prada采用对历史建筑的功能进行转化并有效利用，是更加具有适用性的保护方法。修缮后的荣宅从居用建筑变身为艺术空间，实现了建筑功能的转化，自身价值也得到了充分的体现。基金会的介入，为政府保留文化古迹带来新的契机，互惠的形式也向大众展示了新旧艺术与文化的相融性，成为教育大众、推广文艺的最佳利器，这种由个人或企业的基金会对老建筑进行管理与维护，已经成为一种国际认同的历史保护修缮方式。

与陕西北路相隔7公里的新华路历史风貌区，有着始建于1925年、拥有"上海第一花园马路"盛名的新华路。片区中一处位于番禺路60号的孙科住宅则更加特殊，建筑由匈牙利建筑师邬达克设计，本为其自宅，在房子还未建成之际又转手于孙中山之子孙科作为私人公馆，因此也被习惯称为"孙科别墅"。建筑为砖木结构，面积为1051平方米。从建筑正面观赏，三个尖券门洞优雅敞开，透过门洞，能看见三个圆形拱门依次排开。视线上移，四扇落地大窗拱卫中央铸铁栏杆阳台——展开，三根陶立克柱子被置于四扇窗间，巴洛克的风格悄然呈现。而三层的三个假天窗耸立于层层红色筒瓦之间，带有西班牙建筑风格。

孙科别墅自 1931 年建成，对大多数人而言，始终是一个神秘的所在。大众往往只能在报刊上见到它那张竣工时期的立面照片，很难有机会目睹其真实的容颜。2019 年 11 月起，万科开启了对孙科别墅的修缮更新，并在 2020 年的"理想之地"展览中揭开面纱。不同于荣宅出入口沿街的布局方式，孙科别墅则隐匿在曾经的上海生物制品研究所内，在今日的上生·新所婆娑的树荫之下，厚重的水磨石墙面和简洁的窗洞形式透露着几分低调与谦逊，沉着与素雅。从入口门廊下铸铁花纹的大门进入到达前厅，脚下是蜡油打磨过的暗红色木制地板，旁边拱形的窗户中间立有两根盘旋缠绕的所罗门柱式，上面雕花精细。从走廊穿过到达旁边的客厅这里是一个尖券聚拢的核心空间，券角细致典雅，四面磨砂窗户投进柔和的光线。转过客厅到达建筑之后向外突出的观景平台，视线豁然开朗，法式花园和大片绿荫草坪为建筑空间增添了盎然绿意与生机。

相较于荣宅里更为强烈而专一的艺术展览特征，孙科别墅的展览更加关注都市空间和人们的日常生活。"理想之地"展览，对孙科别墅所在整体片区进行回溯性研究展示，也是孙科别墅建成近百年后第一次向公众正式开放。这个展览是上生·新所城市更新及历史文献展，包含田园、单位、社区三个单元。田园展示了哥伦比亚圈的历史起源，孙科书房内的圆形展台上，彩色模型生动地描绘了早期侨民如何在这里建立"理想

孙科别墅鸟瞰
图片来源：恒中摄影工作室 薛钰滔 摄影

孙科别墅内的水体展
图片来源：上海万科 提供

郊区"与田园梦想的生活。餐厅中的单位部分以年表、模型与短视频记录哥伦比亚圈以生物制品研究所身份存在的数十年时光。客厅内部的社区模块则以图纸、照片、材料小样等丰富的展品展现了万科在改造中焕活整个社区，实现古今对话的历程。

在理想之地展览举办的一年后，2021 年上海双年展城市项目也来到孙科别墅，水体的引申含义牵起孙科别墅与上海在跨国文化和贸易发展中的角色的内在关联。作为一个交融的场所，正如上双主题那样，孙科别墅里流动着生命间的融合、文化间的碰撞。世界各地的艺术家在此创作对话，不同地区社会文化背景的声音在这里交汇，想象着城市的未来。

段义孚先生曾说："人作为一个个体，他认识世界，就是从调动各个感官去感知环境开始的。通过调动所有感官，人们才形成了空间与地方的概念。"探访梧桐树掩映的上海历史街道和历史建筑，就像是阅读一本本历史书籍，每一个细节都暗含着可供揣摩的过往时光。荣宅和孙科别墅作为曾经声名远扬、地位显赫的私人宅邸，如今都焕发出新的光彩。不定期的文化展览、品牌展示活动面向公众开放，使之成为历史街区营造开放公共空间的重要载体，让市民有了更多的机会感受这悠远漫长的历史气息。

打开哥伦比亚生活圈

1930年，哥伦比亚圈宣传海报
图片来源：加拿大维多利亚大学档案馆 提供

上生·新所手绘轴测
图片来源：上海万科 提供

孙科别墅的修缮，完成了上生·新所更新中最后一块记忆拼图。

将历史的车轮回转至百年前。从19世纪60年代开始，公共租界就通过越界修筑道路的方式向上海西郊延伸。当新的哥伦比亚乡村俱乐部于1924年建成之时，大西路南侧一望无际的郊野农田显然被看作上海滩繁华之外的自然风景。两次江浙战争期间，上海公共租界工部局利用政局动荡带来的管制松懈，在这一带施行"宏伟越界筑路计划"（Grand Road Scheme），共铺设道路10条，合计14.618英里（约23.5公里），其中就包括今天的新华路和番禺路。这些租界范围以外的建设行为，游走在《上海土地章程》的模糊地带，一般被解读为租界当局进行殖民扩张的空间手段。从城市发展的角度来讲，上海公共租界的越界筑路计划，或是起源于英国的"花园郊区"理念（Garden Suburbs）在中国最早、也最重要的实例。

1928年，美国普益地产公司开始在当时的公共租界以西筹建"普益模范村"，也即哥伦比亚住宅圈（Columbia Circle）。这片乡野田园毫

无疑问成为侨民们心中的理想居所。对于横渡大洋来到遥远东方的异乡人来说，这些西式风格的花园别墅不仅仅是远离闹市的家园，或许也是他们想象的故乡。

1941年太平洋战争爆发后，日军占领哥伦比亚乡村俱乐部并将其改为英美侨民临时宿营地和遣返逗留区，直至1945年第二次世界大战胜利后方才解放。中华人民共和国成立后，这里由上海生物制品研究所接管，逐步建造了11栋工业建筑，地块开始了作为上海生物制品研究所的历史使命，成为中国自主研发疫苗的科研和生产基地。园区在此后的60多年中也根据发展需要陆续建设了科研办公、实验室、厂房仓库及配套用房等。

至2016年，上生所整体迁往位于奉贤的新厂区，延安西路的园区通过城市有机更新，掀开了崭新的篇章。此后，万科协同政府、学术机构、社会组织、居民多方共建共创，耗费709天的时间，使之从郊野田园之中的乡村俱乐部、生产生活集体化的机关单位大院，成功转变为容纳多

重当代城市生活的公共社区，从"公众禁地"向公共空间转型。

上海的城市更新对建成区城市空间形态和功能进行可持续改善的建设活动，更加强调"以人为本，激发都市活力"。让城市持续迸发活力，是城市更新发展的可取路径。更新后的上生·新所中，活力无处不在：持一杯咖啡来上班的白领，打扮入时的街拍潮人，坐在广场上晒太阳的老人，推着婴儿车带孩子的家长，喷泉广场上中欢呼奔跑着不同肤色的孩童，茑屋书店中捧书阅读的青年……与社区居民、社会大众的积极互动，成为上生·新所的隐含精神——入口标牌上的哥伦比亚圈中的 Circle，指的就是以当时的住区为半径的社区生活圈子。新所的新生，使之融入社区，并成为"社区"的一分子，更成为一个唤醒周边社区的时间容器。

城市更新是为老化的城市寻医问诊并使其焕发新生，要做的不仅是在物理层面上解决问题，更重要的是处理城市内在层面的问题，甚至时常需

上生·新所鸟瞰
图片来源：恒中摄影工作室 薛钰滔 摄影

要深入到社区内部去解决梳理各方的关系和矛盾。上生·新所不仅叠合了不同历史阶段的时空特征和人文记忆,更重要的是它从以作为美国社会交往场所为起点的哥伦比亚乡村俱乐部转换到了以作为邻里社区交往的城市公共空间,甚至带动了新华路周边整个社区品质的提升和改变。它继承的不仅是历史建筑的外壳,还是开放交流的品格。

从"公共街区"到"沉浸街区"蜕变,城市更新项目既要着力延续历史文脉,又要赋予其适合时代和未来城市发展的使用功能。在上生·新所的城市更新案例中,我们看到了历史文脉的传承、建筑功能的活化、共享空间的营造,这些更新手法使得园区变成储存历史记忆的博物馆、现代创意产业的孵化地和城市活力生活的创造营。从封闭的研究所到开放的城市客厅,为整个片区注入了新的活力,从而更大范围地活化和提供机会。上生·新所更新采用了全新的合作模式,引入专业的社会资本,多方共建共享,茑屋书店、AAI、IDEO 这样的国际企业也不约而同藏身其中。社会力量的介入为创新、人文、生态城市建设提供了更大的推动力,进一步印证了"上生·新所模式"的有效性。

从各种意义上来看,上生·新所是城市更新的一个极具示范价值的标杆案例。上海万科在项目伊始便提出了"空间""文化"和"内容"三个维度的再生策略,从策划、规划、建筑设计与招商、运营管理等全方位、全过程渗入的综合策略。它一方面具备高端的区域定位,另一方面又有深厚的历史文化底蕴,更像是日本代官山和万世桥的复合体。

随着城市存量发展,更多的城市更新项目将出现在我们的视野中,城市历史街区的振兴同时,推动了物质结构的振兴以及在那些建筑和空间中的经济活动的振兴。站在当下,我们思考,应该为后代留下一个怎样的上海?我们怎样对待历史,我们也将怎样创造未来。

上海 2021 SUSAS 主题展展场
图片来源:《时代建筑》,2022 年,第 2 期,封面,王可 摄影

广场上戏水的孩童
图片来源:恒中摄影工作室 车凯 摄影

海军俱乐部泳池
图片来源：恒中摄影工作室 车凯 摄影

孕育与勃发

著名建筑学家罗小未先生说，上海的文化是一种边缘文化，它既是儒家文化的边缘，又是西方文化的边缘。20世纪初，在政治、经济、文化的夹缝间，上海迸发了前所未有的文化活力。历史悠久的江南文化、西方与本土融合的海派文化、星火燎原的红色文化在这里相互扭结，形成开放的"世界主义"文化图景，多种文化的交流共生推动着都市文化不断创新。

文章字纸是知识文化千年不绝的载体。国际都市上海有着"已识乾坤大，犹怜草木青"的开放格局和包容关怀，其宏大叙事和微小创意尽在书籍纸草之中呈现。如果说诞生于上海的中国现代文化界双子星之一商务印书馆是肩负起中华新旧文脉交接之责的熊熊火炬，那么如今散布在各类城市空间中的书店仍是当代以创新方式传递知识的盏盏明灯。

新都市文化

普罗大众最喜闻乐见的文化形式是动态的演出、影像与互动。来自五湖四海的人们给上海带来多种多样的文化娱乐形式，它们又在文化熔炉中交流、结合、升华。从银幕走向个人的影像视频以开放之心容纳各种文化形式，戏剧表演在不同表现手段和技术中迭代创新，奇幻乐园、沉浸式展演和各类嘉年华则欢迎着疲惫的都市人，无论老少，不论身份。

上海就是这样一个奇特的所在。作为一个移民城市，它使不同类型的文化都能得到表达，也让不同风格的人才得到施展才华的空间。只要有一方面能够给社会带来愉悦，无论是科技进步，还是文化供给或者是思想创造，上海都能认同。

茑屋书店
图片来源：恒中摄影工作室 车凯 摄影

思想的撼动：新文化运动

1919年8月底9月初，"新文化运动"一词正式诞生。新文化运动和五四运动奠定了中国现代文化的根基。著名历史学家陈旭麓说，新文化运动"既是由前此70多年的历史呼啸而来，又是对这段曲折历史的深刻反思"。

北京与上海是新文化运动的两大发源之地。北京以其浓厚的传统文化与西方文化产生猛烈的对撞和论争。而当时上海已是世界第六大都市，在仍以农业文明为主流的中国拥有鲜见的都市文明和大众社会，由此成为新文化的中心。经历着"中国三千年未有之大变局"，上海成为中国各种矛盾的焦点所在。为何它鲜见斗争，多见共生？如果从文化传播的角度切入，或许能引发一些新的思考。

上海浦东图书馆新馆全开放的内部空间
图片来源：图虫创意 提供

不只是书馆

在上海的文化一条街福州路上走过，大众书局、外文书店、艺术书店、古籍书店和各类文化用品店鳞次栉比，热闹非凡。它百年前叫四马路，出版、报业机构和书店林立。统计称，"中国80%以上的书店都集中在上海外滩著名的四马路南北方向的两三个街区"。赫赫有名的商务印书馆、开明书店、中华书局云集于此，《新青年》《生活》《良友》从这里发端。附近旧称望平街的山东中路则汇聚了中国报业，如《申报》《新闻报》《实务报》。

"文化之进步，必依赖印刷品之宣传。"曾在教会与外商控制下的上海出版业为我国培养了第一批印刷人才，如在美华书馆工作过的鲍咸昌与高凤池，和《北华捷报》工作过的鲍咸恩与夏瑞芳。他们后来成为了商务印书馆的创始人。

1932年日军轰炸后的上海北站
图片来源：金经昌 摄影

政治环境的风雨飘摇和改良社会的强烈愿望让新式知识分子以个人身份或者社团形式投身出版业，个人如陈独秀、张元济、林语堂、汪原放等，社团则有鲁迅、郭沫若、巴金等人参与的文学社、创造社、左翼作家联盟等。激昂的新文化思想从他们的笔端流出，从上海输入中国各大城市。

远东第一大出版机构商务印书馆本来仅是拥有2台印刷机器的小印刷厂，短短30年间就发展成集图书印刷、名著译介、善本传承、电影制片、学堂教育于一身的媒体巨头。

它占据着多个中国文化史的"第一"和"之最"。第一有：中国人1902年编纂的第一部英汉双解字典《商务书馆华英音韵字典集成》、中国第一家电影制片厂；之最有：销量全球最高的《新华字典》，等等。辛亥革命前后，商务印书馆的印书量占全国的五分之二。1912—1931年间，商务印书馆出版了多达6800种图书，分为教科书类、外国名著类、中国经典著作类。它广泛而深入地介入了近现代知识生产，为开启民智、昌明教育、传播文化、扶助学术作出了卓越的贡献，与北京大学并称为中国近代文化的双子星。

商务印书馆的主持者是出身海盐望族的张元济，26岁就获得进士功名，却因戊戌变法进言遭到"革职永不叙用"的处置。1903年，他加入尚是小小印刷所的商务印书馆，带领它走上了发展的大道。抱定"昌明教育，开启民智"的理念，一方面在甲骨、敦煌藏经洞、旧家藏书四散海外之时，张元济以"求之坊肆，丐之藏家，近走两京，远驰域外"的"求书四法"收购中华文化典籍，如会稽徐氏、长洲蒋氏、太仓顾氏等望族藏书精华，及欧美、日本，抄影遗珍。另一方面他常收购外文新书，如《人人文库》《新时代丛书》等。这些珍贵藏书进入通艺学堂图书馆和编译所图书室，成为编译所出版《辞源》《中国古今地名大辞典》《中国人名大辞典》等新书的有力支撑。

编译所图书室历经发展，已经改名为涵芬楼，后来又成为远东第一大

商务印书馆出版的书籍
图片来源：百度百科

图书馆东方图书馆。1931 年，涵芬楼共收藏 3745 部，35083 册善本书。其中省志收齐，府、厅、州、县志 1753 种，占全国应有总数的 84%，国内其他图书馆均无法与之相比。

1932 年，"一·二八"期间，位于闸北的商务总厂被投放了六枚燃烧弹。2 月 1 日，东方图书馆又被日本浪人纵火。大火形成的巨大上升气流所夹带的纸片、纸灰布满整个上海及其四郊上空。居民晒在屋外的被子上沾满黑灰。一夕之间，数万藏书尽成灰烬。

商务印书馆在东方图书馆焚毁后重建合众图书馆，后来更名为上海历史文献图书馆。1958 年，它与科学技术图书馆、报刊图书馆、上海图书馆四馆合并，成为今天的"上海图书馆"。战争令商务印书馆四处迁移。1954 年，商务印书馆总管理处迁入北京，"涵芬楼"之名如今被赋予新楼，它虽不再是唯一的传媒巨头，名字却通过一本本字典印在每一个中国人的脑海中，成为不可磨灭的文化符号。

就建筑而言，商务印书馆在上海仍有遗存。除了虹口区的 1925 书局，就是位于天通庵路的第五印刷所旧址了。它既是商务印书馆原初印刷业务的记录者，又是日军专程轰炸商务印书馆闸北片区后仅存的建筑。

1922 年建成的第五印刷所拥有钢筋混凝土框架结构，是一座典型的、简洁洗练的现代建筑。为避免火灾，它专门装备了吐水台和水龙；为便于运输纸张，厂房间铺设轻便的铁道。厂房设计极具人性化，有良好的采光和通风，还有夏天用的风扇和冬天的热气管。甚至配备了花园、图书馆、陈列室等供工人放松，配备了卫生处保证基本的医疗和传染病疫苗注射，配备了沟渠以导出污水。

2017 年，商务印书馆迎来创立 120 周年之际，第五印刷所旧址由上海万科与静安区政府共同修复。建筑外立面遵循原貌进行涂装，换上了形式相似的分格上推窗，最大程度展现了史料记载里的建筑原貌。内部则露明框架与管线，将仓库的粗粝美学格调与公众展示的功能相协调。2 月 11 日，创办纪念日当天，一场"起步——中国现代出版"的展览，通过 90 块展板、无数照片组成的名人墙、泛黄的书籍等历史材料向大众地诉说着商务印书馆充满荣誉、名气、波折和再起的发展道路，兑现"建筑可阅读"的城市愿景，在旧建筑再生的过程中，让商务印书馆的历史文脉与记忆得以保留、复兴。

而后，与其相去不远的万科项目中兴路一号取名字体源自商务印书馆的活字字库，由著名设计师韩家英操刀字体设计，与"Oriental One"迸发出东西文明融合的活力，隐喻着商务印书馆的历史魅力。

2020 年 7 月 4 日，"SH-始"展览正式在中兴路一号楼"兴 Gallery"国际艺廊空间开放。展览呈现了 20 世纪 30 年代，上海是如何以纸质媒体传播世界先进的现代文明的，商务印书馆的一些珍本也在展览之列。

文化始终是一个民族的精神源泉，在上海诞生的商务印书馆不仅有辉煌和贡献，更将文化的种子撒向全国。20 世纪初的商务印书馆曾是装载新文化的盒子，新时代下的"新新文化"又将由怎样的盒子传播给广阔的大众呢？

1932 年日军轰炸闸北
图片来源：金经昌 摄影

经过万科修复后的商务印书馆第五印刷所现状
图片来源：上海万科 提供

思想的盒子：茑屋书店

茑屋书店前广场的傍晚
图片来源：恒中摄影工作室 车凯 摄影

商务印书馆在东方图书馆焚毁后重建合众图书馆，后来更名为上海历史文献图书馆。1958 年，它与科学技术图书馆、报刊图书馆、上海图书馆四馆合并，成为今天的"上海图书馆"。

改革开放掀起了又一波读书热潮，市民迫切的读书需要和新时代涌现的新书籍推动了上海图书馆的体系不断扩张。1996 年 12 月 20 日，上海图书馆新馆正式开放。层叠退台围出的知识广场温柔地接纳着八方来客。上海图书馆的方正建筑体量如同叠合的盒子，将新时代的思想传播到整个上海。

如今，上海构建起以上海图书馆为核心，少年儿童图书馆、各区图书馆、社区图书馆为分支的图书馆体系。图书馆不只是看书之地，更是市民终身学习、体验文化生活的场所。今年，上海图书馆东馆落成开放，成为浦东和上海文化格局构建的重要一步。上海图书馆是改革开放年代的标志，它是全媒体时代的智慧复合型图书馆。

如果说上海体系完备的图书馆们容纳的是城市的大思想与大格局，那么散落在街角的城市书店就是精致、温暖、个性化的思想的盒子。书籍从书店流动到千家万户的书房中和书架上，最终塑造人们的头脑。三十余年来，上海的沧桑巨变深刻地影响了书店们，无数故事在碰撞下发生。

1983 年，由增田宗昭创办的第一家茑屋书店在日本枚方市开业。37 年后，它"美好生活方式的提案者"理念已经扩散到全球的一千多座门店。

2020 年 12 月 24 日，上海的第一家茑屋书店开业。上生·新所内有一座由美国建筑师哈扎德设计的西班牙传教式建筑，曾是外籍侨民的娱乐休闲社交场所。经由设计师改造，它成为茑屋书店所在的历史最悠久的一栋建筑。

改造理念遵循"先保护、再展示、后利用"的原则。大梁、壁炉、柯林斯柱、红方砖等构件被原样保存；老门窗脱去油漆后用手工修复，柳桉木的原初纹路被显露出来。走廊和天花板诚实地显示了材料的斑驳。整座建筑如同荣宅、孙科别墅一样展露出历史原貌和精心修复的痕迹。

拱形书架延续圆拱形窗洞语汇，新旧材质区别又统一。阅览空间中，建筑的历史叙事和书本的知识形成并置。由此建筑和历史得以被更加深刻地体验和感知，与读者的内心形成对话。

茑屋书店在舒适的空间氛围里，对书籍和杂货做出提案，为客人企划"令人憧憬的生活方式"。书店内有两万余种图书、杂志：一楼是选品丰富的文学、人文、生活、娱乐类书刊；二楼有网罗世界各地艺术书籍的艺术长廊以及多种限量版、大型版珍藏书，相邻的画廊空间里，还不断呈现由书店艺术平台 art circle 策划的艺术家作品展。还有疆域、观念、艺术等或宽广或精深的书籍专区。选书品位在众多连锁品牌中独树一帜，精美的原版书令人目不暇接。主题书籍展台一月一换，城市美学、社会热点轮番上场。

上海的连锁书店们已成为微型文化综合体。书店有书、文创等售卖，还有酒、有茶、有咖啡，有展览、路演、读书会，人们可以在这里阅读、社交、消磨闲暇时光。茑屋书店除了售卖书籍、杂志、文具、饮食，还积极主动地担当了周边社区"美育"引领者的角色。书店邀请艺术家、作家、出版人在这里举行讲座、读书会、手工坊，与美术馆联合举行展览等艺术活动，为新华社区的市民提供了一种全新的"生活方式提案"，让读者们能真正享受在优美环境中进行体验式阅读。

体验更少不了交流。读书会、交流会在电子阅读时代仍富有生命力。上海从来不缺乏读书会，线下的思南读书会、慈怀读书会等文化活动赫赫有名。网络时代，线上分享会也如雨后春笋一般出现，让全世界的人们都能参与知识盛宴。

2020年上海书展社区会场的第一轮分享活动就在上生·新所园区举办。

在茑屋书店前的广场上，三场广场读书会邀请到多位文化、建筑、媒体领域的嘉宾，进行了精彩的主题图书分享会，与到场的读者共同探讨了职场生活、空间美学、动漫趣味等热门话题。正值酷暑，但现场座无虚席、讨论热烈。上海书展不仅汇集了全世界的出版商、读者，也将触角扩展到书店、图书馆、社区文化中心、农家书屋，举办讲座、沙龙等阅读交流活动。上生新所茑屋书店开业以来，也成为了一个联动上海城中各项艺文盛事的文化艺术策源地，至今已举办百余场文化生活类分享活动，令读者及周边社区居民能在线下公共空间相聚、交流，也令这座上生·新所的老建筑焕发全新活力。

1934年，日侨书店中的阅读
图片来源：金经昌 摄影

2022年，茑屋书店中的阅读
图片来源：恒中摄影工作室 车凯 摄影

文化改变生活：国际化融合本土化

上海的开放与包容，意味着对公众权利的尊重。这种公共性的文化拓展，赋予了城市空间的无限可能，促进着上海的生活的多元绽放。不同人群、阶层的诉求能否得到充分的尊重和对待，分享社会发展的成果，印证着属于这座城市文化的国际性与开放度。

大光明电影院
图片来源：恒中摄影工作室 吕恒中 摄影

戏如人生：银幕与生活叠印

电影荧屏，可以说是现代生活方式的重要象征。在上海，有着中国电影的发端，电影也是上海居民现代性生活的体现。这座城市的开放，让其率先拥抱了世界工业文明的成果，孕育了上海电影的土壤。这里拥有稳定的市民阶层。他们的需求和购买力对上海电影形成了一个有力支撑；而一大批文化人在电影行业的深耕，包括企业经营者、知识分子和海外留学回国的青年才俊等，支撑起了上海电影行业的创作、制作和营销。

在这些基础上，20世纪三四十年代，上海电影迎来了第一次高潮。上海影院业、电影市场极为繁荣，仅上海各电影制片公司就摄制了约700多部影片，使电影这门新生的外来艺术在古老的中国扎下了根，并涌现出像大光明、大上海、国泰、卡尔登、光陆、新光等一大批在当时可谓建筑雄伟、装饰华丽、设施齐全的影院。看电影很快成为了一项广受市民欢迎的娱乐活动。纵观当时上海的电影院，可供选择的平民影院较多。由大光明、国泰、南京、大上海组成的四大首轮外片电影院里，外国侨民、富裕华人、都市白领、青年学生和知识分子等构成了主要观众群体。尽管在战乱年代，上海还保持着电影丰收的姿态，这是对上海电影、江南文化乃至中国电影、中国文化极大的贡献。无论是《一江春水向东流》，还是《风云儿女》等，都能代表上海电影关注现实和老百姓生活的本质。

有着"远东第一影院"之称的大光明影戏院由邬达克设计，和大沪舞厅、沙利文咖啡馆并称，不仅是活动和娱乐之地，甚至成为社交的"硬通货"，象征着消费能力和品位。宽敞的装饰艺术风格的大堂、霓虹闪烁的巨幅遮帘、宽阔的铜制双扶梯和宫殿一样的观影厅使看电影成为上海男女的新社会仪式。他们属意购买的，是一种现代生活方式，为城市生活在空间和文化层面带来了一种崭新的社会习惯。

中华人民共和国成立后，上海成立了电影制片厂。20世纪三四十年代锻造的电影创作力量和革命军队的文艺工作者汇聚在上海，上海的电影艺术家依然是中国电影的主力军，如《女篮五号》《南征北战》等一大批影片支撑起20世纪五六十年代上海电影的地位，上海电影就这样进入了第二次高潮。20世纪80年代开始是上海电影第三次高潮，上海电影依然保持着全国领先的态势，出现了一大批优秀的影片，展现出对国家改革开放的呼应，包括《于无声处》《天云山传奇》《牧马人》等。

在这一发展历程中，上海的电影院既是市民日常交际和娱乐的公共空间，又成为了现代文化的传播和实践空间，还是大众流行文化的主要载体，作为典型的现代空间，将市民公共观看、公共社交、公共表达等多种需

国泰电影院
图片来源：恒中摄影工作室 车凯 摄影

七宝万科广场，为居民提供了社区观影的日常场所
图片来源：上海万科 提供

求融为一体，使其成为具有现代意义的叙事生产场，并在一定程度上塑造出了上海的市民阶层。

近三十年间，为适应市民日益变化的观影需求，上海的诸多影院进行了改造、变革，提高设施和服务质量，一批小厅、多厅、多功能、多制式，大中小、豪华型、普通型相结合的影院，又以新的面貌，面向变化了的电影市场。现在上海共有影院近400家，银幕数全国第一。这里既有能达到李安电影《比利·林恩的中场战事》3D/4K/120帧放映要求的上海影城一号厅，也有五块钱就能够看一场热映大片的社区影院和专为视障人士设计的"至爱影院"，每一个热爱电影的人都可以体会到摩登都市的温情。

观看电影早已成为上海市民的一种日常生活方式。大部分城市电影院建于各大商业综合体之内，人们可以在这里吃饭、购物、看电影，完成都市消费生活。电影院也成为了社区娱乐文化的重要载体，在七宝万科广场内的CGV影城内有着上海为数不多的4DX with SCREENX融合厅，观众进入电影院，被三面银幕包绕，卸下忙碌一天的重负。住在七宝周边的居民下班后、周末时都会来这里兜兜转转，电影院就这样承载起社区观影的重要作用。

跨入 21 世纪，中国电影实行了改革，上海的电影制作也达到了一个新的高度。自 1908 年西班牙商人雷玛斯在虹口开设中国第一家电影院"虹口大戏院"的 85 年后，中国电影史上第一个国际电影节——上海国际电影节于 1993 年在上海拉开序幕，只不过这一次，从"引入西方话语"转变为"讲述中国故事"，定位了世界电影版图上的"亚洲坐标"。位于新华路 160 号的上海影城作为主会场，先后接待了中外来宾近百万人次，举办了如金爵奖、亚新奖、纪录片奖、动画片奖等各类见面会和发布会近千场。在上海的人文氛围下，影迷受众群体庞大，并且在上海电影节盛大规模下，"抢票""全城观影"成为了一种大型公共事件，伴随着影迷们的狂欢连年在这座城市中上演。在推动城市文化价值观的构建和传播中展示出巨大的价值。

在一百多年的发展进程中，屏幕已经成为人类生活不可或缺的部分，从电影到电视、电脑屏幕，甚至每个人的手机屏幕，它已经成为连接人与社会的媒介，影响决定着人们的思想行为消费，且已深入到上海城市生活的各个角落，成为人的基本生存方式。消费社会的形成和影像社会的发展紧密相关，电影和摄像作为当今文明交流传播重要的手段与方式，与消费文化、社会商品融为一体。在不同渠道的传播与现代科技的加持下，已成为了人类社会的重要组成。

电脑、手机彻底改变了我们的生活方式，电影作为人们娱乐的一种方式，也在发生着颠覆性的改变。电影院的普及使得更多人有机会感受银幕的巨大魔力，而银幕物理规格的变化引领大众进入宽阔的无垠世界。从白墙、白布到屏幕，再到巨幕、穹幕，从电影屏幕、电视屏幕再到电脑屏幕、手机屏幕，人们生活与工作中的媒介愈发强调开放、分享与互动。在互联网时代的当下，市民也不仅仅是被动地坐在屏幕前面接受娱乐，而且还会与屏幕进行沟通，或利用屏幕与他人交流。2018 年上海电影节首次开设"互联网上海国际电影节"，这种"云观影"的模式在不打扰用户正常的沉浸式观影体验的前提下，满足了更多用户边看边聊的社交需求，甚至可以借助发达的信息技术，创造出多人同时在线实时观看的模拟虚拟环境，模拟虚拟选座、电子票根、邀请明星或者导演参与在线互动，等等，为电影观众提供了一种全新的观影体验，也大大增加了互动共享速率。

一扇扇荧幕"窗口"被置于我们所身处的世界中，向我们展示了二维的活动画面，也成为人们通向另一个世界的大门。

游走街巷和殿堂：音乐与戏剧

戏剧是人类社会发展出的一种仪式，与比赛、竞技、游戏一起构成了休闲生活。戏剧也是现代城市文化生活的重要组成部分。在历史与现实中，在对人生、生命意义的思考与观察中，人们将戏剧和音乐融入了城市日常公共与个人的生活。

作为大都市的上海欢迎着来自五湖四海的人们，南腔北调在这里交杂共生。人们因工作通力合作，也因家乡风物习俗找到各自的精神归属，不同腔调的戏剧就是其中重要的文化活动。

上海滩上的最新技术 20 世纪就曾让国粹京剧在这里拥有了现代性的舞台和表演形式。在北方，京剧仅凭名角和唱腔就能吸引嘈杂场地中观众的注意力。场地布置通常是简单的一桌二椅和帐幔。但上海不缺布置材料、器械机关、"电光灯彩"和细致排练。1899 年天福茶园为《善游斗牛宫》刊登的宣传语是"不惜重资，特请能匠扎成绫罗绸缎楼台、亭阁花园景致，五色电气，豪光万道。广东新到顾绣贡缎，五色祥云，当场倒能变花"。京剧与新兴的魔术、催眠、西方舞蹈结合，成为上海的都市奇景。

鑫耀中城"消失的飘带"双子星剧场
图片来源：上海万科 提供

魔都包罗万象的艺术人才、创作激情、观众基础以及各个剧团的自我革新机制让上海的戏剧产业至今保持着旺盛的生命力。上海现有 70 个剧场、45 家专业剧院。2021 年，共有 3317 台、8894 场演出在上海举行。人民广场、宛平、花木、世博园区等区域已形成了观演场馆集群，社区中也分布着小型演出剧场。

三十年来，城市和社会的发展使人们的行为模式发生了根本的改变。顺应改变，上海老牌剧院纷纷进行更新换代。

人民广场一侧的上海大剧院是上海乃至全国运维最好的剧院，也是上海市最重要的文化艺术标志性建筑。改造后，"水晶宫"外立面的网点印刷玻璃被覆上隔热膜，票务中心变成艺术交流中心，底层商场被改造成观众的前驱空间。来自全球的歌剧《田汉》、新年音乐会、舞剧《早春二月》纷纷在剧场中上演。

上海文化广场曾是旧上海的逸园跑狗场，记录着上海特殊的历史。现在，它是一座振翅欲飞的剧院。在草地与广场上，在老屋架改造的新舞台下，市民们就能享受音乐与表演。

主演淮剧、越剧、评弹、沪剧等传统戏剧的宛平剧院立面如同几把并置的折扇徐徐展开，入口上方的 LED 屏幕常常放映演出的剧目，成为展示中国戏剧文化的舞台。遵循造园传统的内院模糊了戏里戏外的边界，使整个剧场变成立体化的戏曲园林。越剧《红楼梦》在有如太虚幻境一般的大厅上演。在先进的声学技术帮助下，演员哀婉舒缓的嗓音回荡在观众耳边。

除了老牌剧院，近年来一批新式剧院涌现，如保利大剧院，开拓了传统线下演艺拥抱"互联网+"新模式。日本建筑大师隈研吾作为设计者，在鑫耀中城中打造出正如他本人所说的"谦逊地矗立在社区环境中"的"消失的飘带"双子星剧场。你只需走出家门行至楼下，就可以在剧场极具特色的连廊中游走，在洒满阳光的中庭中休憩，身临其境体验"艺术+生活"过把"戏精"瘾。作为一个剧场，它的核心功能本是静态而内向的，但隈研

保利大剧院
陈剑秋、戚鑫、陈静丽《魔都万花筒 上海保利大剧院》，《华建筑》，
2017年，第2期，104页，章勇 摄影

吾仍将整座建筑伸出柔和的"飘带"与周边街道、其他建筑相连。圆形的形态与周边圆形的工业遗迹呼应，条状的木质材料和金属交杂形成具有动态感的外立面，强化"飘带"的飞腾之势。4500平方米的社区剧场嵌入周边的环境中，给漕河泾的人们带来欢声笑语。鑫耀中城"消失的飘带"双子星剧场除了本身在内容和形式上破除剧场的"墙"，也在不断探索突破观众体验的天花板。

正如20世纪原创媒介理论家、思想家马歇尔·麦克卢汉所说，任何媒介不外乎人的感觉器官的扩展。信息通信技术、大数据、人工智能、数字多媒体、智能装备技术正成为人们新的眼睛与耳朵。北京西路1013号的麦金农酒店里，"不眠之夜"的浸入式戏剧通过莎士比亚作品《麦克白》的新交互方式，打破了舞台对观众的约束，观众不再只是旁观者，随着自己的步调穿梭在这个史诗般的故事中，你能够看到华丽炫目的舞池中，拉丁歌姬眼含热泪，对着空无一人的吧台纵情歌唱；或跟着麦克白夫人奔跑，在金碧辉煌的酒店里体验人生百态和情感起伏。

现象级作品《永不消逝的电波》撕下红色艺术作品的刻板标签，以舞剧形式讲述了革命先辈在上海石库门里的隐匿贡献与惊险故事。它借用了电影中的"蒙太奇"手法，26块后台控制的竖屏不仅分割舞台，更成为布景的生动元素。一颗子弹穿越两重布景，兰芬击毙伪装的车夫，英雄离开他并肩的战友，一切戛然而止。观众们在一片寂静中感受心灵的震颤。

上海，也是全国独立音乐和Livehouse的先驱城市之一。2021年，上海已有120家Livehouse相关的门店，是北京的1.7倍、广州的2.6倍、深圳的4.3倍。魔都包罗万象的城市品质培养了一大批的独立音乐创作者,从 2004 年创办至今的 JZ Club 老上海爵士乐队,其他的如上海本土的 Livehouse 育音堂,以及走专业路线的 MAO Livehouse、金属乐主打的 Inferno 等。Livehouse 在对上海独立音乐的推广和发展有着重要的贡献。

游走街巷,现场音乐,是年轻的荷尔蒙和生命力。产生的高温与湿气,永远不够冷的冷气,与陌生人彼此贴近的感觉,原本遥不可及但此刻触手可及的偶像,Livehouse 不仅是音乐演出的场地,更是人与人互相交流启发和共同创造的文化空间,是城市独特的艺术文化场景。围绕音乐、演出以及独立精神的内核,向外扩展,可以让各种形式的活动在这里试验、发生。

到了夏季,上海则是各种音乐节的天堂,2021 年上海市草坪音乐会"夏之魅",连续七天的演出阵容有上海交响乐队、上海民族乐团、进击打击乐团、新锐古典乐团,他们将高雅艺术带入市民日常生活之中。

从 1879 年成立的"新市镇乐队"(The New Town Band)到鼎鼎大名的上海交响乐团,乐团的活动与发展书写了上海城市文化的变迁。除了演出的殿堂,乐团表演更以城市公共空间为舞台。2019 年 7 月 27 日,"公园新生 万物交响"青藤公园开放献礼暨青藤交响节启幕。阅音无界国际交响乐团(LUSO)的近 60 位音乐家从剧院走进公园,为观众们带来视听盛宴。傍晚,阅音交响乐团常任指挥——青年指挥家、钢琴家倪鹏胜挥动手臂,大提琴、长笛、小号等各种乐器此起彼伏、配合无间。音符流淌在草坪与广场之上,增添了美好的生活记忆。

观演建筑是表演艺术的传播媒介、国内外多元文化交流的载体,体现着上海的独特地域气质和时代烙印。建筑因展演而活,展演因建筑生辉。演出是城市文化的名片。由于丰富的文化交流,上海市民们可以在各种意义上的"家门口"欣赏世界一流水准的节目,扩展了视觉艺术文化视野。在上海,无人是艺术的不速之客。

青藤公园森林音乐会
图片来源:上海万科 提供

新天安堂内的弦乐四重奏
图片来源:徐风 摄影

市民的童话：游戏世界的多次元

1917年上海"大世界"游乐场的诞生，是上海近代城市化的重要标志。为近代上海打造出属于广大市民的娱乐场所，承担了文化传播的角色，甚至成为了当时的上海娱乐文化地标。大世界的空间系统是中国古典园林和西洋建筑相结合的产物。主楼上的四层高塔，底层用的是西式图案，而二三层却是中式图案；单个剧场采用的也是当时最新引进的西式舞台结构，每个剧场有座位三四百个。全场十多个剧场空间，座位共四千多个。1927年大世界开始边营业边扩建，终于在1929年翻建结束，竣工后的"大世界"外形如宝塔状，内设"乾坤大剧场"，分上下两层，座位上千个，每天夜间上演京剧，白天则播放电影。市民花一两角钱就能从中午玩到深夜。璀璨夺目的电光，为城市增添了更有意味的都市色彩，带给了身处其中的人无尽的城市想象和现代性的体验。

经济发展、人口增长，交通、电力的快速建设使上海的传统娱乐活动方式向西式的休闲方式转轨，到20世纪30年代，逐渐形成了以西藏路和南京路、静安寺路（今南京西路）交会处为核心的城市中心娱乐区，产生出大众化的娱乐市场和高度成熟的城市娱乐体系。

基于完善的城市娱乐体系，上海陆续建设了一系列主题乐园，形式多样，文化底蕴丰富且制作精良，成为上海都市人文景观的必要补充。1985年建成的上海锦江乐园，是改革开放后全国第一家大型现代化游乐园，据当时资料记载，那时的锦江乐园一票难求，需要提前一个多月预定，每天只能限量购买2000张，售完即止。当年园内的"空战机"此起彼落，旋转木马循环摇曳，许多惊险的项目需要排队两小时以上。随

上海大世界内景
图片来源：恒中摄影工作室 车凯 摄影

着1995年地铁1号线建成通车，锦江乐园创造出全年共接待230万人次的惊人纪录，几乎深植了一代人的成长，影响着几代人的生活，成为当时初中小学生春秋游必去之地。锦江乐园拥有中国首座巨型摩天轮及首座双层旋转木马，不知道当年有多少情侣在这摩天轮上度过了甜蜜蜜的时光，大转盘、过山车、摩天轮还有鬼屋构成了上海80后的儿时回忆。2002年中国第一的108米摩天轮"上海大转盘"更成为锦江乐园的一道靓丽的身份标识。

21世纪之后，伴随着浦东开发和世博会的成功举办，上海引进了我国最大的旅游休闲项目——上海迪士尼度假区。从2004年开始，市政府就同美国迪士尼集团开始了长达六年的谈判，终于在2010年签订了合作协议。2016年，迪士尼乐园落户上海。为浦东乃至上海带来的效应与世博会项目有异曲同工之处，它不仅带动了浦东现代服务业的大力发展，还对浦东两区合并后的城市化进程有强大的推动作用。迪士尼项目的溢出效应更影响了浦东经济环境。

多元文化的融合在迪士尼乐园里随处可见，既体现出西方文化的本土化转化，又尊重了海派文化的内在需求。早在2011年建设之初，项目就提出"原汁原味迪士尼，别具一格中国风"这一要求，力求把迪士尼乐园打造成为一个本土化的童话乐园。奇幻城堡的塔尖装饰有祥云、牡丹、莲花以及上海市花白玉兰等中国元素，花车巡游里有威风凛凛的花木兰，现在又有了春节穿上各朝代汉元素服装的"川沙七宝"。2016年6月，迪士尼乐园正式开业，主题乐园开启运营的两年间，每年超过1100万客流，财务已经实现盈利，拉动了浦东新区、上海市乃至长江三角洲的区域经济，带动了第三产业旅游服务的新增长。迪士尼乐园员工里，大部分都来自国内招聘，以期望可以带动当地更多就业。

上海市政府为上海迪士尼度假区的建设提供了大力支持，如增建景区周围的公共基础设施，市政配套用地，并为了拉近长江三角洲各省市距离，扩大浦东经济辐射范围，修建了目前世界上最长的地铁线路，也是国内首个跨省跨市的轨道交通——地铁11号线，全长共82.4公里，直达迪士尼乐园，为游客提供大容量的便捷交通，极大地提升游客的旅游体验和便利程度。地铁上，沿路随处可见代表迪士尼的米老鼠头像，欢迎着远方的朋友前来游玩。迪士尼也成为了提升上海整体形象的国际化名片。

不仅如此，迪士尼乐园可谓将"造梦"做到了极致。童话故事、游乐项目、周边商品和餐饮处处可见设计匠心和元素呼应，让疲惫的都市人们仿佛进入快乐乌托邦。2020年8月22日，一个细雨初歇的夏日午后，米奇米妮乘坐的领航车载着迪士尼的梦幻童话世界开进安亭新镇。一系列的巡游、娱乐互动和演出沸腾了整个小镇。这是上海万科和迪士尼乐园联合推出的首届"奇妙嘉年华"。将迪士尼动画故事场景带入社区，塑造奇妙欢乐的生活体验。以往都是人们向快乐奔赴而去，这次快乐主动向人们涌来。

营利性不是乐园的唯一考虑，社会公益性和政策性也占据重要地位。政府的政策优惠已经在项目投资初期和开园初期等过程中体现出来。在协商下，迪士尼乐园的票价基于中国国情和消费水平，平均水平低于东京，并为残障人士提供优惠入园的便捷机会。

上海迪士尼烟花灯光秀
图片来源：恒中摄影工作室 薛钰滔 摄影

迪士尼巡游至上海天空万科广场
图片来源：上海万科 提供

迪士尼乐园充分保护了童话的真实性，走进社区的迪士尼，让儿童在家中就能充分沉浸在童话世界里。2021年6月16日，迪士尼乐园迎来了它的5岁生日庆典，米奇童话专列添加了巨大的生日蛋糕领航花车，丰盛美味的全新菜谱、小食、甜点都加入了生日庆典的游客共享美食体验，夜晚迪士尼城堡上空的奇梦之光幻影秀更是格外绚烂，点亮了每一个游客沉寂许久的喜悦。童真与梦幻的城市乐园扎根并快速适应了上海的土壤，除了上海独领长三角的区位经济优势和上海市政府的大力支持，也许更重要的一点是上海与生俱来就有着海派文化娱乐冒险的精神。

如今，在物质丰厚、技术发达，工作压力却让人无法喘息的当下，人们迫切地需要一个乌托邦来获取短暂的纯粹快乐。从大世界到迪士尼乐园，上海的造梦技术不断地迭代。来乐园的每一个人都能找到自己想要的东西，透过时尚新颖的消费形式，能看到上海糅合技术、文化符号、童年记忆、娱乐项目的包容之心。迪士尼乐园建造过程中大量运用创新科技，从设计阶段的BIM（建筑信息模型），到沉浸式模拟演示厅技术的创新应用、数字化的设计方法，完善以假乱真的童话世界。迪士尼乐园可以推出相应服务，使游客可以通过移动互联网终端获得景区内设施的路线信息、高人气项目的客流信息、特定时间项目的预报提醒、特殊情况的紧急通知等信息服务。通过这样的信息服务，可以使游客更加了解乐园内的信息情况，合理安排自己的游玩计划，增强游客体验。

工业化时代的城市，将游戏、娱乐发扬光大，打造成城市虚拟的场景。2020年是上海电竞行业标志性的一年，电子竞技为上海带来了视觉和听觉颠覆性的改变。2020英雄联盟全球总决赛引发了空前热潮，南京东路的井盖喷上了"2020英雄联盟全球总决赛"S10限定涂装；东方明珠塔、上海中心等代表上海形象的地标，被英雄联盟的主题灯光照亮。全球最大的英雄联盟游戏雕塑"远古巨龙"出现在东方明珠塔。

上海是全国电竞运动最活跃的城市之一，80%的国内电竞公司在这里开设，40%的国内电竞赛事在这里举办，完整的产业链已经形成。自2017年喊出打造"全球电竞之都"的口号以来，上海以其独特的魅力坚实地走在自己的道路上，并催生出新的业态、新的模式。5G时代的来临，为电子竞技的发展插上了翅膀。未来，有无限可能。

魔都棱镜

生活 STYLE

20世纪20年代,日本作家村松梢风数次造访上海,他亲眼见证了霓虹灯下的热络、彻夜狂欢的舞厅与弄堂里的生活。上海的光怪陆离和人间百态让他惊叹不已,回到日本出版了《魔都》一书,以记录自己在上海的所见所闻。从此,"魔都"成了上海的别名。

今天的"魔都"依然有着令人难以捉摸的迷离、矛盾和瞬息万变,还有无数人向往的精致优雅和摩登时尚,造就了它最独特的城市美学。这里既汇聚了来自世界各地的年轻精英,同样也有怀旧优雅的"老克勒"与"时髦阿姨";既有六个一屉的精致小笼,又有香气满溢的整块猪肉大排;既有陆家嘴的摩天高楼,也有富有市井气息的石库门老弄堂……在魔都的多面棱镜中,每一面都可以投射出时代的不同讯息,也可以影射不同人对于生活的缤纷理解。这,就是魔都。

中兴路一号"兴 Gallery"国际艺廊空间中的展览
图片来源：上海万科 提供

爱上一座城市的温度：咖啡生活

2016年，英国BBC在来上海拍摄纪录片留下了这样的评价："上海是一座让人去了就不想离开的城市，不仅仅是因为它的都市魅力，还有它那些隐藏在大街小巷之中的烟火气息，在绚烂的外表之下，这里的实质性内容也比以往任何时候都多。"

上海有着全世界数目最多的咖啡馆，咖啡与咖啡文化已经是当代上海市民不可分割的一部分。由咖啡构成的实质性内容是怎样的呢？让我们慢慢品味。

上海拥有全球最大的星巴克烘焙工坊
图片来源：图虫创意 提供

浓缩的都市社交空间

相对于家庭居住的第一空间、职场的第二空间，城市的咖啡馆作为非正式公共空间聚集场所，可以被称作"第三空间"。它在城市生活中起到的社交作用、文化特性，已成为人们选择定居、工作城市的重要标准，因为它是现代城市活动的基础，也是生活品质、文化活动的基本；上海的咖啡馆逐渐成为上海市民多维活动的公共空间，已经融入这座城市的生命血脉之中，成为日常生活的部分，同时印刻下上海多元的社会特征。

咖啡本是一种舶来品。1853年英国人莱维林将它带入上海的时候，在花园弄（今南京东路）的老德记药店出售。当时和外国人打交道的买办们常常跟着去喝咖啡、谈生意，结果纷纷抱怨咖啡像"咳嗽药水"一样难喝。时过境迁，当时的上海人应该不会想到，今日的咖啡已承载起上海人早上通勤、午后休闲和整日的工作生活，成为现代上海的重要生活方式。

作家马国亮在《咖啡》一文中，说起他在上海一家咖啡馆里，无意听到两位女士谈话的经历——"她们谈的是文艺、政治，什么都谈，她们说完了郭沫若，又说鲁迅、郁达夫……"在咖啡香、爵士乐的环绕下，进行多元化的思想交流，在当时似乎变成了知识分子间的一套习俗。

城市转角处，咖啡店里的人们在休息、交谈
图片来源：恒中摄影工作室 车凯 摄影

便是最特殊的时期，咖啡也未曾从上海人的生活中消失，海派作家程乃珊的《咖啡的记忆》提到："三年困难时期上海仍有咖啡，为刺激销售，买一听上海牌咖啡可发半斤白糖票；在咖啡店堂喝咖啡可额外获得四块方糖和一小盅鲜奶。那个时候父母似更热衷无糖无奶的黑咖啡，然后像摆弄金刚钻样小心地将带回来的方糖砌成金字塔形。如是，我和哥哥就常有熬得稠稠的白糖大米粥喝。"足可见这座城市对于咖啡的喜爱。

咖啡，更像是上海都市生活方式的一种符号。代表着一种无论身处何种境地都从容讲究的处世态度，甚至有点"上海腔调"的意思，以致有博主戏称"上海人的血管里流淌的是咖啡"。事实也确实如此，你可以在清晨七点钟的陆家嘴中心绿地，看到踩着高跟鞋妆容精致的都市丽人，手捧咖啡走进环球金融中心的大厅；上海爷叔配上咖啡和爵士乐度过清晨的好辰光；将咖啡放在一旁的少年男女，在襄阳公园的长椅上互相依偎，眯起眼睛共享一副耳机，慵懒品味磁性的播客声音。而且，上海任何一个百姓，都能够拥有自己的咖啡时光，"惬意的午后，小皮匠和老白坐在巷子口闲谈，手边用保温瓶满满装起的咖啡毫无违和感地放在鞋匠身旁"，《爱情神话》修鞋小皮匠的咖啡时光让观众会心一笑也源于此。有了咖啡的陪伴，再忙碌、寡淡的日子，仿佛也会变得温暖、富足而且有滋有味。

咖啡陪伴着上海这座城市，走过了漫长的温暖时光。改革开放后，速溶咖啡进入中国市场，上海迎来了第一次咖啡浪潮——咖啡速食化。20世纪80年代，雀巢进入中国后，通过遍布各地的、毛细血管般的商超，在饮茶的国度里渗透。这种掺着奶精和糖的三合一速溶粉或装在大玻璃罐子里的颗粒状咖啡，结合新颖时尚的咖啡伴侣、无所不在的全方位营销，使上海的咖啡文化快速进入了"滴滴香浓，意犹未尽"时代，奠定了当时速溶咖啡的主角地位。

咖啡的发展史，从来都是以都市化和中产的消费升级为推动力的，放诸欧美、日韩、中国皆适用。第二次咖啡浪潮随着上海城市化的加速与星巴克进入中国，轰轰烈烈地拉开了帷幕。1999年12月，星巴克咖啡首先在北京开业，次年，迅速入驻上海最为繁华的商业街区——淮海路。此后星巴克的快速崛起将世界流行的咖啡馆模式推广到上海的大街小巷，掀起了咖啡精品化的新风潮。"西式"生活气息浓烈的上海让星巴克迅速落地生根，从2000年在淮海路上开出上海的第一家店，直至2017年全球第一家星巴克甄选咖啡焙烤坊进入上海，再到2021年，全上海已有823家分店。如同美国都市社会学家雷·奥登伯格在《绝好的地方》中提出的"第三空间"的概念："第一空间是家，第二是工作单位，第三就是交往的空间。"星巴克崛起吸收并发展了这一概念，将"第三空间"渗入上海市民的生活细节。消费者开始关心咖啡豆的产地、烘焙方式、冲泡手法，咖啡不再是一杯单纯的饮料，而是一种社交方式，甚至成为了一种生活态度。

伴随着2010年后上海精品咖啡的不断兴起，第三次咖啡浪潮以"美学化"为特征飞速袭来。互联网咖啡品牌和精品化咖啡品牌异军突起，掀起了新一轮的咖啡浪潮。从喝雀巢速溶咖啡是一种时髦，到在武康路上手持一杯独立精品咖啡晒到朋友圈，上海年轻人对咖啡文化的理解，在短短30年间发生了翻天覆地的变化：咖啡从曾经城市小资的"第三生活空间"的捆绑标记，成为格子间打工人的"续命神器"；从时髦、小众的仪式感消费，成为当代年轻人普及而新潮的生活方式。

中兴路一号 CO·life 空间中的社区活动
图片来源：上海万科 提供

强调美学与"品鉴"的精品咖啡在上海逐渐流行，"小众""独立"等标签如影随形，猫屎咖啡、堀口珈琲、%Arabica咖啡、无印良品咖啡等掀起的咖啡美学化浪潮中，年轻的人们对价格愈发不在意，不断挖掘着、追逐着更加极致的口感与服务体验。

连锁品牌、残障人士研磨咖啡的公益型咖啡店、可带宠物的宠物友好店、咖啡杯可以吃的曲奇杯咖啡……上海咖啡馆和咖啡新模式层出不穷，众多门店前的长队显示着上海咖啡店的繁荣及其多元化形式。2022年，首家蓝瓶咖啡入驻苏州河畔的一幢1926年建造的清水红砖历史建筑，曾经的裕通面粉厂高级职工宿舍凝固了近百年的光阴。清水砖墙节点和格架门窗等非常难得的元素都被保留下来。全球唯一一台60年历史的飞马（FAEMA）意式浓缩咖啡机，在拉杆压力下萃取一杯杯浓缩咖啡，回应着咖啡历史的演变。

中兴路一号 CO·life 空间内交谈的居民
图片来源：上海万科 提供

掌心里的温暖，一杯咖啡

如今，当我们走过永康路上一堵灰色的水泥墙，相信你很难将它与一家咖啡店的身份相对应。墙壁中央一块不规则的洞口，刚好容许一只毛茸茸的熊掌从中穿梭，洞口周围被微黄的灯光所笼罩，下方微微摇晃悬着一张"扫码点单"的二维码。店铺门面朴素得如同一个小山洞，包裹起三位专心冲制的听障咖啡师。一位面部烧伤的店员，潜隐在洞口后面，用毛茸茸的熊掌耐心地将咖啡递出，不时与"洞"外的客人握手互动，温暖的掌心要传达的，除了平和的喜悦，还有力量、安全感和对大众的爱意。

熊爪咖啡店洞口内，由熊爪递出的温暖
图片来源：恒中摄影工作室 车凯 摄影

这家名为HINICHIJOU的熊爪咖啡店在2020年12月3日国际残疾日开业，初衷就是帮助身障人士就业。洞中伸出的熊掌治愈了买咖啡的顾客，顾客的往来也治愈了听障店员，咖啡在其中成为了人与人连接的重要媒介。

在上海有很多这样的爱心咖啡馆，坐落在成山路的梦工坊咖啡吧，背后同样有着特殊的意义。这里是上海首个心智障碍青年支持性就业基地，店里的7位员工虽然都患有不同程度的心智障碍——自闭症、唐氏综合征、威廉姆斯综合征等，但在其他方面表现出了惊人的天赋：对数字敏感、弹钢琴、跳拉丁、冲得一手好咖啡……

有人说，上海是一座花10块钱就能在街边买一杯热红酒或咖啡的城市，城市的温度就是这座国际化大都市的"底色"。这种温度体现在城市为每个人提供机会，亦体现在对弱势群体的关怀中；体现在地铁站公交站旁，"上海早餐"街头餐车，为"打工人"不间断提供早餐；也体现在一个个社区里的为老服务中心，让老人能在"一碗汤"距离内安享晚年里。

正如村上春树说："在很多时候，咖啡是一种对心灵的慰藉。"

在2021年上海咖啡文化周，一场"咖啡暖城"活动为清晨奔波在一线的工作人员免费送去了第一杯咖啡。咖啡传递着温度，也传去上海市民对他们的感谢。94路公交车司机冯师傅，尽管平时很少喝咖啡，但在收到爱心咖啡时，也细细品尝着这种又香又苦的味道，咖啡的香气让他在驾驶过程中的注意力提高了不少，乘客来来往往，阳光照进车厢，他的微笑显得更加柔和温暖。

小小一杯咖啡已经成为上海的日常，这杯咖啡在优雅闲适的老阿姨手中，在行色匆匆的上班族手中，在午休时溜出校园的高中生手中。在上海，咖啡的繁盛发展印证了上海国际化与本土文化的和谐共存，中西交融，并行不悖。国际著名咖啡品牌和经营理念的引入，以另外一种方式将上海带入了全球都市的语境之中，塑造起新的生活方式。作为中外文化交流的产物，精致、多样、变化的咖啡文化恰如其分地体现了上海开放、创新、包容的城市品格。

小小一杯咖啡中也能蕴含着浓浓的社会尊重和人文关怀。那些咖啡馆里的精致优雅,建构了很多人对上海的摩登记忆和想象。每一杯咖啡传递出的不仅仅是醇厚滋味,更是上海市民的责任、坚守与爱心。将温暖收入掌心,在细微中传递着人文的关怀,在温暖的传递中,使心意相通。

上海街头温暖的咖啡小店
图片来源:恒中摄影工作室 薛钰滔 摄影

由咖啡连接而成的"社区"

无论是商务白领还是城市一线工作者,在上海这座咖啡文化浓厚的都市里,"喝咖啡"都能成为不同人群对待生活的独特仪式。这里有着充满人情味的咖啡馆,开在街角,开进园区,嵌入社区,通过咖啡社交重塑着城市的社会空间、人文空间和心理空间,再造起一种全新的人际关系。

人们常说,最精彩的故事都是喝着咖啡讲出来的,最新潮的创意是在咖啡的香气里碰撞出来的,人跟人之间的联系和互相反馈更是这样,咖啡老饕倡导的品咖理念,在社区另一端,也可以得到支持。如果你喜爱热闹,社区咖啡馆能满足你对社交的一切追求。而当你想静下来细细品味时间,社区咖啡馆也会是不二的选择。

位于中兴路一号里有一家"小而精致"的社区咖啡馆,被称作 CO·life 的综合性咖啡、美食服务体验中心聚集了一批热爱生活的社区居民。Co-living 共同生活的愿景带来了在地社区居民最核心的期盼,你可以在这里吃上不同花样的冰淇淋,也可以喝到香气四溢的瑰夏咖啡,与老友相伴,认识新的朋友,让咖啡的醇香在鼻尖盘绕。

这些社区中的咖啡馆给人一种身处人群,不疏离也并不亲近,可以走近又互不打扰的安全感。在这里,咖啡馆的"慢",调和着上海都市生活的"快",成为上海城市魅力不可或缺的一部分。

上生·新所内的咖啡日常
图片来源:恒中摄影工作室 车凯 摄影

安福路上交谈的时髦青年
图片来源:恒中摄影工作室 车凯 摄影

就像意大利设计师阿尔多·齐比克(Aldo Cibic)认为的:"It's all stories, full of stories. They are heroes of the normal."(社区里充满了故事,每个人都是平凡生活的英雄。)上海一个工人新村里,社区里的咖啡馆成为了他的社交场。社区咖啡馆代表着开放与分享,重新建构着人与人之间新的关系和连接,在这里,"家"的边界被不断扩大,社区的人情味与浓度有了恰如其分的承载容器。

上海的咖啡文化,"留香"悠久且早已融入了每个上海人的生活之中,作为中外文化的交流产物,精致、多样、变化的咖啡文化与上海"海纳百川、追求卓越、开明睿智、大气谦和"的城市精神完美契合。而这大概也是上海这座城市对待一切本来、外来和未来的态度——中与西,新与旧,并行不悖,自然交融。

精致与精明：小可以是美好的

小而美好是被进化法则与生存逻辑挤压、锤炼出来的性格与产品，但同时，在现代社会的空间下，呈现出其独特的个性。一座令人向往的城市、让人流连忘返的城市，一定是细微处见精神、特别有味道的城市。

上海人的智慧中，"精明"是精细雅致，是精益求精，绝对不能笼统理解成小气、精明。上海讲求实际，讲求实惠。追求物质和精神的平衡，在追求物质满足的同时，也热衷于文化和艺术，进而产生出对自己的城市的强烈归属感和自豪感。

在全球高密度城市的发展中，无论纽约、伦敦还是巴黎，无不是在全球范围内集聚和辐射资源。像许多超大型城市一样，上海的精细化提升着市民出行和生活的体验，但也更加周全、精致，功能更加多样。而城市治理的精细化，也为上海注入强劲的针对多种市民需求和特点的人文关怀。就像是对"小的就是美好的"这种构想的美好验证：精致的文化追求，契合于近现代城市的运行方式，渗透于城市生产生活与空间的各个方面，崭新的一天从精致的生活开始，一切自然地慢慢生发。

上海街头热闹的商铺
图片来源：恒中摄影工作室 薛钰滔 摄影

量衣裳料子候准足

服装是城市流动的景观,能够反映一座城市的气质与时尚,个性的衣着往往为文明注解,表达着人们对自己身体的自信和热爱。

老上海人熟稔的一句谚语"候分掐数",讲的是裁缝依照尺上一分一分来掐着数,尺的最小计量单位是分,候分,是非常精准的意思。上海话里就是计算得很好,一点儿也不浪费;精明会算,十分精确。这种精致精明,侧面反映出上海城市与人的气质。如同旗袍,简约得体,贴合女性身形,衣着上的候分掐数衬出上海人的精致,细节、领子、袖口将人的身体和气质凸显出来。"量衣裳料子候准足",精细优雅,将肢体状态完整地反映出来,凸显现代人的自我追求和自律态度。小而贴切,小而美,小而精致。

时尚成为了上海人个体化表达的生活态度。精致与细腻,彰显出人们对生活的好奇与热情。但也有人说,观察一个城市的衣着时尚品位,不应该只看它的年轻人,更应该看老年人。在上海的街头,阿姨阿叔们依旧着装精致,时尚讲究,透露着一种由内而外的精神气质,更是一种自我个性的体现和对生活品位的追求。

以时髦优雅著称的上海阿姨从一丝不苟的发型到一尘不染的服饰,身上的改良旗袍,甚至是和女儿的衣橱共享。每个细节都印证着其对年龄的不畏惧——穿的戴的不一定很贵,但是一定有自己的生活态度,积极、精神,自信又精致。

这种对于尺度的把控与拿捏,从 1980 年上海服装公司组建了新中国第一支时装表演队就可见一斑,中国模特身上所呈现的缤纷色彩,唤醒了人们对美的追求,影响了中国时尚行业的发展,继而推动了社会观念的进步。到了 20 世纪 90 年代,上海人开始更加勇敢地追求服装享受,牛仔裤、一步裙等时尚衣着彰显出个性,以海派时尚为代表的时装不仅仅从传统服饰中找寻价值意识,也慢慢拉近了中国高端服装与世界的距离。

随着千禧年的钟声在 24 个时区接连响起,人们发现"全球"再也不是一个书本上的概念。2003 年 10 月末,注定是 21 世纪魔都时尚发展历程中的核心关键词,彼时诞生的上海时装周将全国上下服装企业、设计师和时尚爱好者的目光,聚焦在浦东滨江大道。从一年一次到一年两次,从靠国际大牌吸引眼球到扶持本土时尚产业,上海时装周展现出新时代的上海人的精致时尚由"中国制造"逐渐走向"中国创造"。

上生·新所茑屋书店前,穿着入时的都市女郎
图片来源:恒中摄影工作室 车凯 摄影

"巨富长"上的行人
图片来源：恒中摄影工作室 薛钰滔 摄影

现代技术与传统元素结合在一起，形成了独属于上海的温暖而精致的实用主义。经历了自主品牌和本土设计在创意引领度和商业成熟度等方面的实力提升，上海时装周如今已名列世界前五大时装周，引领着国际时尚流行趋势。

包罗万象的上海时装周，在传统的室内展示之外，证明了精致时尚不仅可以在精致的秀场，也可以在社区中。2020年10月耀眼的午后阳光下，模特们在上生·新所的开放舞台走秀，路过的游客们都可以站在一旁观赏模特的表演，这种形式也体现出了上海时装周颇为开放性的一面：在上海的开放性社区微空间内，丰富的艺术展示内容和走秀的活动突破了时尚圈层的壁垒，而尽可能地向公众开放。

上海人的精致和腔调把对品质的注重融入了生活的每一处细节，时尚、前卫、开放，与世俗、精明、内敛并存。

小菜场的美味与烟火

上海的空间文化,一是上海城市非常细微,哪怕只有一间小菜场也会把饮食梳理得丰富和富有特色,能看到一个城市的烟火气和状态。

清晨走在上海街头,常能听到家庭主妇们闲聊"今朝侬小菜场跑过伐?"在上海话中,无论菜场大小,一律称"小菜场",买的鸡鸭鱼肉,蔬菜瓜果放进菜篮里就都统统成了"小菜"。选择、计算、搭配、讲究小菜的味道和生活品位,上海人的这些精致秉性和小菜场有莫大的关系。"菜场文化"是最具烟火气、最市井、最真实的上海。

上海保留着许多和小菜场有关的俚语。譬如"半斤八两",抑或"拎到篮里就是菜",甚至在物资匮乏的年代里,精致的上海人也将勤俭节约的美德内化为引以为傲的生活技巧。在计划经济时期,全国各地很少有半两粮票、饭票,但上海有可以买两根很小的油条的半两粮票。就算是那时,上海的早点心也做得相当精致,一只角子一副大饼油条,油条的长度、大饼的直径都有规定,规格要是出了错,没准还得受处罚。豆腐浆的浓度也有讲究,店家绝不会为了生意去掺水。咸浆一定要起花,碗底放油条、紫菜、榨菜、虾皮,一样也不会少。

愚园路 1088 号的甜园生鲜社区集市
图片来源:奥默默工作室 提供

以"半两"作为食物的度量标准,贴合上海这座城市的精细与精明。半两作为饼、点心、包子的单位时,一定是轻巧、细致的。食物的精致、美味与厚度融为老饕细细的体会与享受,又不浪费。就算物资匮乏,生活在这里的人也依然保持着对生活品质的追求,生活得井井有条。

到 20 世纪 90 年代后,随着票证供应的取消,上海人走过了买菜凭票的年代,出现了许多遍布各条小马路的露天菜市场,这些露天菜市场被称作"自由市场"。而在之后,上海的小菜场快速发生着更新转变。随着 90 年代末连锁超市、大卖场业态领跑全国,一批马路菜场也被"请"进室内。从 2005 年起,从马路菜场入室到室内菜场启动了标准化改造试点,形成了第一代标准化菜场 1.0 形态。永年路小菜场就是其中的典例,在这里,只买一根葱、一头蒜或者一块姜的人比比皆是,店铺老板利落地装袋,去掉零头还便宜一两块,再送一把小葱塞到袋子。邻里间的这条马路和这座菜场铭刻着岁月的印记,承担着周边"两万户"基本的生活需要。

1.0 版小菜场摊头一个个铺开,热闹得有些嘈杂;而 2010 年后开启的 2.0 版小菜场则统统进了室内,摊头也第一次有了"标准",向集约化市场空间转变。

上海街头菜场
图片来源:席子 摄影

诚信是小菜场的立身法宝,这里绝不容忍缺斤短两,象征着上海人的契

乌中市集
图片来源：恒中摄影工作室 车凯 摄影

约精神，而"人情味"则是许多市民在超市日益普及的今天依然青睐小菜场的重要原因。居民生活的优化被细化到最后一公里，小菜场的社交标签也被悄悄放大。爷叔阿姨们乐意每天步行40分钟到一家菜场买菜，全凭菜场摊贩都是"熟面孔"，大家彼此信任，相互帮衬，菜场都放着一台公平秤，但由于相互的信任满满，使用度并不高。

2018年后，上海的3.0版小菜场综合性更强。许多新生代菜场叠加了邻里中心、烘焙坊、花店等功能，为这方小小空间注入了更多人际交往和情感元素。比如坐落在衡复历史文化风貌区核心地段的乌中市集，有着墨绿色的拱形门窗，浅黄色的内墙，每个摊位上方打着暖光，蔬菜瓜果盛在市集统一的编织篮里。视觉上清爽整齐，又洋溢着时尚美感。地面洁净明亮，各个摊位的台面被设计成斜坡形，果蔬摆上去一目了然。这里能吸引年轻人到访，并满足周边居民需求。上海开放摩登的气质与日常烟火气在此自然交融。

乌中菜场附近的"牛油果阿姨"店里，是乌中市集的空间延展，小菜店常挤满固定来买菜的外国顾客，他们甚至把这里当成了会朋友的场所，趁着买菜的空档，还会随手打开一瓶店里买的啤酒或饮料在门口马路边一起聊会天。人们因为买菜在这里偶遇，跨越大半个地球在一个小菜场相遇的感觉或许会让人生喜悦，然而在这里，这似乎并不稀奇。小小一家卖食材的商户，在满足日常民生的同时，创造了一个难得的自然交往的社交场所。

小菜场丰富的食物类别和精致的品质聚集了相似的人，合理的价格也巩固了日常的社交。这种人际之间的交织，自然、亲切、不带修饰，丰富了街道的多样性，也为街道注入了应有的活力。

上海老百姓有句话，叫"菜篮子里看形势"。小小一个菜篮子里展现的魔都小菜场变身史，透露着人民城市建设的努力方向——人人都能享有品质生活的城市、人人都能切实感受温度的城市。

遇见相熟的人，也请问一句："今朝侬小菜场跑过伐？"

兜兜上海的"小马路"

上海的小马路是可以漫步与行走的,因此有更多的关于人的温度与记忆的痕迹。一是长度小,二是空间窄,能看到很多的单行道、自行车道弯曲得和在欧洲古城的肌理相近,鼓励市民和游客慢行漫步,使上海成为一座适合步行的城市。

城市格局主要体现在城市路网密度与道路体系,简单来说,上海整座城市的肌理继承了欧洲城市"小街区、密路网"的特征;上海的地块尺度一般都在 300 米左右,中心城区甚至只有 100~150 米,尺度友好,街道感十足,步行体验较好。道路系统中快速路选择高架形式,保证效率的同时,也尽可能保持了原有路网街道的步行友好。

走在上海的小马路上,就像是走在上海的万千风情里,法国梧桐点缀的两旁,悬铃木花蕾绽开,随风飘飘洒洒如柳絮一般,飘在人的头上肩头,落满地面。满街梧桐,一城飞花。上海人的精打细算是出了名的,落到城市生活中,这种精致和品位更转化成了"螺蛳壳里做道场"的本领。"小马路文化"就是上海独有的精致生活写照。

2.3 公里长的衡山路曾经是法租界著名的"贝当路"。遮天蔽日的法国梧桐,把安静的小马路紧紧地拥抱在怀中,由主干道一直绵延全附近好几个街区。

细密小径一旁是紧闭门扉的花园洋房与不说的曾经,而另一半天地,则是买手云集的店铺、时髦的餐厅、酒吧与闹中取静的小馆。

梧桐小马路骨子里透着优雅与沉静,也沉浸着上海独有的气质。这些路边梧桐葳蕤的城市中心街区,也被亲切地统称为"梧桐区"。衡山路、复兴路为代表的徐汇衡复历史文化风貌区。

"巨富长"也是"梧桐区"里的代表,是上海的三条小街——巨鹿路、富民路、长乐路的简称。这三条街连在一起形成的"生活街区",被年轻人视作"文艺弄潮地",小马路上样样齐全,路的两旁有很多网红店与咖啡厅。小小的街道藏得住岁月里的本帮小馆,也能容得下新兴的各式店铺:买手店、小橱窗、细密有序的外摆、熙熙攘攘的人群。梧桐绿荫与花园洋房,市井烟火和人文底蕴,让"巨富长"呈现出"高楼与老宅共存、传统与现代交融"的独特风格和气质。每逢夏日,路人在街边的梧桐树下走过,透过梧桐树缝在烈阳下眯着眼睛,和两边探出墙头的精致小洋房构成了一道美丽的景致。

这里有着文学青年心中的圣殿,上海著名文学刊物《收获》《上海文学》《萌芽》就在这里重获新生。这里也承载着我国近代著名画家、散文家、美术和音乐教育家丰子恺先生漂泊的一生居住时间最长和最后的定居地——长乐村 93 号。这里有着烟火气的生活,如同浓缩的上海:清晨的车水马龙是城市上班族和老社区居民的日常交错,漏着斑斑点点午后阳光的法国梧桐下,住在附近的外国人骑着凤凰单车缓行而过,前卫的年轻人来感受"与巴黎、东京同步的流行"与海派建筑的特有风景。

小马路,见证了上海的历史和文化变迁。

长期以来,人们对上海的印象里有着外滩连绵多样的万国建筑群,有陆家嘴超越人体尺度的巨型楼群,也有细密绵长的安乐街区。上海开埠后形成的公共建筑街坊、石库门街坊、花园住宅三种较为典型的城市肌理,

上海的小马路
图片来源:恒中摄影工作室 薛钰滔 摄影

梧桐掩映的新华路
图片来源：郭小溪 摄影

也都非常重视建筑与街道的细腻关系。政府对城市街坊尺度与规模的强化，通过加密路网将街坊尺度控制在适宜的步行距离之内，从而更好地保证生活质量和环境状况。

小的也可以是美好的，在历史中是这样，在当下崭新的生活场景、城市空间中这种理念也得到了细致的延续，开在街角的小展览馆、博物馆、咖啡店，精致优雅、金色梧桐飘洒的小街，丰富了社区邻里们的生活方式与精神生活。微更新、微改造将成为城市空间发展新常态，展现一种尊重、一种协同、一种智慧，也是一种开放。这种精细治理使我们明白，城市的发展是渐进式的，是可以自我调节的，是有机生长的，这也是城市精细化治理的核心。精致的小马路、传统的街坊格局和空间肌理的延续，使这种小尺度的城市公共空间营造，重塑了街道空间，促进了街区的发展。"螺蛳壳里做道场"的精明精细与精致，已经融入上海，也融入了每个上海人的骨血中，这也是人称"魔都"的上海的特殊"魔力"。

烟火气、国际范，这才是上海

徐洁

上海是一座人文城市。这座城市对规则的尊重，对公平的追求，对分寸感的拿捏，对个人价值和尊严的守护，总能让人感到安定和放心。

谈及近代上海城市及其日常生活文化，里弄街区是一个无论如何都绕不过的存在：上海里弄像是迷宫，主弄、次弄，前门、后门，晒台、天井，无数的开口、端口直通周边马路；里弄是一个综合的社区，是移民谋生的场所，集商业空间和日常生活空间于一体，许多商店、学馆、学校、印刷所、报社、作坊工厂在此经营，悠闲与辛劳构成里弄日常生活节奏的两个部分；里弄是开放的生活街区，由于高密度的建筑和居住生活环境，家庭日常生活延展至主弄、次弄、天井，当你从街道进入主弄行走，房前弄后中的老人、儿童会与你照面微笑，上班的白领和买菜的阿姨会与你擦肩而过，你也可以和门前闲坐的爷叔搭讪聊天，邻里之间形成亲密互助的关系，交流自然发生；里弄生活是上海市民社会的缩影，就像电影《乌鸦与麻雀》中的"七十二家房客"，不同政治观点、生活方式、职业背景的人们在此密集居住，有意思的人在这里相遇，有趣的活动在这里发生，新的市民文化和城市精神在这里生发。

自1843年开埠后，上海成为中国最大的工商业城市和文化重镇。上海城市华界、公共租界、法租界"一市三界"的政治格局，形成特殊的管理体制和相对宽松的环境，新的组织机构在此创立成长，新思想新文化在此孕育诞生、发扬光大。许多影响中国的重要历史事件在上海的里弄街巷中发生，许多影响中华民族前途命运的人物在里弄中生活、工作。那些站在文化高点上，具有世界主义、现代主义眼光的知识分子、文化艺术界人士，置身于市民社会中，与市民生活浑然一体，共同塑造了上海的宽容、自由、开放、活泼、不拘一格的整体文化氛围。近代上海的城市文化因为有他们的存在，就有了不可取代的分量，有了文化的制高点。

1915年9月，居住在上海的陈独秀在渔阳里2号创办《新青年》杂志，引领了五四新文化运动。就在渔阳里，他与共产国际代表维金斯基商讨建立中国共产党，并组织翻译出版了《共产党宣言》。

1921年7月23日，中国共产党第一次代表大会（中共一大）在上海法租界望志路106号（现兴业路76号）的石库门里弄，即李汉俊哥哥李书城家中的客堂间举行，以共产主义为最终目的，以马克思列宁主义为指南的统一无产阶级政党宣告成立。历经百年风雨，从上海石库门里弄起步的中国共产党，从最初的五十几位党员发展到如今九千多万党员的执政大党，深刻改变了近代以后中华民族发展的方向与进程，改变了国家的前途和命运，改变了世界发展的格局。

商务印书馆也是这样的存在。1897年，商务印书馆从公共租界德昌里弄堂的手工印刷作坊起步，后邀请时任南洋公学译书院总校兼代办院长张元济主持编译工作，确立"昌明教育、开启民智"的基调，编写出版小学课本。20世纪30年代，商务印书馆占到全国出版物的52%，其中教科书占全国教科书总量的60%以上。而商务印书馆出资建造的"东方图书馆"收藏了珍贵古籍和外国新剧场是一个自带流量的演艺新势力，它将生活的日常与百态编织进剧本，以市井生活演绎百味人生，将智慧与快乐写成舞台剧与小品。剧场兼具剧目创作、排演与观众触达的功能，剧场 + 文创、酒吧、咖啡厅、餐饮的组合，满足了多层次的文化需求，也为实体商业和消费者提供了更多的可能性。

国际设计大师的剧场，国际范和烟火气相得益彰，未来将通过沉浸式演出演绎上海独特的城市文化氛围。邻里剧场让看演出变成了浸润在日常生活中的文化体验，来自不同背景、拥有不同成长轨迹的人们在这里相遇，是维持社群和同好关系的象征，也将展现出上海城市年轻、新潮、富有活力的一面。

建筑的环境与公共空间

隈研吾

日本著名建筑大师

城市的透明性，并不是建筑中那种单纯的以玻璃来表达的透明性，而是将周围环境中各种生活的功能和人们的流动融合到建筑中来，我觉得这种联系就是城市的透明性。

在大型项目中，最重要的是如何设计人们的流动。相比建筑本身，不如说更重要的是如何设计建筑与建筑之间的联系。在这次（鑫耀中城）剧场项目中，建筑之间的空隙与周围的市街和道路非常好地连接在了一起。项目周边是非常有趣的地方，既有像煤气罐那样的工业要素，也有市民居住的社区。根据各种不同的环境因素考虑，我们把项目设计成了具有多种面貌，能够与各种要素都和谐共存的建筑。

此外在新的建筑中，一定要融入一些与传统或环境相呼应的要素。近年来，中国的城市对传统和传统建筑都非常关注，从某种意义上来说，我觉得中国的城市可能比日本的城市更重视传统。而在此次的剧场项目中，为了和周边圆形的工业遗迹相呼应，我们把建筑也设计成了圆形的风格。再有，为了与周围街区的特性相匹配，我们也融入了木质与金属的元素，希望能够与周围的环境呈现对话关系。对于建筑本体而言，因为这个建筑物拥有多种功能，所以我思考如何将它们自身连接起来。于是有了飘带这种元素，它既可以将几种元素联系起来，又能给建筑覆上一层外衣，这种连接就变得非常自然。所以在这一点上，飘带这个元素，我认为非常适合这次的项目。

就建筑外部形式而言，像这样的大项目，如果只用完全相同的材料来覆盖整体，建筑的表情会变得非常贫乏。我希望通过渐变来让建筑的表情变得丰富，在每一个不同的地方都能呈现出不同的状态。同时飘带这个细节是非常新颖的，它表现出了和以前的建筑完全不同的形象。另外，还要将这个细节和建筑的功能融合在一起，这是最具有挑战性的。

这次的项目使用了很多木质材料，树木所拥有的自然质感在城市中心是非常稀缺的。使它成为了一个可以通过材料来感受自然的项目，将建筑与自然紧密联结在一起。

现在的设计行业，因为新冠肺炎疫情的问题正在发生很大的变化，需要有超越现今都市理念的崭新概念，创新的必要性比之前更加重要。从这层意义上来说，建筑师的责任是非常大的。今后的城市里，公共空间也将变得非常重要，在公共空间中人们会直接交流，或通过智能手机交流等。在进行建筑设计时，我们就需要给人们准备一个可以通过各种创意和技术来进行交流的公共空间，从这一角度出发，建筑的世界将会有进一步的革新。

社区的存在形式，在新冠肺炎疫情出现后也开始逐渐发生变化了。在这之前，人们只要待在办公室这个箱子一般的空间里就可以了，而以后，是要让人们都从箱子中走出来。在这个前提下，如何去营造社区、如何创造环境将变得更重要。所以，对于建筑师来说，脑海中时刻都要有社区的意识。社区的核心不是建筑，而是建筑与建筑之间的公共空间。在这个项目中，建筑物之间的公共空间非常独特，有不同的飘带交织在一起，在那里能感受到动感和温度，这些东西集合起来，对我来说就是社区的幸福。

这次的项目，是在这个区域从未有过的建筑。通过这样的公共空间，不仅仅是使用建筑物的人，包括居住在周围的人在内，既能够体会到动感的公共空间，又能够在此休憩。它是一个能让所有人都感到幸福的项目。

注：引自SMG《上海纳百川》纪录片中专访。

城市是一个不断生长的生命体

李翔宁
同济大学建筑与城市规划学院
院长，教授

城市像一个有生命的人，从婴儿开始就不断更新成长。它不是一个简单的建成环境，不是冷冰冰的钢铁、混凝土或者玻璃，更像一个有生命的物质，在不断生长的过程中，每一个城市之中的人都介入了这个过程，用他们的能量、文化与智慧为城市的成长提供了一种保障。上海是一个开放包容的城市，虽然在全球很多城市的更新、升级中会出现一种士绅化（Gentrification）的倾向，它使得城市中低收入者不能够享受到城市的便利性，甚至渐渐受到驱逐。但正如上海的名字就是"我们去海上"一样，上海是一个多元文化交汇的城市，有着多种不同的文化。人流就像涓涓细流一样不断融汇到大海。上海应该有这样的气度，在城市更新的过程中不排斥任何群体，让不同阶层、不同文化、不同背景的人形成一个共同体，共同享受城市更新的便利，这应该成为上海城市更新的宗旨。

上海已经经过了大拆大建的阶段，现在的城市更新不能再像以前一样下猛药治疗它的疾病。而是需要像中医养生一样，像食补一样渐进式地更新、精细化地调理。就尺度上而言，需要更小尺度更精细化的治理，同时将这种治理与社区文化建设相结合，完善社区功能和服务配套设施，建设共享的城市社区空间。在城市公共空间方面，也要兼顾社区居民、外来人员和游客的使用，满足不同人群的需求，使得我们的社区公园、街道等公共空间在城市更新中更温暖，更有烟火气息。以前的城市更新中，规划师和建筑师与社区的居民没有太多联系，现在实施精细化的城市更新有一种很好的制度，每个社区都有了它们特定的规划设计师，这些专业参与者可能是大学老师、学者或者建筑师。他们和社区居民建立了长期密切的关系，能够了解到社区居民的需求，这是一种非常好的协作机制。这种自下而上的联系使得市民能够真正参与到城市规划的过程和决策之中，也使得城市决策者的精细化治理能够反映社区老百姓的真实需求。

在城市的精细化管理之中，上海在全国做的是最好的。设计师参与到社区的更新中和市民共同讨论，能够通过专业的视角反映市民的需求，使得一个单元里面更细微的东西能够呈现出来并得到解决。这种自下而上与自上而下相结合的力能够很好地结合在一起。这是未来城市精细化管理一个非常重要的价值观和出发点。城市更新最重要的就是关注人的需求，而不只是简单的城市美化运动，把街道变宽，空间变好。要把"以人为本"的理念贯彻到城市更新的方方面面，把精细化的理念贯彻到城市的每一个街区。

城市更新有很多种类型，一种是城市地段的再开发，像伦敦的金丝雀码头，还有汉堡的海港城、曼哈顿的滨水区都有非常重要的城市更新。还有通过地标性建筑，比如西班牙的毕尔巴鄂古根海姆博物馆，通过一个标志性的美术馆的进驻，每年吸引全球几百万人来到这座小城。这些都是非常好的案例。一个21世纪的城市在面向全球化的城市竞争中，除了要有足够的就业机会，它的文化设施、公共空间品质同样至关重要。今天的上海西岸有这样的空间，这里有很多原来的老工厂、老仓库，我们可以在这些老的工业建筑中植入当代的文化艺术元素，保留这些记忆的元素。今天西岸成了很多网红的打卡点，说明人们对于公共空间的认知也在不断变化。这种公共空间在网络虚拟空间里引发的交流对一个城市来说同样重要。所以我们在考虑未来城市更新的过程中也应该适应今天的年轻人对城市空间不同的使用方式，以及他们进入公共空间的一种新的途径。人们对城市的未来有各种各样的理想，网购、快递、无人驾驶等技术的进步会带来更多便利，但站在历史的长河之中，人们也不会丧失我们对城市的记忆，在眺望未来的同时依然可以感受到老城市的那种时间的气息。

城市是有生命的，是不断生长的，城市就像一个人。对于一个城市来说，或者对于一个孩子来说，有其自身的规律，我们需要正确掌握城市生长的规律，用感性和理性两方面的力量来正确分析这种规律，并按照这样的规律使城市能够健康地生长，让我们每一个人在里面能够感受到城市生长的律动。这种节奏是我们未来在城市更新中必须面对的一个重大命题。

鲁迅在公啡咖啡馆里面愣愣地说着不同人的坏话，同时又觉得自己陷入某种孤立，各种论争。我觉得那个时代文学是比较显性的创造力的代表。

上海当代的文学，我觉得这些年金宇澄老师是最突出的。他某种意义上恢复了上海写作的江南性，包括话本性。我觉得《繁花》非常有意思，它像是对被长期忽略的某种上海性的一个提醒、一个回流。它表现出了那种文字，非常潮湿的雨天，人的那种黏黏糊糊的感受不断地推进，它很有趣，是上海另一个特性，江南的特性。那种潮湿的、黏稠的水，有点微微的青苔，可能即将要发霉了，它构造出那种氤氲的气氛，那是我非常陌生的一个世界，但是觉得很神奇。它正在出现一种崭新的东西，上海的新活力出现了，我也很好奇它会导向一个什么方向。

经过一代人二三十年对外部世界的探索之后，大家慢慢又去寻找自己城市的故事、自己国家的故事、自己独特的文化烙印。上海正在再度绽放出一种新的活力，这在过去三四年间特别显著，它跟整个中国社会内部消费文化的转型有很大的关系。你确实看到一个新的浪潮到来。

注：引自《艺术新闻/中文版》。

上海双年展，思想闪耀的星空

龚彦
上海当代艺术博物馆馆长
艺术家、策展人

流动，不动声色地柔软

上海是一座意象的城市，我们所说的海好像离我们还很远，所说的山也没怎么看到过。其实在上海就是看到形形色色的人，可以说是人山和人海。

上海，它的流动我觉得不是一种简单的景色或者图片式的，在所有的国际大都市中我们都可以看到高架上面飞驰的车，可以看到繁忙的航运、物流等。但我觉得这些都是表象，可能对我个人来说上海的流动更多是在意识层面或者是思想层面之上的，它是一种柔软的、轻盈的、不动声色的，如同水的线条的感觉，它的流动也是在人和人之间相处，或者碰到一些特别状态时候的上海人特别智慧地应对或者有意思地转身，这是超越我们可见的流动的上海的一个特质。

水体，蕴含情感的包容

每届上海双年展的主题都和上海这座城市息息相关。上海双年展这二十几年来一直是把城市作为母体进行研讨和发声。上海是一座特殊的城市，和水的关系比较独特，它有江、有河、也有海。其实我们的策展人很早就从地质的角度去考虑它的特殊的状态和城市的特性，然后恰巧，他和他的策展团队也都对水有着长期的研究。他的团体里有人从生物角度对水进行研究，也有人从机械、城市建筑等角度对水进行研究，策展人自身也是哥伦比亚大学政治更新研究所的负责人。因为我们人体80%~90%都是由水构成的，他也想从更宏观的角度，从政治更新、从人的状态的角度去谈论水和人之间的关系。

在他的研究过程中我们遇到了新冠肺炎疫情，因为他们所在的城市当时也都是新冠肺炎疫情的重灾区，他们之间彼此的交流已经受到了很大的阻挠，这些在中国之外的策展人如何和上海双年展的办公室取得联系，怎样维持当初理念的那种饱满的状态也成为了大家经历的很大挑战和考验。那时大家就觉得在"水体"这样的主题里其实要更多加入一种情感的色彩，我们更多想去讨论艺术在遇到一些困境的时候，在停摆的时候，它的新角色会是什么样的？我们还需不需要艺术？或者说对于一个国际大都市来说经济重要还是文化重要？所以水体的主题就变得越来越丰富，它的象征的意涵也越来越被拓展。

双年展，思想闪耀的星空

双年展对城市来说就像是一个星空，通常我们用经济、科技等衡量一个城市的发达程度，而思辨能力和创造性决定了创新的深度和可持续性。我们一直在鼓励经济和科技的创新，但如果没有文化的积淀，没有达到对文化的开放程度，其实所有这些创新都是无法去谈及的，我认为文化是所有东西的基础。双年展恰恰意味着最前沿的思考、跨学科的合作以及新的表达形式和呈现的形式，这些都是上海这样一座新兴的城市、充满活力的城市所必须具备的。甚至有些作品是有生长性的，使这里变得非常丰富，时间就开始慢慢生长，而且时间和时间之间会产生一个关联，并会和这个空间一起产生新的故事。上海这座城市包容了上海双年展这样有新思想的展览或者说一种新的思想平台的存在，也能够真正证明上海是一座有自信的城市。

一首歌让我对上海有了另外一种角度的感触,大家都知道《上海滩》,它的歌词我觉得太经典,尤其是有一个感觉只能用粤语才能表达,"淘尽了世间事,混入滔滔一片潮流"。那个感觉非常能够表达上海的美和潇洒,上海也是真的在历史上引领亚洲的潮流,也希望它在未来能够引领国际的潮流。

艺术在这当中不应该再是去扮演一个角色,而是应该渗透到我们的生活当中。它的重要性不需要去靠任何东西去彰显,而是我们的每一个行为、每一个举止,我们的每一次选择、每一次判断都带有艺术的高度,让这座城市可以变得更加迷人。

注:引自《艺术新闻/中文版》。

CHANGE TRIGGERS VITALITY

INNOVATION ILLUMINATES SHANGHAI

图片来源：图虫创意 提供

图片来源：图虫创意 提供

上海是一座永未完成的城市。孕育、破土、成长、衰老，又在废墟里重获新生。

在上海，后浪一代面对的是信息爆炸的时代，和他们的父辈同样面对着寻找自我的人生课题。年轻人们走出孤岛，用知识和科技连接创意，不断创造新的文化来回应这个时代。

在上海，机遇和挑战并存，一面扬起梦想的风帆，一面又扎进现实的大海。人们似乎"逐地铁而居"，让便捷安全的公共交通网络拓宽生活的视野。当城铁时代来临，"双城生活"让"长三角一体化"的野心在最微小的层面上得以实现。

"未来，我们将如何共同生活？"疫情的来袭，让每一个人对生命、生活、生态都有了更多的思考。城市的复杂性正在以前所未有的速度快速增强。财富的创造模式开始转变，新的学习方法、内容随着新秩序的完善而不断变化。当城市面临危机，工业文明和消费主义塑造的空间，需要更精确、更高效、更智慧的方式来运营和管理，而数据背后的温度，依然是人与人之间的问候。

当人口的持续增长、城市密度的不断增加成为一种不可逆转的趋势时，我们可以瞥见的未来已经到来。保持着开放的胸怀，上海再次向世界发出邀约，为人类的未来前进着。当我们回望这段历史，或许那一个个激动人心的事件或已成为记忆洪流的闸门，话语的碎片带着你和我的温度，重新汇聚成为城市故事的一个篇章。

CHANGES TRIGGER VITALITY INNOVATION ILLUMINATES SHANGHAI

多元创新枢纽

世界上大部分的江河湖泊，最终的归宿都是奔向海洋，黄浦江也不例外，它从历史中走来，向太平洋奔去。人是时代中的一朵朵浪花，浪花翻涌着，后浪拍打着前浪，将潺潺江河之水带入波澜壮阔的大海。浩瀚无际的海洋将各地的水系连接在了一起，也让各地的人、经济和文化有了流通的可能。

庞大的交通体系，就像上海的血管网络，将都市机体中的各个组织系统联络起来，输送人流量的同时也将丰富多元的文化观念源源不断地运往各地。便捷高效的轨道交通网络，给上海带来的不仅仅是经济上的吸引力，更有强大的文化融合力。

回望历史，指向的是未来。一个国家、一座城市的未来，关键之关键，在于人才。对于全球人才特别是多元人才、创新人才来说，机会、平台、环境、创新土壤等多种因素，都是不可或缺的。作为一座开放度高、包容性强、"流量大"的中心城市，上海作出了率先垂范，充分利用自身已有的基础，为多样化人才的聚集、碰撞、交融提供丰厚土壤。

后浪时代

在历史的浪潮中，作为年轻人的"后浪"永远是一股鲜活的力量。如今，以90后、00后为代表的"后浪一代"也已经成为新时代世界人才群体的重要构成。一直以来，优质的工作机遇、丰富的物质生活、高效的社会服务体系等标签吸引着全国各地的人才来到这座城市，它温柔地对待都市中为生活打拼的普通人，以包容的态度接纳外来文化，以坚定的信念奔向美好的明天。

车的迭代与共生,从自行车、人力车、黄包车、汽车到未来
图片来源:金经昌 摄影

海上明珠：中国遇见世界

专家交谈城市工程建设
图片来源：金经昌 摄影

明嘉靖年间那个不起眼的小县城，在混沌中经历了一次次"扰动"，一次次"变"之后，碰撞出生长的活力。这些"变"，产生于上海与世界的相遇时刻，最终让上海成为远东的一颗明珠。

世界之中国

在马可·波罗口述其东方游记三百年后的明朝，来自意大利的西方传教士利玛窦来到中国。17世纪的第一个春天，利玛窦在南京遇到了当时准备奔赴京城科考的徐光启，这是一次两种重要文明的代表人物的会面，也是上海与世界的一次重要相遇。

余秋雨把徐光启看成是上海文明的"肇始者"，认为他是"第一个严格意义上的上海人"。他身上有着今天上海人的影子，精明智慧，思想开通，敏而好学，处世有道。考上进士后的徐光启，常常去拜访当时正在北京的利玛窦，除了宗教，天文、历法、数学、测量和水利等科学技术也是他们探讨的话题，两人还一起编译了《几何原本》并付诸刊行。官至礼部尚书后，徐光启更是在朝中宣扬天主教，提倡西方科学文明。和西方传教士的接触让徐光启早早知道地球是圆的，也知道麦哲伦已经环游过世界，在他编纂的《崇祯历书》当中，他向国人介绍了经度和纬度的概念，介绍了视差和时差等先进的知识。可以说，他是真正意义上的"睁眼看

1979年南京路交通状况
图片来源：金经昌 摄影

世界第一人"。四百年前的小小海港里，国人听到了西方的潮声。

19世纪中期天主教耶稣会重新来华后，选中徐家汇建立江南传教区的总部，建立了一系列机构，形成一大片教会区。其中，法国天主教耶稣会教士南格禄在蒲西路120号得到了一块由信仰天主教的徐光启后人转赠的土地，并在此主持修建了一座天主教堂，这便是被誉为"中国教堂之巨擘""远东第一大教堂"的徐家汇天主堂。

作为沟通中西文化的先行者，两种文明的融合在徐光启身上烙下不可磨灭的印记。他逝世后由朝廷追封加谥，而他的墓前又有教会立的拉丁文碑铭。从徐光启的安葬地徐家汇一带向东划过外滩的淮海路，曾经一度是呈现西方文明的一道动脉。徐汇是上海的文明之源，由蒲汇塘、肇嘉浜、法华泾三水交汇成的徐家汇，是徐光启后世家族的聚居地，也是17世纪迄今中西文化交汇过程的活史书。

梁启超认为，西方文明的传入使中国开始成为"世界之中国"。对于自给自足的中国来说，上海是偏居版图一隅的小县城，但对于开放的世界而言，面朝着浩瀚的太平洋、背后是横贯九域的万里长江的上海，便是巨龙之首，它勇立潮头，吞吐万汇，势不可挡。

20世纪90年代的浦东开发开放拉开了上海建设贸易中心的第一幕。一直以来，中国没有可以与纽约、伦敦、东京等世界经济金融中心进行经济对话的城市，浦东开发，振兴上海，目的便是使上海成为具有国际对话能力的世界级经济城市。这是上海第一次主动向世界展现自己的魅力，也是一次上海积极向现代化世界学习的过程。陆家嘴金融贸易开发区，从建设之初就承载着上海国际金融中心的重大使命，主动地打开大门，以开放包容的姿态，拥抱全世界的金融资本。不计其数的银行、证券公司入驻陆家嘴，见证并打造了上海的高度，也提升了上海的速度，更培育了上海的温度，为浦东经济发展提供了强有力的支持保障。几十万建设者开进这片发展潜力巨大的土地，架桥筑路，建厂造楼，一个外向型、多功能、现代化的浦东新区在长江出海口奇迹般地崛起，带动了上海及整个长江流域的经济腾飞。从此，上海向国际化大都市迈进。三十年走过，浦东这片热土发生了巨变，如今已然成为长江龙头上的一颗闪亮的明珠，它的光辉令世人瞩目。

从第一次睁眼看世界开始，在徐家汇、在上海便埋下了一颗种子。变，是这座城市生长的种子。明清之际的上海，因徐光启而成为中国最早接触西方文化的交流基地。而上海开埠、浦东开发，这一次次巨变，将西方的新奇事物通过上海带入中国，使上海再一次成为中西文化交流的中心，也加速了中国融入世界的进程。

在21世纪的第一个十年召开的世博会是上海城市发展的新起点。有位美国学者将上海比喻为理解中国的一把钥匙，而土生土长的上海人毛时安先生则认为，如果世博会是人类文明的进行曲，那么上海则是近现代中国的一部进行曲，由上海、中国和世界同时奏响的进行曲。（引自毛时安《攀登者：上海文化的目击与思考》）在序曲部分还是屈辱悲怆的低鸣，当演奏到了现在进行时，则是激昂雄壮的高歌，是当代上海、当代中国，以一种豪迈的自信，主动打开国门，迎接来自世界各地的宾朋。

四百年前的徐光启不曾想到，有一天，这颗种子会长成一棵参天大树。

"今日之中国，不仅是中国之中国，而且是亚洲之中国、世界之中国"，习近平总书记曾在亚洲文明对话大会开幕式主旨演讲中向世界宣告，"未来之中国，必将以更加开放的姿态拥抱世界、以更有活力的文明成就贡献世界"。未来的世界将是更加开放的世界，而新时代的上海，也正以更加自信的面貌与世界相遇。

两厘米连接未来

2020年的春天，是新冠疫肺炎在全球蔓延的严峻时刻。一天，位于上海徐家汇的费列罗中国总部办公室收到徐家汇街道营商中心捐赠的4800枚一次性医用口罩，支持费列罗意大利总部抗疫。在物资包装上，贴着一张纸，上面写着："友之与我，虽有二身，二身之内，其心一而已。"这句话，便是出自利玛窦用文言文写下的《交友论》中的经典语句。彼时其前来中国传递文化的深厚情谊，今日上海亦报之以琼琚。

一颗费列罗巧克力要保持最佳口感，需要其包装生产的全过程都在一个多温层高标冷库中进行。冷冻的巧克力原糖需要在低温的冷库中存储，在分装之前要经过十天的缓慢解冻、一天的回温，而整个分装环节需要在恒温恒湿环境下进行，包装完成后要移回恒温的成品仓库，等待配送。大部分运往中国大陆地区的费列罗巧克力，是在万纬物流的冷库中完成分装的。万纬物流冷库的冷藏技术解决了以往普遍存在的多温区仓储难题，为费列罗量身打造了集冷冻、解冻、恒温存储和有温度湿度控制要求的包装生产于一体的定制化供应链服务。据统计，"华东地区每两颗费列罗巧克力，就有一颗出自万纬冷链物流园。"（引自万科集团总裁、首席执行官祝九胜）

万纬物流是万科集团旗下独立物流品牌，也是万科集团迈向"城乡建设与生活服务商"的重要里程碑，目前已经与多家500强企业开展了深度合作，为企业提供高标准仓储设施及多元化的冷链物流服务。 其中位于上海奉贤海港园区的冷链库，是国内最为先进的巧克力包装、存储及配送一体化中心。费列罗华东地区唯一区域分拨中心与代工厂一体仓就在万纬上海海港冷链园区，巧克力存储、分装全程均在库内进行。从意大利原产的巧克力糖浆漂洋过海来到上海，在智能化管理的万纬冷链库中进行包装，运往各地高标仓储中心之后，再通过物流发往全国各地的消费者手中。2023年，万纬物流在上海临港新片区打造的旗下首个鲜果运营中心正式开业，园区可提供水果预冷、仓储、越库、质检、库存管理、催熟、包装、生鲜配送等一站式服务。备受国人喜爱的新西兰进口佳沛奇异果，从上海南港码头登陆国内的首个"入住"地点便是在临港园区由万纬冷链存储、包装和转运。每年有超过4亿颗奇异果从新西兰来到中国，通过万纬上海冷链园区发向全国。

遍布全国各地的物流项目，已形成一张强大的物流服务网络，这张网络将进一步连接实体经济企业与百姓生活，打通生产与消费，不断提升企业供应链效能，为美好生活保驾护航。

以冷链物流和高标仓储为核心业务的万纬物流是上海航运中心建设中的一个重要部分。基本建成世界一流国际航运中心是上海"十四五"规划的一个发展目标，上海航运中心的建设将支撑上海打造国内大循环的中心节点、成为国内国际双循环的战略链接。在上海建设航运中心的构想由来已久，早在20世纪40年代末，德国人鲍立克执笔《大上海都市计划》时，就把上海定义为一座国际城市。作为一名现代主义建筑师，他基于对区域的分析提出对上海的定位，认为上海必须是中国的经济中心，而上海发展的参照，只能是纽约、伦敦、温哥华、旧金山这些城市。制定并不容易，有关各方意见不断碰撞并妥协，但始终不变的一个立足点是，要"将上海打造为世界航运和贸易中心"。

今天，通过航运中心建设，上海与世界实现了又一次的相遇。与浦东隔海相望的洋山深水港，是如今全世界最繁忙的集装箱港区之一，也是海

万纬上海海港冷链物流园内，工作人员清点货物
图片来源：上海万科 提供

万纬上海冷链物流园外貌
图片来源：上海万科 提供

上丝绸之路的枢纽港。75条国际航线互联互通，绵延数千米的岸线上，铁红色桥吊林立，集装箱起起落落，货物吞吐量连续11年世界第一。而上海洋山港四期码头，是全世界规模最大、最先进的全自动化集装箱码头。一辆辆无人转运车载着集装箱忙碌却有秩序地来来往往，一件件产自大洋彼岸的商品搭乘着货船漂洋过海来到这里，进入安全泊位后在码头装卸，由转运车送到堆场，搭上物流公司的货车驶过东海大桥，沿着高速公路运往虹桥机场，几经周转，数天后通过各地的物流中心出现在一个个普通人手中。作为全球最大也是最繁忙的港口，每年有近三成的海外货物通过集装箱运到这里中转到国内市场，也有近三成中国制造的产品通过这里流通到世界各地。

如今，航运中心的建设成果正在被城里城外的人们共享。工作间隙和同事一起点一杯星巴克，回家前在楼下的全家便利店顺手买几颗费列罗，城市里老老少少精彩丰富的生活日常，离不开昼夜不歇的洋山港源源不断输送来的便利。

小小的一颗费列罗巧克力球，直径约2厘米。这些2厘米的小球，串起了意大利、洋山港和千家万户，而上海，作为仍在进一步壮大的超级枢纽，通过这2厘米，连接了世界，也将连接起未来。

临港新城,从滴水湖走向世界
图片来源:图虫创意 提供

浪花涌动：超现实的折叠

2020年的五四青年节，以95后、00后为主的新生代年轻人有了一个响亮的名字——"后浪"。此后，这个词刷爆朋友圈、微博等各大社交媒体，也成为"Z世代"年轻人自我认同的社会标签。这一天，哔哩哔哩网站发布了一则视频《后浪》——"献给新一代的演讲"，国家一级演员、60后演员何冰所代表的"前浪"以一场慷慨激昂的演讲表达了对年轻一代即"后浪"自信、开放等优秀特质的赞扬和祝福。从"垮掉的一代"到"翻涌的后浪"，"Z世代"用实力刷新了前辈对他们的认知，而他们的声音也开始被越来越多的人听到并关注。

而后浪涌入上海滩，是一次默契的"双向奔赴"。"Z世代"的年轻人认可法国作家西蒙·德·波娃那句"唯有你也想见我的时候，我们的相遇才有意义"，认为双向奔赴的故事才有结局。2021年《中国城市95后人才吸引力排名》显示，上海以98.6的人才吸引力指数高居第三。年轻人能为上海注入生机和活力，而上海丰富的发展机遇、良好的创业环境、工作之外的生活气息、便捷的地铁交通、随处可见的咖啡店和便利店所带来的生活幸福感也向年轻人张开双臂，吸引着他们争先恐后地涌入这包容多元的上海滩。

漕河泾开发区鸟瞰
图片来源：《技术驱动：漕河泾开发区》，《华建筑》，2017年，第5期，116-117页

漕河泾青年图鉴

"漕河泾站,到了。开右边门,下车请注意安全。"

这是刘羽每天早上 9 点 45 分都要听到的语音,他在漕河泾站下车。作为漕河泾一家游戏公司的原画师,从早上十点到晚上十一点是他的工作时间。

夏天的午后时光容易犯困,他到楼下 M Stand 点了一杯生椰 Dirty,在等候的时间他瞟了一眼四周,这会儿的咖啡厅很是热闹,很多白领选择在这里喝个下午茶,或者带着电脑开国际会议。周边的写字楼里大多是互联网科技公司,由于经常需要与国外对接工作,与全球同步沟通,他们的工作时间也相应地与国际对标。

改了一整天画稿,下班时已是深夜。除了直接回家躺在床上,选择运动健身,或者约上三五好友去深夜食堂小酌一杯,也是包括刘羽在内的很多年轻人进行社交减压与自我"回血"的一种方式。消夜餐馆里三三两两的年轻人喝着精酿啤酒,火锅店里一群人正在庆祝新项目上线,便利店里穿着 JK 的小姐姐正在研究新的货品。深夜的漕河泾包容着年轻人卸下防备后的狂欢,抚慰着一个个疲惫而又渴望自由的灵魂。

这一代年轻人生于信息时代,在他们成长的过程中,不断爆炸的信息和社交媒体的网络让年轻人彼此连接,又满怀孤独。新世代职人的小日子,有忙碌的工作,也有慢下来的生活。在漕河泾,年轻人得以在其中找到微妙的平衡点,热爱工作,也不忘了在工作之余寻找着同类,来完成寻找自我的过程。

身份认同是每一代人的必修课,上海的年轻一代逐渐向创意产业移动,这也带来了上海城市空间格局的变化。就像世界上其他先进的产业新城一样,城因"产"而兴,城因"人"而旺。产业促进城市经济发展,引入高质量的人群,使得他们汇聚于此,让城市更具活力。

漕河泾位于徐家汇西南,经漕溪、过蒲汇塘北连法华泾,带着从徐光启时代就埋下的创新和科技的种子从历史上留名至今。如今的漕河泾新兴

漕河泾印象城
图片来源:恒中摄影工作室 车凯 摄影

技术开发区集聚着大量高科技企业,是上海建设具有全球影响力的科创中心的重要承载区之一,已成为高科技企业云集的科创沃土。

随着时代的发展,科创人才已越来越年轻化,他们在选择理想的工作时,也更看重工作与生活的平衡、舒适的工作环境。一直以来,漕河泾都走在城市产业升级的前列,为上海引入全球资源提供了良好的平台。但多元产业发展的同时,漕河泾及周边片区的居住和生活空间比例逐年降低。缺乏活力的工作环境、无法满足需求的休闲消费空间,只有工作没有生活的漕河泾显然无法给年轻人带来足够的吸引力。因此,加快完善区域内综合配套服务功能、优化产业环境,以适应多元化人才聚集在此工作和生活,是漕河泾空间发展过程中必须面对的挑战。

从 2020 年开始的大流行的新冠肺炎疫情已经颠覆了全世界的工作时间、地点和方式,空间的功能也被重新定义,商业空间可以是年轻人休息社交的场所,也可以成为临时办公的好去处。在危急时刻开启职业生涯的新一代年轻人,他们崭新的生活模式也催生着新的空间需求。于是,一个可以满足年轻一代工作、生活和社交需求的漕河泾印象城应运而生。

融合赛博朋克风格的主题空间,串联城市与未来的想象力,为年轻人带

来自然和科技交融的全新商业体验,这是漕河泾印象城给人的鲜明印象,在这里,魔都青年的24小时被重新定义。它给后浪快节奏的工作带来喘息的空间,提供基于日常的"生活场景"和交流社群。

漕河泾印象城是都会时髦社群的创意社区,也是上海潮玩生活基地,立意"潮流"、融合"艺术、跨界、文化"空间元素,呈现全新的社交生活空间和潮流艺术体验,为青年及白领提供全新的潮玩聚会场。至此漕河泾将不再仅仅是一个科创园区,而是一个充满生活灵感的交互空间。商业吸引更多元的人才入驻,产业创新赋能商业创新发展。漕河泾印象城将站在未来的角度考虑新的商业模式——从空间、技术到内容,为漕河泾注入新鲜血液,这里会逐渐成为面向新时代品牌的培育土壤、富有年轻力人群的聚集地,是将人才的工作和生活需求相融合的产业新城,传递全新的属于中国年轻人的新生活方式。

解决了园区内高科技人才职住不平衡问题的鑫耀中城,涵盖办公、住宅、商业、文化艺术和体育设施,为漕河泾开发区提供了一批开放空间、共享设施和创新载体。乔高地块作为漕河泾开发区东片区里体量最大、规划功能最全的城市更新项目,推动漕东地区从单一经济技术开发区转型为新型国际创新社区,为周边白领、居民、入驻企业以及各类往来人士

漕河泾印象城内富有年轻力的店铺
图片来源:恒中摄影工作室 车凯 摄影

创造"未来城市理想单元"的先导体验区,是其肩负的城市更新与产城融合使命,更是徐汇区践行人民城市理念的一次重要探索。

从漕河泾近年来的一系列变化,可以看到政府和城市规划部门对城市产业空间布局的思考。徐汇区是上海科创中心,作为上海市"十四五"重要发展板块,它的下一个目标是要建设现代化国际大都市一流中心城区。以漕河泾为代表的区域性集中产业发展,几年内迅速聚集的年轻产业人群,在一定程度上打破了所在区域办公、居住、休闲、绿地等各类城市空间的平衡关系,早晚高峰的"潮汐现象"极大地增加了交通压力和城市管理的难度。未来的城市发展,将聚焦区域性开发的模式,从可持续发展的角度,将城市所承载的多元要素进行综合布局。

在一轴一带总规划下,"徐汇中城"的概念应运而生。徐汇中城是上海市徐汇区五大功能板块之一,为原上海南站商务区影响范围,东至龙吴路、南至梅陇路,西至虹漕南路—华东理工大学西,北至漕宝路,面积9.6平方公里。徐汇中城包含徐汇万科中心、龙华会和鑫耀中城等项目,

漕河泾印象城热闹的商业空间
图片来源:恒中摄影工作室 车凯 摄影

漕河泾印象城内景
图片来源：恒中摄影工作室 车凯 摄影

是万科二十余年深耕徐汇区域的成果。它将与衡复风貌区、徐家汇、滨江带、漕河泾贯通，共同打造"融合发展实践区"。鑫耀中城致力于为产业人群打造"科技绿洲"，不仅吸引了互联网内容平台、游戏研发品牌进驻，未来还会吸纳紧随时代发展的新能源企业，形成后浪时代的人才高地。作为高度混合开发的城市综合体，鑫耀中城从人的需求出发为空间本身建构多元创新的场景，通过丰富的公共功能空间建立社会的情感联系，以15分钟社区生活圈为基础，提出"未来城市理想单元"方案，描绘未来城市理想单元图景。

鑫耀中城国际邻里中心作为徐汇区的首个国际邻里中心，堪称"邻里汇"体系的旗舰店。覆盖全区13个街镇和306个居民区的区—镇—街的"邻里汇"体系，打破了原有的行政管理和业态管理之间的边界，注重去行政化、强化统筹集成，实现了管理模式创新。同时，"邻里汇"体系也突破了社区的界限，其辐射范围不只局限于某个社区，也吸引了更多周边居民，"一站式"解决所有日常生活需求，更好地打造社区15分钟生活圈。这是对于城市社区转型的探索，也是未来城市"理想单元"的一种可能的发展方向。

这是上海对后浪张开的温暖怀抱，也正因如此，越来越多的后浪奔涌向上海滩，实现一次次跨越山海的"双向奔赴"。正是这些令人感到幸福的空间，让年轻人在忙碌的工作中找到生活的节奏，或许，这就是新世代职人在平凡的小日子中追求的小确幸。

流量、文化和创新力量的枢纽

希和是洛杉矶的一名披萨快递员,靠为黑手党递送披萨谋生,但只要戴上耳机和目镜,找到连接终端,他就可以通过虚拟分身的方式进入与真实世界平行的虚拟空间"超元域"(Metaverse)。一次偶然,他让"雪崩"病毒感染了自己的朋友,导致后者虚拟身份崩溃和不可逆的脑部伤害,就此他开始了寻找真相的历程。

这是 1992 年尼尔·斯蒂芬森在他的小说《雪崩》中对未来技术进行的一番赛博朋克式的探索,小说中的"超元域",便是 2021 年年初以来备受关注且热度不减的"元宇宙"。在斯蒂芬森 20 年前的设想中,"元宇宙"是"能以虚拟分身的方式进入的由计算机模拟、与真实世界平行的虚拟空间"。

对未来数字经济趋势的关注,以及一直以来对创新的坚持,让上海在"元宇宙"时代的竞争中,迅速占领了新赛道。在被称为"元宇宙"元年的 2021 年年底,上海市委经济工作会议指出,引导企业加紧研究未来虚拟世界与现实社会相交互的重要平台,适时布局切入。2022 年开年,上海一些行政区就和相关企业开展座谈。徐汇区举行了元宇宙产业龙头企业闭门研讨会,浦江实验室、树图区块链研究院、中国信通院华东分院、华为、腾讯、阿里、商汤、网易、米哈游、莉莉丝等机构与企业参会。宝山区举行了元宇宙的专家研讨会暨产业链对接会,区相关部门单位及 40 多位企业代表参加会议。虹口区成立了元宇宙产业党建联盟,包括九家单位。在 2022 年两会期间,上海市徐汇区更是将元宇宙写入政府工作报告。同时,元宇宙还出现在上海多地的产业规划中。

自 19 世纪上海开埠以来,开放和创新就刻在了这座城市的骨子里,其对元宇宙的迅速接纳,并不难理解。作为中国多元化人才最集中的城市,上海承担着经济和文化枢纽的角色,有足够的竞争力吸附高端资源,聚集优质资源以"开放"的姿态处于全球网络之中,在流动中创造能量和价值。2020 年,经历了新冠肺炎疫情冲击后,面对全球经济大变局,上海提出"五型经济",即"创新型经济、服务型经济、开放型经济、总部型经济、流量型经济"。"五型经济"之间密切关联,环环相扣,其中开放、创新是上海的鲜明城市品格,也是经济发展的核心取向。

一家叫作"WAV. 浪花"的文创店,是喜爱文艺的年轻人热衷在小红书上打卡的好去处。它位于上生新所,是文化内容的创作者和创新者,关注城市文化和建筑之美,通过文创产品开发和零售、社群文化运营、展览现场等方式,让建筑"活"起来,帮助大家用更轻松、有趣的方式了解它们。在历史建筑中打造潮流文化社区,是在创新型经济和流量型经济下的大胆尝试,在旧场地、旧建筑上构建新形式,让承载着历史记忆的老物件重新焕发活力,成为激活现代都市生活的重要元素。

精心设计的上生·新所海派文创礼盒套装曾在 2020 年荣获上海市首届"建筑可阅读"伴手礼创意设计大赛一等奖,这份殊荣让浪花文创得到了更多的认可,也为全国各地的旧城活化及工业遗产复兴等提供了具有启发性和引领性的新思路。小而美的"浪花"连接起了"后浪"与"前浪"们留下的历史遗迹,汇成一股细流,让历史建筑的养分渗入这片生机勃勃的土壤,也让人们在更新后的空间中体验到上海这座活力之城的独特魅力。

上生·新所 WAV. 浪花文创门店
图片来源:恒中摄影工作室 车凯 摄影

年轻人在 WAV. 浪花文创挑选产品
图片来源：恒中摄影工作室 车凯 摄影

2021年年初，万科创建的首个潮酷运动厂牌——筋厂在上海站开幕，以"一根筋"式的精神堡垒呼应这座充满韧性的城市。这是一次新的尝试，将"一根筋"式的无畏精神与万科持续探索城市更新的态度相结合，也是"一根筋"精神与上海在地人文的碰撞。当"Z世代"登上时代舞台，万科希望与怀有年轻之心的伙伴们一起，用更新的视角思考问题，用更年轻的语言方式表达自我。这是工业遗产复兴结合后浪文化的内容创新，将坚守与热爱化作钢筋铁骨，用有趣与活力赋予建筑生命，激赏热血、勇敢和无畏。"万科筋厂"成为年轻人精神的落地应用符号和以艺术形式创作输出的年轻化名片。

一路走来，迈入新时代的上海，在创新开放的基础上，也更加愿意拥抱时代的新元素，"元宇宙"只是冰山一角。依赖人流、物流、信息流、资金流，以及互联网的流量传播的"流量型经济"则是上海在应对新的机遇和挑战时选择的新思路。本土型经济平台如拼多多、哔哩哔哩、叮咚买菜都发展迅猛，并以自身为圆心逐渐形成企业生态圈，共同在沪良性发展。上海市商务委副主任周岚表示，上海在消费新理念、新模式、新业态、新品牌方面都有引领示范作用，"在线新消费力量成为人民生活的重要组成部分，也是上海城市功能提升、产业升级的重要引擎"。

京东大数据显示，在受新冠肺炎疫情冲击的2020年，"Z世代"的网购成交额增长最快，增速高于全站23%，是线上消费最大的价值增量创造者。在上海这样一个拥有庞大年轻人群体的时尚之都，这群后浪消费者显然是上海"五型经济"发展的重要推动力量。

对一座城市来说，软实力也表现为对内的凝聚力和对外的吸引力，内在的创造力和外在的竞争力。海纳百川、兼收并蓄的上海留给每个有梦想的年轻人实现自我的机会，这份平等和自信，让中国的声音传递向全世界。有着共同追求和热爱的年轻人可以在这里集结，他们学习能力强、敢于创新、思想开放，给上海带来了更多元的审美与价值观。依托上海良好的互联网生态，乐于接受新鲜事物的年轻一代也带来了新兴的需求。打造具有全球影响力的科技创新中心，离不开敢闯敢拼、无所畏惧的年轻人，渐然形成的创新土壤则给了他们尽情发挥的空间和展现魅力的舞台。

未来的入海口将是越来越多后浪奔涌的方向，而朝气蓬勃的后浪也将让黄浦江以更强劲的力量注入海洋。

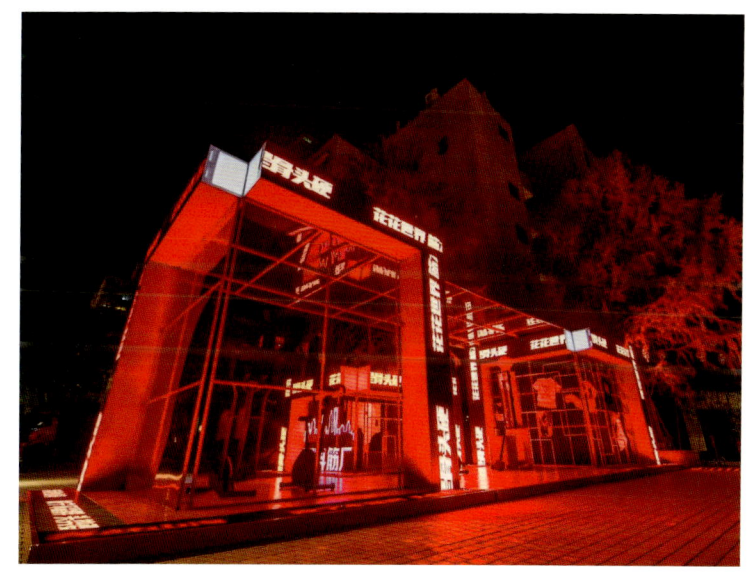

万科筋厂
图片来源：上海万科 提供

让我们相连

对于上海来说,地铁、高铁等轨道交通早已成为城市发展的生命线。

上海火车站每年迎来约4600万人的客流量,尤其是春运期间,大批回乡旅潮在这座最靠近上海市中心的铁路客运站踏上一趟趟列车。以上海火车站为例,大型铁路客运站的建设通常会匹配2~4条地铁线,地铁、铁路与城市融合,构建紧凑的步行化街区,发挥更大辐射范围的TOD(Transit Oriented Development)效应。自千禧年之后,上海进入一个地铁城市的时代和多中心开发,推动城市更新,激发城市活力。而什么样的TOD是人们所追求的?TOD能为人们的生活、工作方式带来什么样的转变?这是城市建设者们在持续探索的命题。

如果将TOD视作上海提高城市生活品质和效率的一剂良药,那么虹桥枢纽的联通和辐射作用则是整个长三角一体化发展战略的核心。上海的发展目标不再是单中心的繁荣,而要结出多中心发展——上海五大新城的硕果。这座城市的经济和文化魅力,吸引着人才、资源和科技在这里聚集。

几十年间,上海快速发展成为了需要精细化管理的超大城市。如何管理,需要借助科技手段,即建设智慧城市。从概念落地到真实生活场景,建设以人为本的智慧城市离不开坚实的数字化信息基础,也离不开高科技背后为城市发展默默贡献的城市管家。

列车、飞机、汽车、互联网,让人们相连
图片来源:图虫创意 提供

站城一体：活力的原点

TOD 集约化的开发模式似乎已经不再是选择之一，而是必要手段。从交通站点的出现，到站城一体化开发，TOD 开发模式一直以国家政策为导向，逐步升级进化，轨道交通快速发展普及形成了 TOD 模式的最初形态。不同类型的 TOD 模式，共同点是人在其中的体验都需要重点考虑。近年来，城市建设越来越重视人的参与，"人民城市人民建，人民城市为人民"的重要理念已经贯彻落实到上海城市发展的全过程，15 分钟社区生活圈的概念也逐渐深入人心。

探索 TOD 模式的上海万科 UNI-CITY 天空之城
图片来源：上海万科 提供

站城人一体化

天空之城鸟瞰
图片来源：恒中摄影工作室 薛钰滔 摄影

"人"首先是连接的站点，是城市活力的原点，更是未来的起点。

对于宜居城市的定义，国内外专家和学者有专业的阐释。哈尔韦格认为："在宜居城市中，能够享有健康的生活，能够很方便到达要去的任何地方——不论是采取步行、骑车、公共交通或是自驾车的方式，宜居城市是一个全民共享的生活空间。"TOD站城人一体化开发的概念，正是从这个角度发展而来。在满足交通、服务和消费等场景需求的基础上，以人的行为为驱动，融入更多人性化空间设计，形成的将轨交站体、城市建设和人的需求融为一体的开发模式，这是对TOD站城一体模式的进一步升级。

让城市回归到人——TOD不再只是围绕轨道的冷冰冰的公共交通物理接口，更是以对人的关注为核心，提供更多温暖美好的生活场景。除了集成一系列的交通便利和商业空间，亲近自然的建筑景观也被嵌入城市、社区的肌理，融入人们生活的日常。城市中的人生活因此变得更加方便，人与人之间的联系更加密切，城市的活力和人民幸福感也会相应提升。上海的轨道交通和城市的发展不再仅仅以长度、体积、容量为发展目标，而是更加注重品质和人的行为体验。

除了城市轨道交通的快速发展，一系列的项目开发和设计实践也在不断推动着TOD模式的跃进。从七宝城市花园到春申假日风景，上海城市的发展从大规模的土地开发和整合资源到以城区规划的角度进行大盘的综合考虑；从增量时代到存量时代，城市发展在完善基础建设的基础上开始关注教育和复合商业形态。如今，以万科为代表的城乡建设与生活服务商正在探索上海未来理想的城市模式。

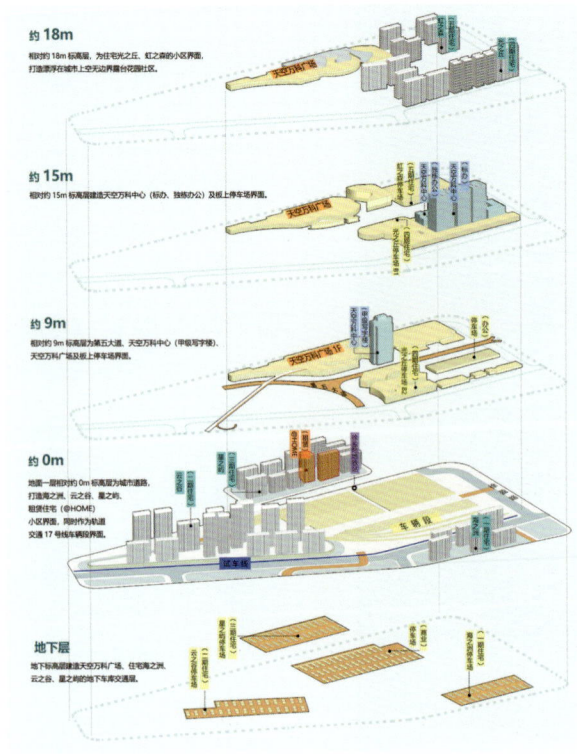

天空之城分层示意图
图片来源：上海万科 提供

更值得品味的是，天空之城中描绘的所有生活场景，都是站在人的角度去思考的，以人为核心，对话城市与自然。"与其说是传统形式地为住宅做各种配套，天空之城更像是构建了一座微缩城市，住宅只是其中必备的一环，而更多个体选择的美好愿景都等待被发现。

正如项目名中充满神秘感的"天空"一词，UNI-CITY 天空之城是在地铁 17 号线徐盈路站上构建的地铁上盖城市综合体，站城一体化开发模式，总计 80 万平方米，融合了商业、办公、住宅和青年公寓，加上周边的公共绿地、教育设施等，天空之城俨然成了一个立体微缩城市的代表。由于商办部分和住宅四期等项目架空在高达 9 米的地铁蓄车场之上，创造了时髦的架空广场、高线公园和天空跑道，因此"天空"一词也具备了物理层面的实际意义，而不仅是命名时的乌托邦构想。

回到 TOD 项目的本质，以公共交通为导向的城市开发方式，天空之城的两个合作方——万科和申通各司其职，申通负责公共交通的建设，万科负责与城市生活相关的商住办租等多方面场景，两者的紧密合作实现了轨交和商业的无缝衔接。商业是家的自然延伸，办公满足了商务人群的多重需要，在这座"天空之城"之下，人们下楼闲逛社区会所、下楼

我们居住在城市某个角落，奔波于城市几点几线之间，由于关乎时间和效率，居住位置的选择就显得尤为重要，上班族希望住的地方离公司近一些，或者出门就有地铁，有孩子的家庭希望家门口就是游乐场，健身达人们希望楼下就有健身房，热爱购物的人们希望随时随地可以去商场逛一逛。这些真实存在的需求，我们的城市可以解决吗？

"明天，我们住在哪里？"回顾近 30 年前的首次发问，作为 21 世纪城市发展 TOD 时代的代表作——UNI-CITY 天空之城给出了让城市、社区、环境各方都满意的答案。作为虹桥商务区内首个 TOD 板上模式商办综合体项目，天空之城不仅有满足多种户型需求的住宅区，涵盖了 110~160 平方米中的丰富户型；还有以"元气、潮流、运动、健康"等新概念为主题的商场，集合了 ZM BOX、弹力猩球、蔚来等主力商户。

天空之城中的公共广场
图片来源：上海万科 提供

俯瞰天空之城，如同一座"微缩城市"
图片来源：上海万科 提供

就是地铁站等对未来生活的畅想都可以在短距离和短时间内一一实现。轨道交通的基础建设是 TOD 的先决条件，但围绕轨交而建的全方位生活场景，才是 TOD 社区成为现实的必要因素。

天空之城不仅在理念上大力创新，在设计和技术层面也不断突破能力天花板。上海天空之城开发五年来，在城市轨道交通上盖开发领域积累了大量的实践经验，获取了全国首张车辆段上盖商住办混合方案批复，并推进《上海市城市轨道交通上盖建筑设计标准》的落定，申请了十余项 TOD 专利技术，包括交通组织、结构转化、隔声系统、消防系统、隔震系统等技术探索。

涵盖商住办租等多个项目业态，同时项目本身存在复杂高差的天空之城，开发难度可想而知。车辆上盖的结构标高距地面 9 米，建筑单体均在盖上通过结构转换建造施工，过程中既要考虑荷载，又要考虑隔震降噪。项目中对"减震降噪"的技术创新是最典型的例子，万科在车辆段和上部的结构转换采用了"隔震支座"构造技术，相当于加了一个巨大的"弹簧"来吸收车辆段和地面传来的刚性震动，同时在车辆段试车线运用了一系列的技术措施来降低噪声传播，确保高品质的空间产品。

与"减震降噪"类似的挑战和应对还体现在消防、结构、机电、景观营造等多个方面，在面临变化复杂的标高时，项目采用了不同的高差应对策略，根据不同功能要求进行高差的合理利用，精细化地发展了土地权属下的空间开发和管理框架。在上海万科和申通的共同努力下，地方政府和规划管理部门提供了支持，天空之城试行了"空间分层使用权"的实践，实现了"车辆段空间和上盖综合体的不同权属"。这一改变意味着，原本带来噪声和污染的车辆段"消极地块"，变身为充满社区吸引力的"活力街区"，空间利用率和经济价值大大提高，有利于进一步实现更紧凑、更多样、步行友好的立体可持续社区发展目标。

同济大学城市设计学科带头人庄宇老师将"天空之城"TOD 实践成功的原因归于四点：凸显了"车辆段用地"的区位优势；激发了轻轨车站的步程辐射多功能效应；挖掘了车站周边被分割地块整合而产生的社会经济价值；造就了"车站 + 公共生活"为核心的城市立体复合社区。

TOD 模式的未来在哪里？

从徐汇万科中心延伸至徐家汇的将城市绿轴
图片来源：上海万科 提供

如今，越来越多的人将自己的居住、工作和休闲生活安排在地铁沿线，站点周边的商圈、地下商城和城市综合体也具有超高的人气和商业活力。在地铁网络上，火车站、高铁站、机场等站点的出现意味着地铁与另一种交通方式的转换，虹桥火车站、上海南站、上海西站、上海站……这些特殊节点的周边地区又会发生什么样的变化？和城市共呼吸共生长的城市综合体又该是什么样子的？

位于徐汇中城的商办综合体徐汇万科中心或许能给出城市意义层面的答案。沿着徐汇滨江的城市画卷带有历史和未来的交融感，从徐家汇源，到龙华，到徐汇滨江沿岸，众多商务综合体、艺术文化空间、公共景观构成了一幅"时空扇面"，而扇面的核心处徐汇中城，分布了徐汇"十四五"重要载体项目和千亿级产业集群，不断向外辐射空间活力和能量，近10万平方米的摩登水岸也焕发了新的生机。在徐汇一轴一带的总规划结构下，徐汇中城区域南北向与徐家汇、衡复风貌保护区形成南北均衡发展轴，东西向连接徐汇滨江带和漕河泾开发区，纵横贯通，打造"融合发展实践区"。而徐汇万科中心正位于一轴一带的交会处，且不远处就是上海南站，交通网络十分完善。这样的区位条件下，徐汇万科中心肩负着高密度建设开发和激发城市活力的双重重任。

POD 是 TOD×PARK，希望以交通主导开发（TOD）和公园生活主导（Park）双重引领的都市生活方式，极具特色。徐汇万科中心建筑面积总计约 70 万平方米，是结合丰富的自然资源建设徐汇核心商务区的城市综合体，也是对 POD 模式的重要探索。对整个片区而言，徐汇万科中心建筑群呈现的景观与上海南站相呼应，成为南站区域的门户地标；对生活在其中的居民而言，这个宜居宜游宜业的活力社区，大大提高了人们的幸福感。如果说天空之城是将社区延伸为多业态复合的立体微缩城市，徐汇万科中心则为办公人群营造出了人们符合期待的生态办公环境——上班族们不但可以享受多条地铁线的便利，更可以在工作之余在公共生态空间放松身心，而附近的居民也可以随时来到中城绿谷，实现公园生活方式的各维度需求。

根据"十四五"规划，徐汇新的产业已经落定。上海南站与徐汇万科中心作为产业轴线的交汇点，不断发挥交通枢纽优势和产业集群的优势，逐渐形成了涵盖众多科技与零售业的新兴聚集地。徐汇万科中心将在自然中办公和生活的理念创新实践，营造徐汇15分钟社区生活圈新的生活方式。

根据"上海2035"规划中对徐家汇"中央活动区"的定位，徐汇万科中心的定位是上海南站城市界面的全新地标。由于处在徐汇区南北向城市绿化轴之中，徐汇万科中心也将"都市绿谷"作为核心理念，以一道贯穿南北的千米中央景观轴为主线，串联有机分布的活动空间，打造亲民亲城亲自然的城市公园。在水平维度上，徐汇区的城市绿化轴延伸至此；在垂直维度上，徐汇万科中心构建了立体化景观室外空间，继续将绿色延伸到不同标高的广场、露台、屋顶上，实现全景生态办公体验。在这里，商务办公楼不仅仅是办公的场所，而是通过人、环境和城市资源的合理配比，让职场人拥有更舒适、更健康的第二个家。

徐汇万科中心"都市绿谷"
图片来源：上海万科 提供

徐汇万科中心"都市绿谷"与商务生态空间多元融合
图片来源：上海万科 提供

面对TOD衍生的现象，"什么是好的城市综合体"也应引起城市建设者的关注和思考。从字面意思理解，城市综合体是具备现代城市全部功能的高度复合型微缩体，但明智的城市综合体开发远非不同功能的物理空间的简单糅杂。满足复合功能只是城市综合体的及格线，而以历史、社会、城市、人文和精神层面为出发点，深度挖掘所在片区的独特品质，并体现在所设计的综合体中，才能为人们的美好生活创造机遇，更是未来城市所仰仗的基础。

"十四五"时期，优先发展城市公共交通是推进新型城市建设的重要战略措施。TOD五大原则"复合用地、绿色交通、步行网络、城市标志、智能环保"落地，结构转换抗震、降噪、交通组织、换乘等专业技术走向成熟，都为未来城市理想单元的都市理想范本提供了技术支撑。2035年，上海将成为全球卓越城市，将迎来全国最高密度的全球资源涌入和相应的空间价值需求，下一代城市综合体的理想模式，在不断地迭代和完善着。

立足于上海城市的发展新定位，在未来前行的道路上，万科正在朝着成为深耕区域的标杆空间运营者和赋能城市的空间价值塑造者的目标不断成长。

城际互联：长三角一体化

一体化的发展战略让一个都市圈中各大城市有了紧密联系的可能。在地铁时代，城际之间的通勤主要依赖火车或高铁，也就是城市中心高铁站之间点对点的连接，通勤时间和班次数量成为最大的限制。进入城铁时代，铁路沿线的重要城镇可以快速纳入中心城市的辐射范围，承接外溢资源。如果说人才资源是一个城市持续发展的动力，那么城际轨道交通的发展水平则能够从很大程度上衡量一个城市的综合实力和未来发展潜力。

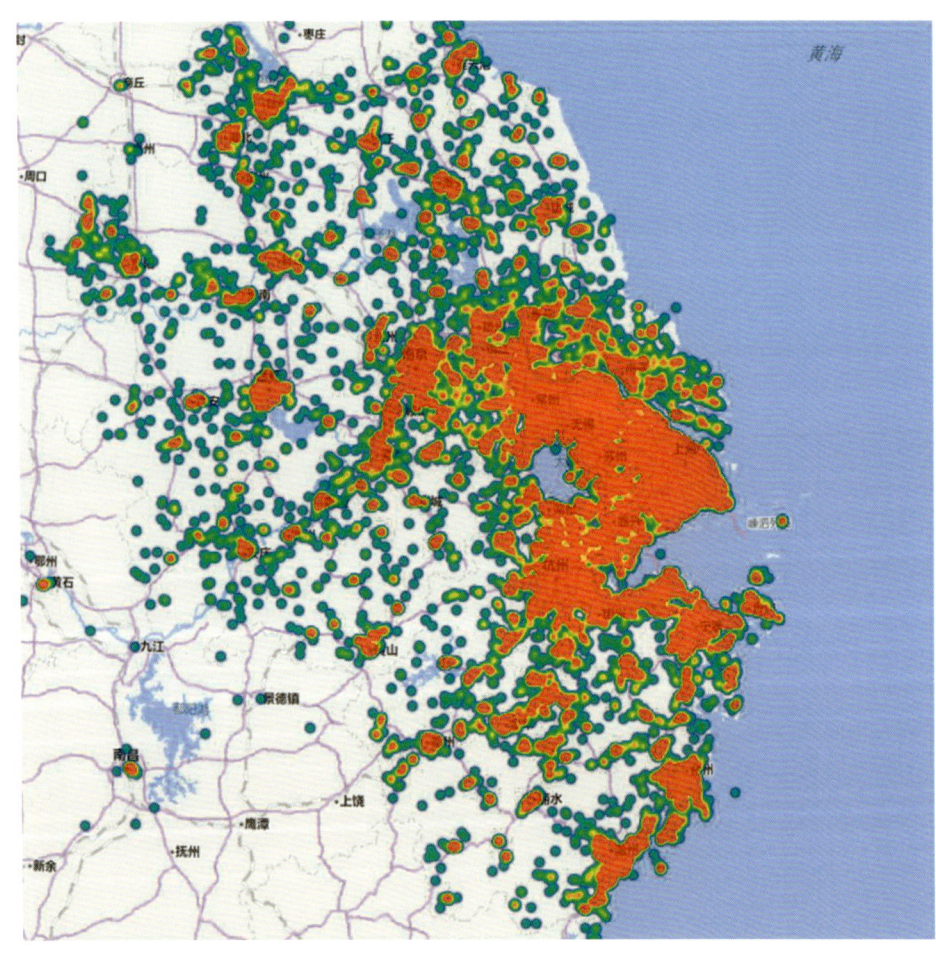

长三角城市获得授权发明专利的空间分布热力图（2010-2015）
图片来源：陆天赞，《创新城市群落视角下的长三角一体化发展》，《时代建筑》，2019年，第4期，18-23页.

地铁网络组成城市公共交通动脉

每一个浸润着凉意的上海清晨，各条地铁从首发站点驶出，开启这座城市一整天的忙碌。一节节列车将人们带向工作或生活的目的地，有些站点人们早已排起长龙，有些站点等待的人零星可数，只需看标在门楣上方的站名就能预判地铁最热闹的地点，那些名字也因为人们多样的生活剪影而变得活泼俏皮起来。地铁往往是舒适度低但是效率较高的出勤方式，套装得体、步履匆匆的白领们已经完全享受地铁带来的便捷，如果到了目的地，能顺便在地铁出口附近买上早餐去上班就再好不过了。

随着城市扩张和基础建设的快速进行，去大型商场购物、去艺术馆看展、去文化街买新鲜小玩意儿……生活除了基本的衣食住行，更多了些丰富的点缀。虽说"行"排在最末，但却是如今连接人和生活必不可少的一环。从以前的马车、自行车，到如今的公共交通、私家车，不同的出行方式也侧面反映了城市发展的各个阶段，现在的人们享受着发达地铁网络带来的生活便利和商业繁荣。

地铁不仅在通勤时段内发挥其他交通工具不可替代的作用，还成为低碳出游感受城市生活的宠儿。1993年1号线（锦江乐园—徐家汇）开通试运营，上海成为中国大陆地区第3座开通运行地铁的城市。如今，上海已拥有世界上最长里程数的地铁，回顾上海轨道交通的发展历史，可以发现上海城市形态的发展和地铁演变密切相关。上海地铁经历了"十字—环线—网络状"的演变过程，正对应了上海市"一核—多中心—多圈层"的发展模式。一核主要指中央商务区（位于浦西外滩和浦东陆家嘴）和中央商业区，多中心指花木、真如、徐家汇、江湾—五角场，多圈层包括内环线以外—外环线以内圈层、外环线以外—远郊环线圈层、远郊环线以外圈层。

从第一条1号线到多达十几条线路，逐渐密集的地铁网络见证了上海这座城市的扩张和基础建设的发展，带来了城市各个节点的经济繁荣。人们乘坐2号线去环球金融中心一览上海全貌，乘3号线到上海环球港逛一整天的购物中心，乘8号线去上海当代艺术博物馆欣赏创意展览……地铁的发展，让说走就走的城市旅行更加容易实现。

在地面以下轰鸣前行的地铁线，承载着表达上海这座城市生活特质的人间百态，宛如超级都市的根系不断生长，为城市的发展汲取营养。在常态化防疫的日常下，2021年上海地铁的日均客运量逐渐恢复到20年日均一千万次的客流量，2019年上海的总客运量为38.7亿人次，位居全国第二，同比前一年增加47.8万人次。

1990年破土动工、1993年开通试运营的1号线是上海开通的第一条地铁运营线路，自此上海人实现了自己的"地铁梦"。最初的1号线相对于规划版图来说并不完整，它没有一个"终点"，也因此采用的是一列列车往返运营的观光模式。随后1号线路延伸，实现了全线联通运营，持票观光的地铁线路才正式成为公共交通的一部分。实现了技术上零的突破之后，上海的地铁线路网开始密集地编织起来，2000年陆续开通了2号线和3号线。到如今，地铁线路已经开拓到了18号线，再加上磁悬浮，曾经的单条线路已经发展成为庞大复杂的网络体系。

除了满足上海居民的日常生活，上海地铁在长三角一体化建设方面也贡献着极大的力量，通往江苏省昆山市的11号线已经建成，通往浙江省嘉善县的17号线正在建设中，地铁在铁路圈的跨省行动中承担着越来越多的角色。

当历史的时针拨回到20世纪的六七十年代，上海市民用来休憩和交流的公共空间主要在人民广场，上海市地理位置的零公里所在地，因此人民广场也被称为"上海零点"。一年四季，人民广场的热闹景象从未停歇，年轻人们来这里踢球和运动，象棋比赛风靡一时，甚至夏天时斗蟋蟀会成为人民广场的一道风景线。随着上海改革开放的号角吹起，人民广场在20世纪90年代经历了综合改造，为市民提供更好的休闲和交流场所。

大虹桥的版图

上海虹桥综合交通枢纽细节景象
图片来源：《华建筑》，2015年，第1期，19页

随着中国也步入城铁时代，上海的轨道交通发展水平也逐步向世界看齐，由交通枢纽和交通网络沿线带动城市发展的作用也日益瞩目。如果说在地铁时代，人民广场是上海的心脏，那么进入城铁时代的上海，虹桥枢纽的连通和辐射作用则是整个长三角一体化发展战略的核心。

依托上海虹桥综合交通枢纽建立的虹桥商务区，是大虹桥发展战略的一部分，从"十一五"发展规划开始便受到各方关注。"大虹桥"是上海西部结构重心与转换节点，是长三角廊道辐射的中枢区域，将成为上海"后世博"阶段重要的经济亮点。

近年来随着进博会的承办，上海这座中国最大经济中心城市和对外贸易口岸又进一步提高了对外开放的水平。而大虹桥如今的枢纽地位也随之进一步提升，从长三角重要城市进入上海的第一站，升级为世界各地进入中国的第一站。"大虹桥"的建设主体也从上海一家变成沪苏浙皖三省一市共建，目标定位从"虹桥商务区"提升到"虹桥国际开放枢纽"，由上海的地方实践上升为长三角共同推进，由"上海的虹桥"升级为"长三角的虹桥""世界的虹桥"。

虹桥国际开放枢纽将以虹桥商务区为起点，从苏南长江口经上海市域一直延伸到杭州湾北岸，形成"一核两带"的布局。提及其社会影响力，前上海市发展改革委副主任王华杰说道："虹桥国际开放枢纽以空铁复合、海陆通达的综合交通枢纽为联动纽带，以创新型、服务型、开放型、总部型、流量型'五型经济'为特征的产业升级枢纽为发展载体，以面向国际国内两个扇面的资源配置枢纽为核心功能，兼具对内吸引集聚和对外辐射带动作用。"

商用置业是万科在上海的主要业务模块之一，万科布局了多个重点片区和核心板块，承接长江商学院、基恩士（中国）、三棵树、三菱电机、华为等一系列重要租户的企业需求，通过运营大型商办综合体项目，打造高品质的社交生活和家庭互动体验，缔造优质商务生态，为城市注入活力和空间价值。大虹桥就是万科布局的重点片区之一，多个标杆项目从大虹桥出发，与大虹桥共同成长。

在有着国际化、高标准定位的虹桥商务区，坐落其间的虹桥万科中心，以"未来办公、创所未见"为理念、以绿色建筑设计为追求，打造生活能量补给型商办综合体，提供高效办公与享受生活的舒适空间，真正引入了工作与生活相平衡的企业理念。

在大虹桥发展契机下，依托枢纽应运而生了许多优质商办社区综合体。为加快推进大虹桥建设，完善虹桥商务区社区城市居住职能、提升城市形象、打造城市建设的新亮点，位于虹桥商务区核心的时一区开发建设成为以居住综合办公为主、具有一定商业功能及社区配套功能的综合性

即将驶离虹桥火车站的和谐号
图片来源：图虫创意 提供

地块，努力打造成一个集合办公、商业和住宅的国际化社区。目前大虹桥核心区已经导入了20多家企业总部，培育多家500强企业，时一区以办公+高端住宅的形式，联合虹桥万科中心，将企业的指挥部和核心人员集中在虹桥，大力带动长三角区域共同发展。

而位于七宝生态商务区的虹桥万创中心，三期工程分别着眼于商业科技、文化教育、国际文娱，注重场景营造，拉通城市空间，打造有归属感的办公生活园区。项目北邻虹桥商务区，周边成熟的立体交通网络使其无缝衔接上海虹桥交通枢纽，有效实现30分钟商务通勤模式。不仅如此，多元化的交通方式更使其便捷对接整个长三角，其影响力也得以迅速辐射周边乃至全国。

除了以高铁为代表的城际轨道交通和以地铁为代表的区域轨道交通能带动城市资源跨省市、跨区域流动之外，高速公路也成为城市群和都市圈加强一体化的重要纽带。在打造长三角一体化的上海大都市圈目标下，上海将进一步发挥龙头作用，加快区域连通和经济协作循环。地铁、城铁、高铁、高速和末端城市道路正一步步被打通，五大地面交通层次也正逐步形成庞大的复合网络。

上海虹桥综合交通枢纽内景
图片来源：徐洁、支文军《上海24》（上海：上海社会科学院出版社，2010年），346页

交通网络之于城市，如同电流网络之于磁场。流量越大、运转越快，城市磁场的吸引力也就越强。城铁时代下都市力的比拼，或许正是城市引力的较量。

多中心城市的发展动力

嘉定新城中心
图片来源：章鱼见筑摄影工作室 摄影

如果说上海人民广场建立之初是上海单中心的繁荣，那上海五大新城建设就是上海多中心共同发展的硕果。十一届上海市委十次全会明确提出"中心辐射、两翼齐飞、新城发力、南北转型"的市域空间发展新格局，其中新城发力是难度最大也最重要的新增长引擎。

"十四五"开局之年，上海把建设嘉定、青浦、松江、奉贤、南汇五个新城作为推动城市多中心、郊区化发展的重中之重，优化重塑超大城市空间格局。经过上海历次总规对于新城定位的不断探索和演变，人们对于新城有了新的认识，即疏解中心城区功能、完善市域城乡体系的独立的综合性节点城市。

区别于原有"卫星城""郊区新城"的定位，"独立的综合性节点城市"总体上需要达到"产城融合、功能完备、职住平衡、生态宜居、交通便利、治理高效"的目标。就目前来看，新城的交通规划任重而道远。新城的生活品质快速提升，与长三角城市、周边新城的交通联系相应地将进一步增强，而连接上海中心城区、长三角城市和五大新城的，正是深入城市根系的超级都市地铁网络。以五大新城为节点，超级都市的根系向外延伸，通过高铁、市域铁路、地铁等轨道交通构成的立体化交通体系构筑"区域辐射"的综合交通枢纽。

如果要达到新定位"独立的综合性节点城市"的目标，在对外联系方面，新城需要加快轨道交通建设，让新城与新城、新城与长三角城市群的联系更加便捷和紧密；对内提升方面，新城需要吸纳优质龙头企业入驻，打造专业鲜明的城市特色，从而扩大经济和人口规模提升新城对优质人才的吸

南翔印象城 MEGA 室内的"月球"和热带植物园
图片来源：恒中摄影工作室 车凯 摄影

引力和凝聚力。交通引导发展，正是地铁、高铁等轨道交通的发展让"独立的综合性节点城市"成为可能，既疏解了中心都市圈的人口压力，又能激活远郊土地的潜在能量。一个个新的商业中心和城市枢纽随着轨交沿线被依次点亮，人们的生活方式也随之发生改变。工作和居住分属两地的人群依赖地铁等轨交体系实现日常的通勤，由此其带有潮汐属性的休闲购物方式也促使了新城对于轨交体系上城市综合体的建设。

上海大都市圈有一条重要的连接轴向西发展，即经嘉定连接苏州一线，因此嘉定作为上海西北门户，成为重要的交通枢纽区。而嘉定区离上海市区最近的南翔镇利用自身的地理优势和轨交便利吸引了众多投资开发建设，首次提出了上海首个"近郊 CBD"口号，根据"上海 2035"规划中实现"全球互联、区域协同"的发展目标，南翔对整个镇区进行统一规划，确定了从"千年古镇"走向"产城融合国际化新城"的基本方向，而南翔印象城就是其中重要成果之一。

不同于社区型消费或者区域级消费，南翔印象城 MEGA 的团队将项目定位为城市级消费，立足于嘉定辐射西上海和江苏的昆山等尽可能广阔的范围。结合南翔古镇的旅游资源，这座目前上海体量最大的商业购物中心也被打造为"一日微度假胜地"。如同七宝万科广场一样，打造地标性的购物中心，成为整个团队的发力点。一方面，南翔印象城深入研究 TOD 模式，充分利用地铁 11 号线陈翔路站这一交通资源，将购物中心场景化，打造多个中庭、天空跑道、景观节点等设计。值得一提的是 MEGA 的空间节点设计，丰富的中庭空间时不时会举办一些跨界艺术展览，人们不仅可以在这里享受休闲和购物时光，还可以近距离地体验艺术和潮流。

从方塔园望松江
图片来源：图虫创意 提供

另一方面，南翔古镇拥有强大的历史文脉和文化力量，南翔小笼、古漪园都是独具特色的历史文化遗产，需要创新式地传承。南翔印象城 MEGA 以"白鹤南翔"的典故为外立面的灵感来源，结合现代的商业元素，体现出古典气息和多元的现代体验。此外，MEGA 团队还将"仙鹤"这一形象塑造成为购物中心的 IP，屋顶上呈现了鹤舞南翔的艺术装置，三大中庭广场也选用"鹤鸣、鹤舞、鹤栖"命名。将当地的文化背景融入购物中心，商业和人之间的连接在情感上更加紧密。

南翔印象城"MEGA"，意为相遇（Meet）、生态（Eco）、国际（Global）、艺术（Art）四种元素的交融，多种交通方式枢纽（地铁、高速、公交、步行）组合而成的立体交通体系形成了南翔印象城的骨架，丰富的消费、娱乐、休闲场景是血肉，而人，才是未来 TOD 商业综合体的灵魂，在南翔印象城打造的美好生活场景中相遇。

开业以来，南翔印象城的人气持续火爆，居住在附近的居民可以茶余饭后步行来印象城散步、遛娃；稍远一些的核心商圈居民可以选择乘坐地铁 11 号线，到陈翔公路站通过天桥与商场无缝衔接，也可以乘坐市内公交方便到达。甚至有一些苏州、昆山等上海周边区域的游客，将南翔印象城作为一日游打卡景点，乘坐快速路交通来此一逛。

在以中心大都市为核心形成大都市圈的时代，新城如同一座桥梁，将周边城市与上海中心城区相连接。南翔印象城凭借 TOD 模式的加持、空间设计的创新，打造了充满诚意的美好生活场景。这不仅仅是一座巨型购物中心，更是生活中心、度假目的地、现代都市生活枢纽，让游走在上海和江苏的年轻人群体有了一个全新的选择，为嘉定带来了无限的经济发展潜能。

早在上海第十个五年规划（2000—2005年）中，就已经提出建设松江新城和九个中心城镇。随着上海这座超大城市实现产业和人口聚集，由单中心向多中心城市发展是必然趋势。在"十一五"发展规划（2005—2010年）中，上海提出继续建设松江、嘉定和临港三个新城，在"十二五"发展规划（2010—2015年）中，上海提出侧重建设松江、嘉定、临港、南桥、金山等七个新城，以及其他的一些中小城镇。而在《上海市城市总体规划（2017—2035年）》中，上海明确了主城区内的九个副中心，包括嘉定、松江、青浦在内的五个新城，金山和崇明的两个核心镇，更完整、系统地强化了长三角整体区域的综合服务功能。在上海"十四五"规划和中长期远景目标中，上海提出塑造市域空间新格局，将"五大新城"建设成为在长三角城市群中具有辐射带动作用的"独立综合性节点城市"。

随着上海中心城区周边的新兴城市建设，有大到上百万规划人口的新城，也有小到几万人口的重点城镇建设，这些项目都是上海这座城市形态变化的推动剂。或者说，"上海"的空间定义在变化，人们对"什么是上海"的理解在变化，上海由一个单中心的、高密度中心聚集的城市，逐步过渡到由多个城市体所组成的、多中心的巨型大都市。

在上海多中心巨型城市的发展过程中，独立新城各自承担不同的功能，例如以配套汽车产业服务为主的嘉定新城和聚集大学、教育和科技的松江新城，因此自身的产业升级和人口更新将对新城发展至关重要。一方面，作为独立的综合城市，新城需要实现产城融合、职住平衡，这意味着新城需要发展出有自己代表性的产业企业和产业链网络，通过成功的企业成长和丰富的产业系统，带动就业，带动人口增长。另一方面，随着城市劳动力增长，会日益形成更多样的人口结构，新城就要通过基础设施的建设、城市综合功能的完善，提升城市的生活品质，更高质量地满足人们对消费、娱乐、教育、文化、生态等多方面的需求，才能更好地吸纳人才，带动新城发展。因此，在不久的将来，相信更多的"南翔印象城"会进入到大众视野。

奉贤新城金海湖 "上海之鱼"
图片来源：图虫创意 提供

人才、资源、科技的聚集效应

从 2008 年开始，日本"森纪念财团都市战略研究所"每年都会进行一项都市排名评比，即世界都市综合力排名（Global Power City Index，GPCI）。所谓都市综合力，指的是"在全球规模下展开的都市竞争中，更具魅力、能够吸引世界上更多有创造性人才及企业的'都市磁力'"。2021 年最新的全球城市综合实力排名中，前十名分别是：伦敦、纽约、东京、巴黎、新加坡、阿姆斯特丹、柏林、首尔、马德里、上海。作为城市公共交通的大骨干，轨道交通无疑是这场实力较量中一个至关重要的因素。

曾经三年蝉联"世界最宜居城市"的东京，多年来一直高居 GPCI 榜单前列。作为拥有 1300 多万人口的国际化大都市，东京有着相当完备的交通系统，发达高效的地铁和车站均匀分布于城市中各个区间。高密度发展的城市形态使城市内部交通量高度集中，轨道交通成了东京人最主要的出行方式。一直以来，东京电车线路的发展也是东京都市文化成长和进步的契机。便捷高效的轨道交通网络，给东京带来的不仅仅是经济上的吸引力，更有强大的文化融合力，这也正是这座城市的魅力所在。

同样是亚洲的超级都市，上海也看到了都市圈交通协同带来的巨大的聚集效应。根据新城作为"独立的综合性节点城市"的定位，到 2035 年每个新城将各自聚集 100 万左右常住人口，新城所在区的 GDP 总量达到 1.1 万亿元，基本形成独立的城市功能，在长三角城市网络中初步具备辐射带动作用。

为了吸引人才、留住人才，2020 年上海发布落户新政，为"世界一流大学建设高校"的毕业生亮落户绿灯，五大新城的落户门槛也大幅度降低，与落户门槛一直不高的广、深两地展开了一场"抢人"大战。

这一次上海抢到的人才不是均衡分配，而是有意识地为新城导流人口、储备人才。中心城区已然超载，人口密度过高、抗风险能力不强等问题是超大城市面临的负面效应，而培育一批新的现代化都市圈成为一剂良药。

优质的工作发展机会和可承受的消费物价水平是五大新城在"抢人"大战中的有力武器，越来越发达的地铁网络成为超级都市生长的根系，为上海市区周边的城市发展带来盎然生机。超大城市购房的压力、上海新城交通圈的建设，让越来越多的上班族每日奔走于新城和上海市区之间，过上了"双城"通勤的钟摆生活，早晨可能从松江南站到达上海虹桥，下班后再回到高铁站等候回家的列车。这个现象的背后，是城市群中人才、资源、科技加速流动的结果。人作为企业、城市、社会最重要的要素，人的流动带来的是城市群之间各级要素的不断融合。

作为长三角一体化城市群的龙头和中心城市，上海无疑是流量体量最大、可达性最高的核心。上海不仅吸引着新城的年轻人们来追逐梦想，也同样聚集了许多长三角地区其他城市的人才。在虹桥商务区看到的一些行色匆匆的上班族，他们可能住在苏州，每天清晨六点起床，用完早餐后前往苏州北站，八点左右抵达上海虹桥，出站后通过地下通道步行 10 分钟左右，到达位于上海虹桥商务区的公司上班。每天一个多小时的通勤时间，比很多上海市民从家到公司的时间还要短。

一体化的发展战略让一个都市圈中各大城市有了紧密联系的可能。在地铁时代，城际之间的通勤主要依赖火车或高铁，也就是城市中心高铁站之间点对点的连接，通勤时间和班次数量成为最大的限制。进入城铁时代，铁路沿线的重要城镇可以快速纳入中心城市的辐射范围，承接外溢资源。

上海 G60 科创云廊
图片来源：图虫创意 提供

如果说人才资源是一个城市持续发展的动力，那么城际轨道交通的发展水平则能够从很大程度上衡量一个城市的综合实力和未来发展潜力。

定位于"独立综合性节点城市"的上海五大新城，以产业升级和基础建设广泛吸纳人才，实现经济快速增长，其核心是长三角一体化发展的战略实施，一体化发展的新局面正在形成。共同富裕的目标不只是长三角，而是全国范围。2022年4月10日，《中共中央 国务院关于加快建设全国统一大市场的意见》（以下简称《意见》）正式对外发布，提出我国将从基础制度建设、市场设施建设等方面打造全国统一的大市场。这是新一轮的市场建设政策和实践，将为我国实现超大规模经济发展提供大空间和大舞台。

《意见》从六个不同的方面指出了全国统一大市场的标准，其中可能最核心的一条是强化反垄断、破除地方保护及区域壁垒。这意味着全国统一大市场的最新政策要让全国市场都处于同一个执行标准，一视同仁，让优秀的企业在全国范围内得到更好的发展。这必然可以最大程度利用全国市场资源，形成更多优质企业在各地的百花齐放局面。这也就意味着，全国范围内的城际轨道交通需要更好更快地连接各地资源和人才。长三角一体化只是一小步，共同富裕伟大目标的实现需要全国的共同努力。

无论从国家层面还是城市发展层面，人才、资源、科技等各个要素的流动性和科学分布是目前经济发展的一个课题。在过去的几十年里，上海通过地铁网络，为超大城市建立了一张高效、科学的地下交通网络，为城市架起了一副骨骼。在未来的城铁时代，除了连接周边城市、人口、资源，这张不断生长的交通网络还将连接更多的资本要素。

以"未来办公 创所未见"为理念的虹桥万科中心
图片来源：恒中摄影工作室 车凯 摄影

万物互联:从云端到地面

城市精细化治理和数字化转型,都是建设人民城市的应有之义。城市的治理能力和服务水平的提高让城市中的人拥有更高品质的生活,坚实的数字信息基础面向未来,引导全社会共建共治共享一座城市,也为迎接数字时代的全面到来做好充分准备。这个过程离不开城市管家的优质服务,和城市共同成长。

上海的立体交通网络
图片来源:徐洁、支文军《上海24》(上海:上海社会科学院出版社,2010年),358页

超大城市精细化管理的新尝试

2021年4月，田子坊一家咖啡馆因为闭店时电器未被全部关闭导致自燃，正因为店里安装了电子烟雾探测器，设备在第一时间主动报警，消防人员及时赶到，才避免了更大规模的安全事故。

田子坊位于上海市黄浦区，老旧的石库门里弄已经有近百年历史，在上海经济转型时期引入的创意经济小店让田子坊成为人气聚集地，成为上海旅游的必打卡景点。然而，这里的建筑都已如同百岁老人一样垂垂暮老，房屋老旧、反复装修、空间密集带来了很多管理和安全隐患。单纯靠以前人工检查、发现再解决问题的方式，存在很大的信息差和滞后性，而现在上海这座超大城市正在尝试新的治理路子，即自下而上的数字化精细治理。

安装在田子坊店铺内看似平平无奇的传感器，背后连接的是田子坊上百幢建筑的居民和商户的安全，是上海"一网统管"新治理模式下的精准协同，也是上海数字治理"最小管理单元"成果之一。

当下的城市治理存在诸多痛点：人力资源调配不够灵活、治理资源碎片化、治理机制不完善，等等。治理较多依赖于"人"，智慧化手段的缺失也使治理能力距离现代化标准存在较大差距。不同于传统的自上而下的城市治理模式，"城市最小管理单元"是一场起于城市末梢的改变。智慧城市的建设，应该由概念落地到真实生活场景，建设以人为本的智慧城市。

习近平总书记在2017年提出，上海这种超大城市，管理应该像绣花一样精细。他强调，走出一条符合超大城市特点和规律的社会治理新路子，是关系上海发展的大问题，也是所有世界级城市必须解决的问题。正如习近平总书记所说，上海这座城市就像一座生命有机体，任何事物都在秩序中不断发展，如果停下一刻就会造成不可想象的损失。之后的几年，上海一直在努力探索这条适应超大城市的治理新模式，理论与实践并行，让上海这座城市更加有序，让人民的生活更加幸福一网通办和一网统管的两网建设正是上海数字政府建设一体两翼的牛鼻子工程，其中一网统管最重要的一项工作是，尝试运用实时在线的数据以及互联网、大数据、云计算和人工智能等一些现代科技的手段，来帮助城市的管理者及时精准地发现问题、对接需求、研判形势、预防风险。

智慧城市运营服务需要政府、企业、公众各方的共同参与，也需要技术实现智慧运营。政府主导城市服务市场化的建设，选择优质专业的城市服务商参与城市治理，政府回归后台，通过在日常生活中推广智慧应用，积极引导公众参与城市、社区事务，开放市民在线互动监督等功能，各方关系和谐共生。同时，万物互联的智慧城市空间由互联网、物联网、AI技术共同搭建，通过城市空间智慧运营服务，让万物互联的智慧城市实现长效运营，城市治理效能得以大幅度提升。

"万物互联"本是互联网领域的词汇，定义是将人、流程、数据和事物结合一起使得网络连接变得更加相关，更有价值。而在城市的层面，城市的治理需要智能化、精细化，离不开云、5G、AI等最新技术在城市治理中的应用，也离不开各个社会单元的联动和统筹机制。强大的数据和平台工具帮助人治理城市，从城市末梢的具体实施者到政府层面的管理决策者，各项数据跑通盘活，各方组织建立合作，上海这座超大城市在数据网络下更加有秩序地运行，实现人治 + 数治的完美结合。

不只是上海，在当下中国国情和大环境的智慧城市发展方向下，各个城市都开始了数字化转型，搭建以人为本、精细化治理的城市智能体。而这个转型的过程中，城市服务者的角色意义重大。定位于城乡建设与生活服务商的万科如今致力于探寻一条人工智能技术与场景应用相互融合的发展之路，其空间运营能力和服务整合能力经历了三十年的沉淀，已经在22个大中城市开启城市空间服务。从万物云强大的服务整合能力出发，万物云城整合城市服务，一体化打通线上与线下的联结，能够智慧化的服务包括站城一体化、产城融合等多业态在内的城市复合空间。

万科企业股份有限公司董事会主席郁亮说："我们正在探索，如何用人工智能提升儿童在社区内自由活动的安全率，用人工智能降低物业管家的离职率，研发会说方言的机器人，给予在家的老人温馨的陪伴。"

在建成区的城市空间内，万物云城深入探索老旧小区综合治理的长效管

五角场交通走廊
图片来源：徐洁、支文军《上海24》（上海：上海社会科学院出版社，2010年），185页

理机制，落地老旧小区微改造、社区和街区的综合运营管理等服务，例如其代表项目深圳沙头街道选择市容环卫工人作为切入试点，进行前期调研、发现问题、提出城市治理的可行性方案。面向具有标志性意义的"名片类"城市时，万物云城根据不同城市的独特个性提供专业化、精细化、定制化的城市空间智慧运营服务，例如其代表项目厦门鼓浪屿在政府和万物云合作的背景下，利用空间智慧运营服务，推进"政府主导、企业运作、社会广泛参与"的城市建筑治理新模式，其服务实践为万物云城智慧城市服务适配多样化城市发展需求积累宝贵经验、打下坚实基础。

从城市管理到城市服务，万物云城智慧化平台通过一个智慧运营中心，打造城市运营的大脑，让城市数据全汇聚，让城市变得会"思考"，从而实现了城市的精细化运营，促成了政府、企业、公众的多方参与，包含社区服务管理、公共资源经营在内的多类应用也真正意义上让城市实现了智能化管理。

城市精细化治理和数字化转型，都是建设人民城市的应有之义。城市的治理能力和服务水平的提高让城市中的人拥有更高品质的生活，坚实的数字信息基础面向未来，引导全社会共建共治共享一座城市，也为迎接数字时代的全面到来做好充分准备。以人为本的城市发展和治理，才能创造人民向往的美好生活。

城市服务者的"出圈"之路

中远两湾城
图片来源：恒中摄影工作室 薛钰滔 摄影

2022年3月的上海，经历了一场新冠肺炎疫情防控常态化以来最严峻的考验。受疫情影响，城市服务者也经受着重重考验。

上海内环的最大居住社区——中远两湾城，共有居民11500多户，居民数量超过4万人，在3月2日这天，小区接到全体住户进行核酸检测的紧急防疫通知，万科物业的小伙伴们纷纷请战，立即赶赴中远两湾城支援相关防控工作。在片区总监、驻场经理的统筹安排下，仅用40分钟搭建起横跨苏州河沿线东西两区的9个室外疫情检测点，立刻开始流调信息核实、隔离点核酸检测秩序维护等工作，排摸楼道不遗漏任何一个人。直至次日凌晨4点，完成上万余人次核酸检测。

3月18日凌晨4点，万科物业幸福驿站值班人员突然接到一位阳曲小区业主打来的紧急求助电话。"我老公患有喘息性支气管炎，家里的氧气罐用完了，现在血氧饱和度一直在降，不知道还能撑多久，你们可以帮忙送来氧气罐吗？"项目防疫总指挥收到信息后，第一时间与街道相关职能科室联系，并在街道协调下，从社区医院紧急调配氧气罐至小区，已经等在小区门口的物业防疫工作人员，立即穿上防护服，将几十公斤重的氧气罐送至业主家中供其使用，使其病情得到了控制。

在最艰难的时刻，万科物业始终陪伴着居民们，他们的默默坚守和付出，让业主们感受到上海速度和满满的安全感。成为政府信赖的社区治理角色，协助政府更好地推进城市数字化转型和精细化治理，更好地实现人民城市人民建的美好生活向往，这是万科物业区别于传统物业的定位。正是与城市共同生长的陪伴，让这群城市服务者们一次又一次"出圈"。

以全面发展不断"出圈"的万科，从岛屿和新区等物理边界较为清晰的地域入手，对整个地域进行综合管理，快速积累可复制经验。它不再是人们心中只会做好住宅的开发商，更是为城市注入更多能量与活力的城市空间塑造者、城乡建设与生活服务商。从住宅到城市，再到万物云，万科在探索未来理想生活的道路上从未停歇。

从小区，到住区，再到城市——物业服务升级为城市服务，物管企业的业务边界和范围都在突破。由于城市服务更为复杂，涵盖了环卫、绿化、河道管养、公共资源等多个方面，政府在企业的选择上也偏重企业品牌、规模和经验，以保证服务和治理的成效，因此快速积累管理运营经验，是各个企业抢占先机的关键。

城市管理要像绣花一样精细。近年来，多地政府相继出台"城市精细化管理"相关政策，积极寻求城市治理的专业管理服务，而物管企业在社区有完备的服务体系和多服务整合经验，非常匹配城市精细化管理的需求。

虽然服务范围逐渐扩大，但万科对于物业服务的定义一直不变，为城市赋能的本心也从未止步。2021年8月，上海市人民政府与万科企业股份有限公司在沪签署战略合作框架协议，明确推动高质量发展、创造高品质生活、实现高效能治理是上海未来发展的主攻方向。万科表示，将进一步深化与上海在城市更新、物业管理、住房保障等领域的合作对接，加强对未来城市、韧性城市的创新探索，为上海经济社会发展贡献更大力量。

背后写有"万物云 上海加油"字样的"大白"队伍参与抗疫
图片来源：上海万科 提供

万科物业用心服务每一位业主
图片来源：上海万科 提供

永未完成的都市

从黄浦江边的一片滩涂一步步生长起来的上海，如今已成为国际超级都市，吸引着无数才华横溢的年轻人留在这里追逐梦想。这里有大规模的资本投入，不断涌现的工作机会，精细的城市管理和服务，充满幻想又敢于将梦实现的伙伴。无论是生活在其中的人，还是上海本身，一切都在变化着、成长着。上海一直在变，因时而变，因变而活。新与旧在这里交织交替，永远有脚手架在缝补旧城的肌理，也编织着新城的梦。上海，永远未完成。

"上海2035"的宏伟蓝图，将引领上海成为卓越的全球城市，令人向往的创新之城、人文之城、生态之城，具有世界影响力的社会主义现代化国际大都市；致力于构建更加开放协调的发展格局，呈现"全球互联、区域协同"的规划视野。从更开阔的视野、更高的定位去研究上海未来城市发展的战略框架，形成"网络化、多中心、组团式、集约型"的空间体系。

创新，是点亮上海这颗明珠的内源动力，从而使上海更好地向外辐射创新能量，服务全国、连接世界。对标世界一流水平，不断加大创新投入与效率，不断丰富高能级创新内核，不断集聚创新人才与主体，这是上海着眼未来义不容辞的使命，也是不断向世界级城市奋进的阶梯。

在上海，中国遇见世界，世界认识中国。

上海的夜晚灯光璀璨
图片来源：图虫创意 提供

上海的邀约

20世纪90年代的浦东开发开放是一项跨世纪的国家战略。30多年来，浦东勇担使命、勇立潮头，取得了经济社会跨越式发展。上海及浦东，是世界观察中国的重要窗口，是改革开放向纵深推进的重要标志。无论过去、现在和未来，浦东对中国经济社会发展都具有重要作用。步入新时代，中国开放的大门还将越开越大，浦东肩负着更高水平改革开放开路先锋等光荣使命。

未来几年，浦东将以自贸试验区和临港新片区为"试验田"，全域打造特殊经济功能区，实现更高水平的改革开放，在服务上海、服务长三角、服务全国经济发展中体现更大作为。上海将做深做透虹桥国际开放枢纽双向开放、双向联动这篇大文章，全力强化集聚辐射、协同开放、互联互通，加快构建全球高端资源要素配置新高地、对内对外开放新连接、更高水平开放型经济新体制。

以卓越的全球城市为目标，上海大都市圈将有更多的城市嵌入全球网络，形成"多层次、多中心、多节点"的功能体系。上海大都市圈主要落实"紧凑型""开放式""网络型"的战略导向，匹配全球城市区域多中心格局，构建"紧凑开放的网络型"空间结构；倡导"廊道引领""网络流动""板块协作"三大核心理念，树立高质量一体化空间新范式。

上海市域用地布局规划图
图片来源：《上海市城市总体规划（2017—2035年）》图集

变局下的全球合作

大虹桥规划模型鸟瞰
图片来源：《大虹桥时代》，《华建筑》，2015年，第1期，10-11页

21世纪初，25岁的托马斯·罗德瓦尔德从卢森堡来中国留学，开始学中文，后来在卢森堡驻华大使馆工作，当了一名随员。10年后，随着上海世博会场馆进入全面开工阶段，他被卢森堡驻沪领事馆相中，任命为卢森堡馆馆长——世博园区里最年轻的馆长。

上海世博会卢森堡馆占地面积约3000平方米，就像一个中世纪的城堡，只不过布满苔藓的石头换成了铁锈红的钢材。托马斯对记者说："我们国家有许多森林和古堡，所以就叫卢森堡，中文翻译得很传神啊。"

也是这一年，荷兰人耶罗恩·斯科雷尔来到世博会的现场参观，他是一位长期居住在上海的跨国公司高管。10年后，他成了上海举行的第三届中国国际进口博览会的参展商。

"我在上海生活超过10年，目睹并参与了世博、进博两大盛会。我觉得展览业就是中国对外开放、发展进步的写照，上海也因会展业的繁荣变得更加国际化，经济集聚与辐射能力让人赞叹。"在第三届进博会现场，耶罗恩·斯科雷尔对记者说。

2018年11月5日，在首届中国国际进口博览会开幕式上，拉开了中国资本市场新一轮改革的大幕。如今，进博盛会已经连续5年在国家会展中心举办。进博会是世界上第一个以进口为主题的大型国家级展会，秉承了"一带一路"建设共商、共建、共享的原则和精神。中国打造这一创举，既是坚定支持贸易自由化和经济全球化、不断推进高水平开放、主动向世界开放市场的重大举措，也体现出与世界主动分享发展机遇的大国担当。中国在历次进博会上都会宣布干货满满的开放举措，并确保落实，不断为世界经济注入正能量。

每年11月，在6天内，国家会展中心给全世界呈现了一场汇聚了令人

上海进博会主展馆，再次走向世界的上中国
图片来源：付海聪《远观其势，近赏其质 四叶草构现国家会展中心（上海）》，《华建筑》，2015年，第1期，38页

眼花缭乱的前沿优质进口产品盛宴。一场进博会，汇聚了127个国家和地区的近3000家参展商，琳琅满目的展品背后，物流是基础保障。因为中国疫情防控有力，复工复产快，货物运输需求快速增长，让全球的航运公司看到了曙光。进博会为来自世界各地的产品和服务提供了进入中国市场的大门，中国扩大开放、改善营商环境为企业带来新机遇，在进博会这个舞台上，全世界看到了经济复苏的希望，也感受到了中国作为负责任大国的有为担当。

迄今为止，上海城市推介大会也已连续两年在进博会期间举办，向全球发出了上海坚定不移扩大开放、欢迎全球企业和人才来沪发展的热烈邀请。2021上海城市推介大会与前两届保持一致，紧扣进博会"新时代，共享未来"的主题。把"上海城市软实力"作为贯穿大会的一条主线，通过政府发声，再次重申上海关于厚植城市精神彰显城市品格，全面提升城市软实力的信心和决心，全力推动浦东高水平改革开放、自贸试验区临港新片区和虹桥商务区等重点区域的政策措施落地见效，为全球投资者营造更好的生产生活环境。

中国是经济全球化的受益者，也是全球经济持续发展的贡献者。习近平总书记在第四届进博会开幕式上的主旨演讲中说道："加入世界贸易组织以来，中国不断扩大开放，激活了中国发展的澎湃春潮，也激活了世界经济的一池春水。"进博会是中国扩大高水平开放、同世界分享发展机遇的平台，也是折射中国经济高质量发展的一面镜子。新发展格局是更加开放的国内国际双循环，众多外资企业通过进博会的"窗口"参与构建，也将一起共享。不断扩大对外开放的上海、支持经济全球化的中国，一定会在建设更高水平开放型经济新体制的同时，以自身开放推动世界共同开放，为全球经济发展贡献更大力量。

自贸区的先试先行

在过去，精致的上海女人的梳妆台上往往都少不了一瓶护肤的雪花膏。打开白瓷瓶上的圆铁盖，细腻的膏体看上去洁白如雪，在皮肤上一搽，留得香气，而膏体无形中淡去，犹如雪花。在物资不丰富的年代，像雪花膏一类的散装商品都可以按分量零售，顾客自带容器加购，这是留存于老一辈上海人记忆中的"零拷"生意。精打细算的上海女人会把用完的瓶子留到第二年，去百货公司零拷新的雪花膏。涂上雪花膏，仿佛就能闻到妈妈的味道。

雪花膏属于舶来品，早在百多年前，美国旁氏、英国夏士莲、德国妮维雅这些洋护肤品已经登陆上海，雪白雪白带着香味的洋膏药价格昂贵，一般极少人用得起。上海女性对于化妆品的美好记忆要追溯到20世纪初，在一张为"双妹"绘制的广告月份牌里，记载的就是那个年代上海女性用的化妆品。月份牌中的两位少女仪态端庄，穿着打扮无不传递着那个年代有关美丽的种种细节——烫发、旗袍，还有她们使用的"双妹"化妆品。

时过境迁，精致早已不仅仅是上海女人独有的代名词。沉浸式护肤、早C晚A、防晒日常化……越来越多的新鲜词条出现在小视频和社交平台上，不断刷新年轻人对于护肤美妆的认知，也催生了更多的消费需求。随着经济发展和消费升级，近年来，我国化妆品市场规模稳定增长，成为世界第二大化妆品消费市场。庞大的市场不仅促进了国货品牌的更新迭代，美妆达人们对于海外产品的热情也只增不减。

每年的进博会上，不少中国首秀乃至全球首展的美妆新科技、新产品、新服务也吸引了世界的目光。通过AI技术测试出最适合自己的发色，专业测试仪器了解肤质并现场体验个性化定制的精华制作，3D打印面膜……在进博会落幕之后，除了选择退运出境以外，一部分展品会搬去他们的新家——上海自贸区外高桥区域，从而承接和放大进博会的溢出效应。作为海关特殊监管区域，如果参展企业在展后希望继续留在中国境内寻找买家，在这里便可以进行常年的保税展示和交易。通过自贸区的优势政策，服务于进博会的这些展品，通过保税展示的方式出去，让专业观众和中国消费者了解这些产品，也让海外的卖家有一个容错期，可以在后续根据市场反应进行微调。

保税展示交易是上海自贸区的创新制度之一，可以助力进博会从为期6天的展会发展成为永不落幕的平台，这些"6+365"平台正成为进博展品进入中国市场的重要渠道，也是承接进博会溢出效应的有效载体。越来越多的美妆品牌在上海外高桥自贸区开设国际化妆品线下体验馆，携带世界各大化妆品集团众多品牌进驻上海外高桥国际化妆品展示交易中心，并持续引进新品牌，完善和丰富消费者的购物体验。

上海自贸试验区是我国第一个自贸试验区，肩负着为全面深化改革和扩大开放探索新途径、积累新经验的重要使命。自2013年设立以来，上海自贸试验区形成了一批重要制度创新成果，为全国贡献了"上海经验"。所谓"试验"，就是做前人没有做过的事情。如今，它更注重的是制度创新，而且要可复制可推广，是浦东开发之后，上海最重要的一个系统性的先行先试的改革模板。

"双妹"化妆品广告月份牌
图片来源：穋英画室 绘制

"2022上海城博会"在上海展览中心举办。以"行动,从地方走向全球——城市更新,绿色智慧"为主题
图片来源:恒中摄影工作室 薛钰滔 摄影

自贸试验区放到了上海经济活动最密集的地区,和一级政府治理结合起来,按照国际最高规范实现对外资准入的管理,这是上海经济体制改革,包括政府职能转变等方面的重大尝试,形成了一系列制度创新,包括上市制度的改革、负面清单等。多年来,上海自贸试验区营造了法治化、国际化的营商环境,以全市五十分之一的土地,创造了全市四分之一的生产总值、四分之一的税收收入,累计120多项制度创新成果在全国复制推广。

13年前,一场盛大的世博会是世界各地文化展示交流的大舞台,也是让全球友人感受中国文化的好机会;而四届进博会则让世界看到繁荣活跃的中国市场,它不仅是中国从世界进口商品的展会,更是世界观察中国开放的窗口。世博会加速了将上海建设成更美好的城市,而进博会则赋予上海新的投资贸易平台,显著提升了上海在全球网络中的节点位置。这也意味着从"把最好的产品带到中国"到"把在中国的成果推向世界"会越来越快地实现,而上海的职能也将逐步从"引进中国"跃升到"走向世界"。

从举世瞩目的世博会到连年举办的进博会,已经让世界看到了一个开放、自信而有担当的上海。两大盛会向世界宣示,中国的开放没有止境,上海的发展前景未可限量。

如果说前几次的相遇更多的是被动,是虚心地向世界请教学习,那么这一次的相遇,则是上海的主动邀约,是建立在平等开放基础上的友好会

2022年上海万科天空之城开业，城市在此生长
图片来源：上海万科 提供

面，是打开家门，拥抱四海，走向世界。这一次，上海是代表国家的东道主，体面而热情地接待着五洲宾朋。上海在与世界相遇的过程中相融、成长，并一步步地为自己迈向世界攒足了动力。

大虹桥万科式美好生活开始起步
图片来源：上海万科 提供

未来已来 将至已至

如果日历翻回到 2020 年开篇之前,大部分人或许都难以想象,口罩会成为每个人日常生活的必需品,社交距离成为一个常被挂在嘴边的词语,而家庭,这样一个小小的社区中的单元,除了提供居住休憩以外,竟然有容纳教学、办公、健身、社交等一系列社会功能的潜力。突如其来的疫情影响着方方面面,小到独立个体的日常行为,大到整个城市的正常运行,人们积极应对思考解决方案,逐渐适应疫情常态化的生活,同时也在不断地向自己和社会提出疑问:"未来,我们将如何共同生活?"

或许是有某种先见之明,麻省理工学院建筑与规划学院院长兼策展人——哈希姆·萨基斯(Hashim Sarkis)早在这场噩梦来临前的 2019 年就在第十七届威尼斯双年展提出了这样的主题。然而由于疫情造成的全球经济的停摆、世界各国重新筑起自我防御的高墙,原本互联互通、逐步实现全球化的世界又回退到了相对防备的状态。而原定于 2020 年举办的这届双年展也在经历这一整年现实的考验之后,有了更多的时间来深度思考这一问题:未来,我们将如何共同生活?

由北外滩白玉兰广场遥望陆家嘴金融贸易区
图片来源:图虫创意 提供

未来共同生活空间的畅想

"最初，城是没有的。"

今天临港主城区所在的地方原本没有城，而是一片汪洋大海，涨潮的时候，海水会没过这片土地，只有退潮的时候，会露出一片海滩。

临港，顾名思义，临深水港而建。2002年，随着上海洋山深水港的建设启动，作为深水港建设的配套，上海临港新城的开发建设拉开了序幕。在平静的湖面上，一滴甘露从天上落下，泛起一道道同心涟漪。这个美丽的比喻恰如其分地展示了整个新城的结构逻辑。天上一滴水，地下一个湖，湖水泛起的层层涟漪，形成功能各异的城市环带。港城，就在这"潮来一片水，潮去一片泥"的滩涂上一点点建起来。

2019年，临港成了上海自由贸易试验区的新片区，也是"上海面向未来发展的重要战略空间"。其规划源于欧洲的理想城市理念，并赋予了其崭新的、革命的思想内容：城市的中心由一片直径2.5公里的圆形湖泊取代了高密度的建筑群，长8公里的环湖大道设有沙滩浴场，在城市的心脏地带营造了仿佛热带岛屿般的迷人景色。与湖岸相连的岛屿上设有文化休闲设施，可以乘船到达。寄托着未来之城的美好愿景，临港被誉为上海最宜居之地，有全市最低的$PM_{2.5}$平均值和如画的海港风景。

2020年11月12日，习近平总书记在浦东开发开放30周年庆祝大会上指出，"要更好发挥中国（上海）自由贸易试验区临港新片区作用，对标最高标准、最高水平，实行更大程度的压力测试，在若干重点领域率先实现突破"。带着这样的期许，873平方公里的临港新片区开启了建设历程。

临港新片区的第一步，是制度层面的建设。临港既要像硅谷一样聚集世界级的研发制造和前沿科技，也要探索像香港一样的金融服务框架。在2025年，临港将建立比较成熟的投资贸易制度体系，建立比较成熟的投资贸易制度体系，打造一批更高开放度的功能型平台，集聚一批世界一流企业，预期达到区域创造力和竞争力显著增强，经济实力和经济总量大幅跃升。特斯拉上海超级工厂入驻临港，预计5年内达到年产销售收入750亿元人民币，带动国内新能源产业链的大踏步前进。临港的第一步，目光已经从浦东滩头，投向更广阔的全球市场。

如今的临港新城，正如当年的浦东，上演着"一年一个样、三年大变样"的成长故事。它不只是一个开发区或浦东新区的区中区，而是一个独立的城市。它将以数字经济时代参与国际竞争的理念为引领，利用好独特的政策，建设成中国开放型经济发展的样板。到2035年，临港新片区

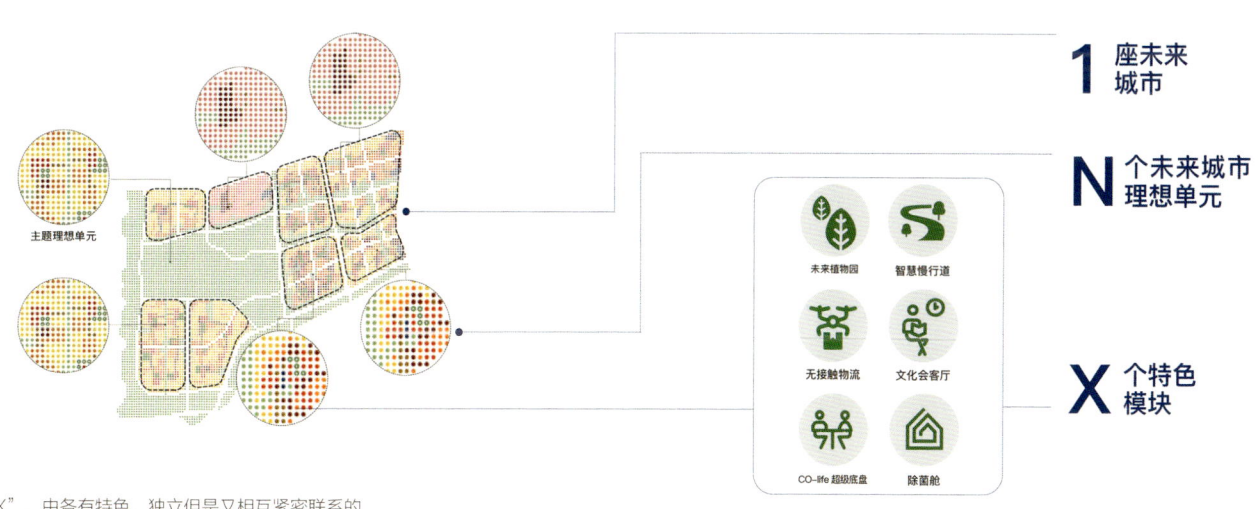

万科未来城市体系 "1+N+X"，由各有特色、独立但是又相互紧密联系的未来城市理想单元构成的未来城市
图片来源：上海万科 提供

将建成具有较强国际市场影响力和竞争力的特殊经济功能区，形成更加成熟定型的制度成果，打造全球高端资源要素配置的核心功能，成为我国深度融入经济全球化的重要载体。可以说，临港新片区的第二步，是上海成为全球城市的关键。

在未来，临港吸引的将是新的来自世界各地和全国各地的国际人才与国家人才。新国际人的一个特点是，以地球村为家，不把哪个国家作为固定居所。因此，临港带着国际移民城市的定位，站在这个角度吸引全球高端产业集聚，从而吸引全球高端人才集聚。对于国内人才而言，临港宽松的人才政策和较低的生活成本，对他们进入上海国际大都市具有较强的吸引力。作为一个新城，临港将以绿色化、低碳化、智能化为引领，吸引面向未来的人才，构建面向未来的产业，建设面向未来的现代城市。

2021年普利兹克奖获得者安妮·拉卡顿认为："好的建筑应该是开放的——对生活开放，为提升人们的自由度而开放，让任何人都能够在其中做自己要做的事情。它并不是为了展现什么或者强加于他人的，而应当是熟悉、实用和美观的，能够静静地为在其中每天发生的日常生活提供支持。"而早在1988年，现代管理学之父彼得·德鲁克同39位世界顶级大师出版的著作《未来的社区》中也提出，我们面临的重要任务，是重新思考社区观念，从目前封闭的保护主义走向开放，迎接全球化社区的到来。

面向未来的城市，不应只有建筑形制上的"未来"，更需要有建筑背后，由高阶理念和理想所形成的"未来感"。人们在数十年前就开始畅想的"未来的美好社区"，是面向未来的、开放的、对环境友好，并在实体建筑与人的交合中，提供特别的群体生活、呈现出特定人文精神的社区。

以人为核心的发展理念、以人工智能为代表的科技进步、城市规模的不断突破为今天的城市带来了许多机会，同时也对城市本身提出了诸多挑战，全球各类城市都在寻找答案，一部分有社会责任感和前瞻性的企业也展开了自己的探索。万科联席总裁、开发经营本部首席合伙人张海将城市目前面临的主要挑战总结为三个关键词：规模、密度和效率。随着

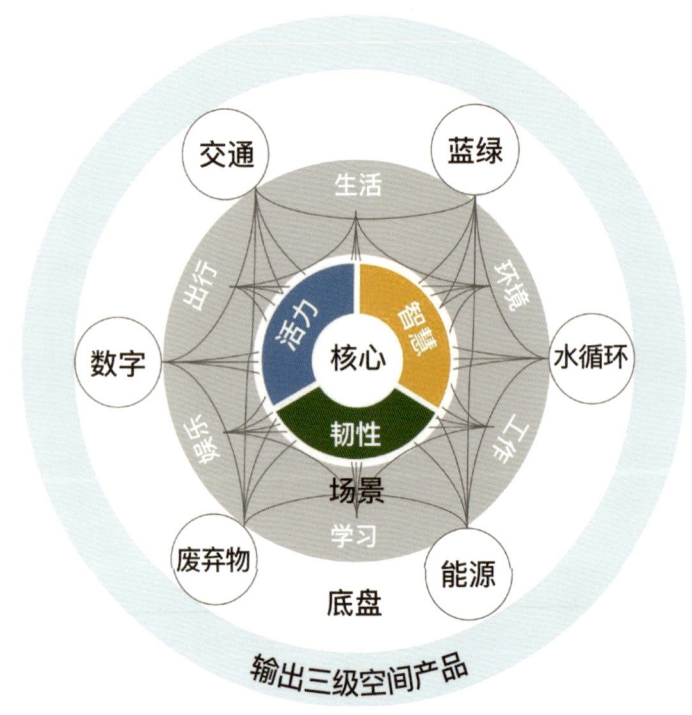

IUFC 的底盘、场景、核心
图片来源：上海万科 提供

多种轨道交通技术的发展，城市内和城市间已经构建了一个快慢结合的交通网络，人流和物流得以高效流动，而在未来，数字技术的发展将会在三维实体城市之外再构建一个虚拟城市，这个城市有可能会突破之前的规模人口和效率底线，万物之间的连接效率达到难以想象的程度。在这样的背景下，基于交通方式革命带来的多种轨道交通、基于数字技术诞生的虚拟城市、适合的规章和制度设计则是有机会实现突破的三个基础。

万科设想的未来大城市群，是由各有特色、独立但是又相互紧密联系的城市理想单元构成。它们依托于TOD构建、高效的轨交连接，共享一个完整的虚拟城市。这个模式，将会实现对传统模式规模极限、人口极限和效率极限的突破。作为一家具有社会责任感的龙头企业，万科希望在力所能及的范畴内，在一个适宜的尺度规模下，营造未来城市理想单元。它承载我们对于城市的期许，更是我们要实现的目标，还是一套解决方案。随着城市的发展从工业化时代强调功能分区的单中心结构，逐

渐回归到如今以人为本的多中心结构，可以预见，从单核裂变成多核细胞群落的城市结构是未来城市发展的方向。其中，活力、韧性、智慧是未来城市的核心理念。

进入21世纪以来，中国的城市化在规模和速度上的飞速发展史无前例，吸引了全世界的目光。万科针对时代所赋予的挑战，基于全球城市的经验和教训，研究如何应对城市挑战的方法，提出自己的构想和路径。在2018年，万科集团成立了"2049未来城市实验室"，致力于全球领先城市发展战略、产业经济、规划设计、技术应用的研发，连接国内外政、商、学多方资源与合作伙伴，专注于未来城市理念、模型、产品的落地应用。

"2049未来城市实验室"构想的未来的城市群，基于整个实际需求支持的、理论支持的、制度支持的、能持续发展的、且体系完整的未来城市理想单元（IUFC）。城市、建筑与人，被剖析为"底盘、核心、场景"三大要素。底盘，指城市基础设施，不仅包括公共服务、基础保障等，还包括因技术突破带来数字基础设施，如软件平台和算法。核心，则是持续推动城市向前发展的动力，它包括一群富有创新精神的人和机构，城市的精神，独特的制度和规则。而"在城市中被人们感知和体验的生活，包括具体的生产和生活状态、美好的环境，让人价值实现的载体"，是IUFC模型中对于"场景"的定义。由生活、生产和生态构成的三生场景，是最直接的表达。

未来的共同生活空间将是一场生活方式的变革。以空间为容器、以内容为载体、以人与人的关系为变量。当我们以人的需求去塑造物理空间，加载丰富多元的内容，再以丰富的人文精神作为核心力量不断发酵时，生活场景就徐徐打开。

从1.0版本集全球智慧和经验的概念模型演变到2.0版本更有实现可能性的落地实践模型，这个过程充分考虑到中国和上海的实际情况，关注理想城市模型在国内的应用；也考虑到后疫情时代的现实需要，与国内应对疫情的发展同频，让未来城市的畅想成为可以勾画的蓝图。正是因为未来城市理想模型与中国和上海的现实紧密相连，上海也将其作为新城建设的重要参考。2021年，上海市人民政府与万科就"未来城市"旗舰项目的开发建设展开合作，双方将以多种模式充分参与未来城市旗舰项目规划、建设及管理，重点做好建设标准和规范制定、技术体系形成、规划实施平台机制建立、后续运营管理、重点地区和重大项目实施建设、综合管理信息系统应用等工作。

"未来城市理想单元"，正在通过不断地探索与建设变得具象而清晰。新城的未来，也因此有了一个可依托的样本和可把握的方向。

2035 的约定

上海,一座永未完成的都市。

2035 之约,是上海同生活在这座城市的人们做出的约定。

在上海走向 2035 的道路上,需要每一个上海人协力,而要建成具有世界影响力的社会主义现代化国际大都市,也离不开企业的一份社会责任感,为实现 2035 的美好蓝图共谋创新之策。"未来城市理想单元",便是其中一种可能的选择。

在"上海 2035"的规划读本的开头,描绘了未来的上海:跑步的人可以有地方跑,在家附近就有一片绿肺,跑累了坐在草地上看看鸟儿发发呆就可以彻底地放松下来。爱看戏的人有戏看,不需要去大剧院,在更多街区里的小剧场中,观众就可以自由地讨论,甚至即兴客串一把。孩子们在社区里就可以安心地玩耍嬉闹,不需要担心被疾驰而过的车辆撞到,不存在任何消极空间和死角,大家相互注视、相互关怀、相互守望。最能提升居民幸福感的事物,就是和居民联系最密切的生活场景,每个人都会对自己的生活更满意,整个城市、国家的发展就会更加可持续。

新冠肺炎疫情后,让每一个人对生命、生活、生态都有了更多的思考。当人口的持续增长、城市密度的不断增加成为一种不可逆转的趋势时,高密度都市环境下生存的人对于山水田园的向往也愈发强烈。曾经一度追求建筑高度的上海,近些年也对城市有了新的期许:建筑可以阅读、街区适合漫步、公园最宜休憩、市民文明多元、城市始终有温度。这些念出来就很亲切的词句,通俗易懂地描述了上海未来的愿景:建设"令人向往的卓越的全球城市",着力打造创新之城、人文之城、生态之城。而与上海同步生长的万科,关注的重点也逐步由为城市提供优质的服务空间,拓展到为空间本身构建多元创新的场景。从人的实际生活需求出发,以更近人的尺度思考建筑与城市的关系。

上海将努力打造成为一个具有全球影响力的科技创新中心,一个具有全球竞争力的国际金融中心,一个具有全球可持续性的生态文明中心。上海将全力推进经济高质量发展,推动产业向中高端迈进,大力发展现代服务业。上海将以人民为中心,不断提高人的获得感、幸福感和安全感——这是上海对明天的承诺,也是对子孙后代的期许。上海将与世界同行,与时俱进,与人民同呼吸共命运,与青年共奋斗。上海将继续发扬开放包容、创新进取的精神,不断提高全球城市竞争力,努力成为一个人们向往的宜居之城。

而且,上海的未来,不止于此。

2035 之约,不仅仅是上海给居民的保证,也是给中国,甚至整个亚洲乃至世界的保证。

在全球的城市发展过程中,城市群是最具活力与创新力的所在。20 世纪 70 年代以来,伦敦、纽约、东京的战后城市建设阶段逐步告一段落,开启了以服务型经济为主导的产业结构转型的过程,由制造业和港口运输城市转变为以金融业为代表的服务业城市,并以科技、文化、创业产业支撑经济和人口持续增长,形成规模化的城市群效应。诺贝尔经济学奖得主保罗·克鲁格曼认为,中心城市的辐射力能有效地推动周围城市综合经济实力、产业结构、企业规模与效益的进步。吴志强院士认为,一个国家能力的强大和这个国家城市群的强大直接相关。他坚信,京津冀、长三角和大湾区三大城市群,将助推中国提升在全球的地位。

上海作为长三角城市群的中心城市,拥有巨大的市场容量、强大的产业基础和高端人才集聚优势,未来将进一步发挥其在规模经济、集聚经济和辐射带动等方面的综合作用,成为引领长三角城市群高质量发展的强大引擎,推动中国经济在全球竞争中占据更大优势。规模经济效应方面,上海的超大市场和强大产业基础,将进一步提高企业的生产效率和竞争力,推动长三角地区企业实现更大规模发展。集聚经济效应方面,上海在高新技术产业、现代服务业等领域的强大集聚优势,将进一步提高产业创新能力和生产效率,带动长三角城市群产业向价值链中高端迈进,培育更多的世界一流产业集群。这将有效提升长三角地区的人均 GDP 和居民收入水平。辐射带动效应方面,上海将加强与长三角城市群的基础设施和产业链的连接,推动人才、技术、信息等要素在长三角地区的流动，带动周边城市在产业转型升级、科技创新、生态环境等方面取得更大进步。这将进一步提高长三角城市群的整体竞争力，实现更高质量和可持续发展。

在后疫情时代，企业、政府、市场、居民的角色反而清晰起来。习近平总书记在企业家座谈会上指出："企业既有经济责任、法律责任，也有社会责任、道德责任。"勇于承担社会责任，是企业家精神的重要内容，同时也是企业孕育机会、推动创新和创造竞争优势的重要来源。在走向 2035 的道路上，上海将抓住深化建设"五个中心"，发展"五型经济"，建设"五个新城"的重要历史机遇，打造国际一流营商环境，为万科等有格局、有经验、有信念的企业提供更大的舞台。而万科也将携手政府，着眼于未来城市旗舰项目、物业城市综合治理创新实践、城市有机更新、租赁住房行业发展、建筑科技应用等领域，深度参与人民城市建设，期许、陪伴着上海走向 2035，并为更远的未来许下承诺。

充满责任感的企业同上海一道，以开放、创新的姿态，积极拥抱科技与未来。万科企业股份有限公司董事会主席郁亮，在 2019 年世界人工智能大会未来城市论坛上的致辞结语表述了致力于城市建设的决心："当城市插上人工智能的翅膀，必将拥有宏大而广阔的前景，我们力图结合自身在各个业务领域的积极尝试，汇集全球领先的城市发展理念，构建尺度适宜，高效率、强活力、富弹性、可持续的理想城市单元，为未来城市的发展尽一份责任和力量。但我们也深知，只有集全球智慧，聚天下资源，才有可能保证这一重大时代课题的成功。万科有积累和基础，也有信心和勇气，投身这份事业。"

上海的高水平改革开放，离不开充满活力的创新精神。未来的创新不只是发展理念和理论创新，更是落地执行方式的创新，是模式的创新。上海的创新活力来自"人"，而人才的聚集与流动，是一流的营商环境和有责任感的企业共同成就的。人才的创新将带来更多的发展和机会，引领这个城市走向一个更加繁荣的未来。在这个充满希望与创新的城市，最让人感动的便是每一个热爱生活、追求自我发展的人，是无数的梦想在这里绽放。

2035 之约，是上海和人民共同奔赴的未来，但它绝不会是上海的终点。

从一颗种子长成一棵参天大树的上海，仍然在朝着天空努力生长着。上海是一座永未完成的都市，它张开怀抱迎接着充满不确定。每一个生活在这里的人，不断地在实践中探索，为创新而喝彩，时针走过的每一秒都在将不可能变成可能，将未来变成现在。

未来已来，将至已至。这一次，我们的目标是星辰大海。

图片来源：《时代建筑》提供

拥抱未来与世界，理想之城

徐洁

1830 年，世界上第一条客货运输的铁路，诞生于英国利物浦和曼彻斯特之间。蒸汽火车取代马车，牵引出一个崭新的时代。英国工业革命伴随着蒸汽机的轰鸣声，在欧洲大地上迅速蔓延，四处延伸的火车铁轨将各个国家和地区、城市与乡村联系起来，川流不息的人流和物流为现代都市的扩张发展注入了源源不断的新动能。

在无尽延伸的铁轨之间，一座座车站建构起来，成为新生活的驿站，是连通外部世界的重要窗口。在伦敦、巴黎、纽约等国际化大都市，位于城市中心的火车站建筑是新技术、新材料和艺术的集合，巨大的钢铁结构穹隆采用 19 世纪特有的铸铁桁架构造支撑，为容纳多列车体进入而设计的内部空间宽广气派，可以最大限度地、没有障碍地利用拱顶下方空间。新古典主义样式的外观和装饰，灵活运用了花岗岩、大理石、砖木与铸铁、钢材、玻璃等新旧材料，柱式、塔楼、廊道、大楼梯、喷水池、广场，形成了城市的门户标志，俨然是一座大众的殿堂和城市会客厅，车站还配置了商店、餐厅、咖啡馆、休息、书店等，成为汇聚城市动感活力元素的全新综合体。如同中世纪富丽堂皇的大教堂，大都会的枢纽车站是工业文明的标志物，高调展示着现代社会的开放、多元、高效、快速、流动，也带动了车站周边中心城区的现代化建设。

如果说百年前是轨道交通发展的开端，具有象征意义的车站建筑与市区建设营造了国际大都会的现代性，那么百年后则是站城一体开发的新时代，通过 TOD 模式（Transit Oriented Development）的综合开发，形成以轨道交通枢纽站为中心的高度复合、集聚型开发模式，在拥有庞大人口、超高密度的都市中，建设多核心、集约化的城市结构。这些代表了 21 世纪范式的创新中城，培育和创造了全新的区域价值，为大都市的绿色可持续生长提供支撑，也支撑起人们对于大都市未来的想象与期待。

21 世纪基于公共交通枢纽站的城站一体开发在规模、形态和手法等方面具有多样性。以上海南站地区为例，2006 年建成的上海南站，宛如飞碟降落人间，建筑物及其南北广场涵盖了火车站、轨道交通站点、汽车站、高速路网组成的复合交通体系和商业设施。而毗邻的徐汇万科中心则是站点与周边街区的一体化开发。项目在核心商务、成熟商业、大型生态公园及复合交通体系之间充分共享、自由切换，成为上海都市圈的商业新动力和产业新集群，推进南站地区的可持续生长。

徐汇万科中心将交通主导的 TOD 升级为交通 + 公园的 POD 模式（TOD x PARK），7 万平方米的城市公园绿洲，通过步道和运动路径连接整片区域。70 万平方米的城市综合体项目在增强区域商务服务功能之外，还引入了多元化城市功能和城市空间——绿轴公园、小剧场和独立影院、商业步行街、购物中心，还有下沉广场和屋顶花园等，大幅提升了南部商圈的商业密度和环境景观，创造了拥有聚集、互动、休闲魅力的公共空间和生活环境，不仅吸引多样化的企业和多元化人才聚集，也吸引周边居民不断重游和探索；这里不仅是充满惊喜与探索的体验场所，也是充满活力与生机的家庭聚所。

人类的文明进步由发明创造推动。如果说火车的牵引，让工业文明飞速覆盖城市和乡村，那么轨道交通与汽车的出现，则让现代城市进入了高速发展的扩张模式。这些创造和发明开启了人类文明的新时代，从根本上改变了人类的生活方式和居住的城市。

汽车生产覆盖整个经济——钢铁、机械设备、电力、化工、石油、纺织、电子技术与金融，代表了一个国家工业化进程的水准和综合实力。上海是中国汽车工业的发祥地，从中国第一辆轿车诞生，到上海国际汽车城落地，从F1中国大奖赛开跑，到全国首个智能网联汽车试点示范区开园……嘉定安亭镇，见证了中国汽车产业的变迁发展。

1958年上海汽车厂落户安亭，上海轿车制造实现零的突破。但在随后的几十年里，乘坐小轿车出门对于普通工薪家庭而言，还是一件十分稀罕且奢侈的事情，只有十分重要的场景才会乘坐。据我的外婆回忆，我出生后第一次坐出租车，就是小脚外婆怀抱着蜡烛包里的我，从红房子医院回家。在我小时候，我们一家只有扛着大包小包从宁波老家回来时，才会在码头上叫一辆出租车回家。

20世纪80年代，上海汽车厂与德国大众在安亭携手。1983年中国第一辆"桑塔纳"轿车在安亭组装成功。1984年上海大众汽车有限公司成立，这是中国第一家中外合资车企，上海开始向世界先进制造业强国德国学习先进技术和现代企业经营管理理念，并建立自己的现代汽车产业体系。时任上海市长的朱镕基提出："桑塔纳国产化要100%合格，降低0.1%我们都不要，共同体的目的就是将我国轿车生产工业基础搞上去，达到国际水平，最终进入世界市场。"这是上海城市的远大目标，希望插上汽车工业发展腾飞的翅膀。

20世纪90年代，"拥有桑塔纳，走遍天下都不怕"的广告词家喻户晓。桑塔纳出租车的身影穿梭于上海大街小巷，成为普通市民日常出行的选择之一；桑塔纳家用轿车也开始进入普通市民家庭，1998年上海大众一半以上的在职职工都拥有了自己的桑塔纳，超过17万元的价格相当于当地100平方米一套的商品房，上海城市的汽车保有量即将进入快速增长阶段。

进入21世纪，安亭国际汽车城的定位愈发清晰，同时在一河之隔开始规划安亭新镇，为汽车人提供产城融合、宜居宜业的幸福生活。

安亭新镇规划秉承德国大众汽车的严谨、理性、科学、人性的精神内核，以德国小镇为蓝本，小镇中心是公共建筑和围合式广场，组成了公共活动交流中心，也是小镇的标志性场所。整座小镇围绕中心广场环状展开，在道路与河流围合中完成小镇空间的塑造，非直线型的道路网络形成更近人的尺度空间，适合自由的行走与骑行。不同于上海市中心道路的拥挤和快速，安亭新镇希望人们能够安心地走过林荫道与河岸，在工作之余的生活更放松和自由。另外，新镇规划与嘉定800年古城的整体结构似曾相识——老城以法华塔为中心标志，团城水系环绕，双十字水系与道路展开古城历史。古城新镇相映成趣，在上海嘉定的历史长河中相遇相通。

21世纪初规划建设的安亭新镇处处融入了未来的思考：绿化率达到60%，路面看不到电线杆，集成运用共同沟、集中供能、太阳能、外墙保温隔热等技术，追求生态与舒适统一。作为中国南方首批大规模使用集中供能的社区，小镇冬季供暖、夏季供冷，冷热能源集中输送低碳节能且高效环保，又可以避免循环风供能方式导致的交叉感染，营造了四季健康舒适的生活环境。而自动泊车、无线充电等系统，也开启了未来汽车出行文化、智慧交通、智慧城市的示范展示和交流体验。即便以今天的眼光来看，安亭新镇的规划设计依然具有前瞻性，体现了可持续的生态理念与高标准的能源技术。

2015年，上海万科与上海国际汽车城结缘，加入安亭新镇的整体改造与后续开发，通过策划、招商、运营管理、服务升级，激活小镇的空间与生活。万科对中心广场进行了改造，在空旷的场地上置入了空灵动感的棚屋架，树状结构的四个支点，分支开叉向上延展，撑起巨大的飞翅，轻盈而通透，广场活动有了遮蔽，场所更新放大了空间的社交属性，原本空旷的小镇广场变身超大的小镇客厅，吸引更多人前来活动和社交，增强社区的归属感。另外，万科在小镇植入了各种各样的文化场所，借助空间和设施形成集群效应，包括时尚阅读空间"我嘉书房"、文化集市"万科集"、万花筒剧场和创意展厅、亲子绘本馆等，通过构建不一样的生活场景和体验，吸引更多元的人群参与，丰富与提升小镇的"宜居度"。小镇在20多年的共建共治中走向成熟。

汽车不只是改变了人们的出行方式，它更创造了一种速度、文化与生活。每年春天，上海国际赛车场马达轰鸣，上演一场场速度与激情的碰撞。F1世界一级方程式锦标赛作为世界三大体育赛事之一，挑战着人类与机器的极限。赛车在"上"字赛道上呼啸而过、你追我赶，不断刷新改写纪录，飞驰的车轮引领着中国汽车运动和汽车产业的进步。

F1让安亭国际汽车城名至所归。如今安亭集结了来自全球的汽车机构和汽车人，同济大学汽车学院、汽车研究中心、智能汽车、新能源汽车纷纷在此落户。在安亭新镇，约60%的小镇居民从事汽车产业，包括来自15个国家的近400名外籍人士，工作地点就在一河之隔的上海国际汽车城。同时，他们也在安亭新镇欢迎来自世界各地的F1车迷朋友。

上海也因为汽车城和F1赛事的举办培养了中国力量。2021年11月16日，中国车手周冠宇入选阿尔法罗密欧车队，并在下一赛季征战F1大奖赛，这也是中国历史上第一位F1赛车手。1999年，安亭新镇开始征集规划，正是在这一年周冠宇出生。如今中国新一代开始走上世界的赛道，安亭国际汽车城也在新能源和智能网联领域抢占先机，着手打造世界级汽车产业高地，拥抱汽车发展的未来机遇，并探索人、车、城的共生关系。

智慧城市与精细化城市建设

吴志强
中国工程院院士、同济大学教授
上海智慧城市发展研究院理事长

智慧城市建设

上海智慧城市建设的 5 个方面分别是建设与环境、管理与服务、经济与产业、硬件建设和居民智能素养。

第一，建设与环境是智慧城市的物质和空间。

第二，是智慧城市使政府如何更好地管理。后三个方面都是需要大力加强的。

第三，在怎么服务上海的经济产业方面，短板是明显的。比如，德国的智慧城市服务工业园区里各个企业的废能源回收的案例：有的工厂生产温度可达 180℃，而实际只需要 100℃ 就可作业，产生的废能源是 80℃，而另一些工厂可能用 80℃ 就可作业，智慧城市系统就把园区里产生的能源通过大数据手段串联起来，使各个企业的使用成本大规模下降。这是非常聪明的做法。我们在为企业降低成本、增加产品的附加值方面，还做得远远不够。上海是一个工业城市、商业城市，我觉得数字化导入以后，让每个企业的成本下降、利润增加，智慧城市还应发挥更大的作用。

第四，科创是上海的生命源头。在数字化技术打通地域屏障后，上海的科创如何与长三角的人才捏成一盘棋来博弈，是非常关键的。比如，过去 10 年，上海和长三角其他城市联合申报的专利翻了 3~4 倍。实际上，上海的科创已经不仅是本地的科创，而是与长三角其他城市，如合肥、金华、徐州等城市联动的。上海与长三角其他城市相比，有金融优势，有更多的国际联系、国际专家、国际视野。

第五，上海市民的整体科学素养水平在全国是领先的。上海市民碰到疫情灾难，会由于自身的科学素养而保持一种理性、协同和规矩。又比如说，在杨浦区同济大学邻近的一个社区里，原有个废品回收站，附近的百姓曾对此很恼火。于是这个废品回收站就搬迁出去了，同济大学和美国的麻省理工 MIT 联合未来城实验室就搬入了这个废品回收站腾出来的空间。附近的百姓则对此产生了兴趣，都来看这个实验室在研究什么。这说明上海居民对科学的追求、对科普的需求还是非常大的。所以，我觉得，在上海百姓的数字社会方面，如何做更多的整体供给，从数字供给侧要进行全覆盖的思考。这块内容说起来比较抽象，但实际上这是上海的需求。工业的需求、能级的提升、长三角科创的协同、百姓生活的素质、科技产品的供给，这几块是接下去要重点努力的。

AI 城市与智慧城市

2021 年 7 月，上海举办了世界人工智能（AI）大会。AI 大会是要落实到城市的。以前的数字化是把物质、空间、人、生命、社会的运动都转译为数字来提炼，其目的是从数字化发展到信息化，进而到智能化，再到整个城市的智慧化。这个过程后面一段，即整个城市的智慧化，就是依靠 AI 的读取和学习，帮助城市快速反应。所以说，AI 城市不仅仅是数字化。

习近平总书记明确指出："从信息化到智能化再到智慧化，是建设智慧城市的必由之路。"上海应该以数字化为底板，在城市治理、生活参与方面快速进行数字化学习，深度挖掘机制性辅助手段，赋能整个城市的智能化、精细化。

谈到城市的智慧升级，智慧设计需要大量的工作，全世界都处在同一个起跑线上。假如，城市的社区或公园里都有 AI 互动，70后到广场上放的是一种音乐，年轻人来了，放的是另外一类音乐和灯光，那就是人性化和温度的真正体验。AI 人脸识别将变成大规模的情绪识别，从而提升这个广场。成果的更新是很快的，智能系统可识别到实验参与者听到自己熟悉的音乐和灯光时兴奋度提高，继而启动机器学习，并提示这套系统不断迭代。AI 的道路就是精细化，精细化指在同一个环境里，向不同的人提供不同的文化产品，而精细化管理则需要智慧手段、AI 手段的辅助。

精细化城市建设

习近平总书记在黄浦江畔提出"人民城市人民建，人民城市为人民"这个概念，是我们上海骄傲的事。对于如何把"人民城市人民建，人民城市为人民"变成一个理论化、体系化的文明城市理论，上海市组织我们学界和专家进行了非常多次的研讨。整体架构过程中，时任上海市委书记李强作了一个非常好的报告，把我们几年来的成果精髓集中了起来。我想再补充一点，今天，人民已经不是一个抽象概念，人民是分族群、年龄、性别的，从一个抽象概念变成不同的人群，再到个体，这就是精细化。

上海应该从客体物质精细化，走向主体人群精细化，对每个人的需求更加服务到位，这就是数字化阶段的精细化，也是世界文明史上真正有意义的事情。"人民城市人民建，人民城市为人民"落实到人民中的每一个分子，这就是双向的精细化，即物质精细化和服务人群精细化，也是上海最高水平的体现。

今天，世界上出现了两大新的概念。一是德国提出的工业 4.0，即所有产品都不是统一生产，而是定制化生产，就是精细化人的需求；另一个是日本提出的智慧社会 5.0，即社会治理的个体化。这些概念，在上海是有基础的，是可以做得成的。设计也可以做到更加精致化、定制化。精细化时代已经来了。

迈向一体化发展格局的城市群建设

陆铭
上海交通大学教授、教育部长江学者
中国发展研究院执行院长

城市间的人口流动趋势

人口向中心城市及其周围的集中,是当前中国在人口流动中存在的客观趋势。这个集中的过程既包括向中心城市集中,也包括向中心城市周围的集中。所以我们不能简单地将城市群分为中心城市和外围城市,而应该看到人口的集聚是随着与中心城市的距离增大而逐渐递减的。我在《向心城市》一书中提供的数据显示,越靠近中心城市的地方人口流入越多,反之人口流入越少,甚至有可能是负增长。在长三角内部,以上海为起点,往南主要是浙江沿海一带,往西主要是沿长江一带,以及往合肥方向,这些地区的人口是流入的;其他大量地区,包括皖北、皖南、浙江西部、苏北,人口则是负增长的。

一个国家内部的人口流动是这个国家的劳动力资源在不同地区优化配置的表现。它的基础是个人在选择一个城市生活和就业时,综合评价此地的收入增长空间、就业机会,还有城市的综合生活品质,包括管理水平等。2022年以来,新冠肺炎疫情对于包括上海、深圳等地产生了比较严重的影响,但这种影响是短期的,它不会波及根本上影响城市格局的地理和经济地理因素。

一方面,在经历过疫情考验的大城市,要看到疫情期间暴露出来的城市管理的短板并加以改善,包括面对重大公共危机时的应急机制。另一方面,整个中国的现代化进程中,创新对于经济的推动力会越来越强。另外一个中长期的趋势就是消费会逐渐转向服务消费,相应地,制造业产品的消费增长速度会逐渐减缓。人对于服务的消费会更加重视其数量、质量和多样性,这种趋势也会使得人口集聚的大城市及周围持续产生对于人口流入的增长力。总结来说,创新驱动和生活方面的服务消费驱动会使得人口向中心城市及周围城市集中持续下去。

当然这些又是建立在随着人口流入城市、不断提高自己的综合管理水平、对于外来人口有包容性的发展、公共服务逐渐按常住人口来配置并均等化等一系列的前提之下的。如果大城市有很好的条件,但是在管理方面出现短板,那么前面所说的人口吸引力也就会相应地被局限。

城市群的抗风险能力

在疫情冲击之下,一些大城市由于封控等原因导致经济受到影响,既会影响到城市自身,也会通过产业链和城市之间的经济人口往来而传导到其他城市。我们团队通过大数据的研究发现,在新冠肺炎疫情期间,长三角的一些其他城市,甚至珠三角的城市,都受到了上海疫情封控的影响,而且相对来说,越是靠近上海的地方,影响就越大。这是因为距离上海更近的城市跟上海的经济和人口往来也是更加密切的。

如果说像疫情这样的公共危机会导致一个城市经济受重创,那么现代社会的风险就会随着产业链(涉及跨城市的物流、人流、信息流)向其他地区传导。只要人类社会不停止现代化的步伐,这种由于经济的一体化以及城市之间的相互联系导致的城市风险在空间上的扩散就是一个不可避免的代价。在面临这样的问题时,唯一能做的就是为未来潜在的新冲击做好预案,形成一种有效应对城市公共危机的响应机制，做到精细化管理，使得城市即便经受疫情这样的冲击也不至于经济停摆。在这个方面，我们所生活的城市正在做努力。

在微观层面，疫情的冲击让一些企业考虑把生产在全国范围内多点布局，这也有可能成为一种分散风险的机制。展望未来，企业需要在分散风险和产能集聚两者之间形成某种权衡，这对于不同的行业或企业可能会有不同的答案。同样的，每一个城市都有必要去加强公共危机的应急机制的建设，不同的城市之间可以相互交流和分享经验。

城市群的一体化发展格局

城市群本身就没有一个特别严格的经济学标准，而是一直在动态变化的。如果一个城市群内部的不同城市之间的经济往来没有那么密切，那所谓的"城市群"就不是一个真正的城市群，只是在物理空间上相互比较接近而已。

在当下的中国，我们通过与"评驾科技"合作开发的汽车车流大数据可以明显看到，一些城市群已经形成了一体化发展的格局。在几个比较成熟的城市群中，如京津冀、长三角、珠三角，城市之间的经济往来和一体化程度就比较强；而像中国西部的一些城市群，恐怕还没有达到这样的一体化发展状态。这主要跟经济发展阶段以及产业链的延伸是否跨城市有关。

而城市群的范围其实也不是固定不变的。如果经济一体化程度更高，产业链的延伸长度和地理覆盖范围更远了，城市群的范围就可以扩大。一个城市既有可能跟 A 城市群，也有可能跟 B 城市群形成一个一体化程度更强的城市群，是处于一个动态变化的过程中的。但客观来说，这种动态变化也不是频繁发生的，所以长三角、珠三角、京津冀地区的城市群在较长一段时间的发展状态会相对稳定，不会出现特别大的格局变化。而其中的珠三角城市群，因为中国内地和港澳地区一体化进程的进一步推进，而逐渐扩大到覆盖整个粤港澳大湾区的城市群，这是由特殊的经济发展和时代变迁的背景所致。

上海在统计学概念上是一个一线城市，但其实它也正在跟周边毗邻的中小城市逐渐形成一个连片发展的都市圈，因此不能只看到上海管辖范围之内的地方是人口流入，实际上在毗邻上海的地区人口也是在增长的。而且进入到都市圈一体化发展的时代，中心城市实际上会更好地发挥辐射带动周围地区经济发展的作用。当然，这种辐射的力量本身也是随着远离中心城市而逐渐衰减。这些都是新阶段出现的新发展格局，一种经济和人口空间分布的大变局。

做年轻人的潮流专家

司徒文聪
URF 盈展集团主席

永远针对年轻人,提供"社交资本",传播潮流信仰

为什么现在很多商场越来越难做?因为他们总倾向聚焦某个年代的受众,而不去关注潮流趋势的变化、人喜好的变化。所以商场要永远针对的是年轻人,要做年轻人的专家,而不是某一个年份的专家。

传统的商业或者新一代的商业有着同样的需求,即怎么样有效地把年轻人从家吸引回到实体商业中。将来会发现所有的实体商业,特别是线上实体商业,如果不能提供有效的社交的资本,不能给你货币,没有货币放在你口袋,这个地方就没有意义,没有话题,没有故事,我的手机没法打卡。社交资本在我们的实体上,不仅要做出特殊的环境、优雅的地方和足够的商品,还要不停地为消费者和年轻人讲他喜欢听的故事。社交资本是我们将来打造线下实体商业很重要的密码,一定要懂得怎么为他们创造大量的故事的社交资本。我们称之为社交货币的交换,社交货币的传播。

一个场景能不能形成传播,并不是通过第三方帮助那么简单,肯定是通过运营方法,本身已经定位自己是一个内容产生的单位,而通过内容产生的单位把自己变成自媒体传播的方法,三者的力量改变了流动场景中重要的部分。

年轻人不爱标准化,新零售模式要闪和变

我发现 95 后、00 后和 85 后、90 后的消费习惯非常不一样,不要小看这 10 年的差异。现在你会发现,所有标准化程度特别高的商品都只会被相对更成熟的人群购买,年轻人不会想用标准化的产品。现在年轻人买的不光是商品,还有背后的故事。

95 后的消费群希望在不断变化的新鲜事物中,寻找到和他个人价值相匹配的东西。这也是策展型零售模式的重要策略,就是"闪和变"。闪就是快,没有永久的事情。现在年轻人"喜新厌旧"的速度很快,他们会不断去新的店,所以我们也要跟上这种步伐。

在这个过程中,我们要懂得通过技术的手段,把年轻人的消费和消费背后的年轻人的所有的手段融合在我们消费的过程中,我们去年打造了策展型零售的手法,背后放了几个重要的工作的公式,第一个是场景化;第二个策展化;第三个是自媒体化;第四个是游戏化。这四个工作分别通过我们在空间的融合过程中,把场景、策展、自媒体和游戏混搭在我们的商业中,是令年轻人可以回到商业中的主要的原因。大家最近听得最多的是元宇宙,暂时我们不知道它怎么发展,但是我们可以看到和元宇宙第一个初步的对接就是游戏,如果我们把实体和游戏变成互动的方法,每一次到达现场的时候,都会像游戏一样,这样我们就会成功。

重构人、货、场,商品在未来是引流的故事

未来应该会出现一种新的空间,兼具线上线下消费的优势,我们把这种模式定义为 PCU(Parallel Commercial Universe,平行商业宇宙)。就像第四维度空间一样,未来线上线下消费场景可以共存一个空间。在这个平行商业宇宙模式中,传统人、货、场的概念被重构。

在 PCU 概念中，人被指代为一个更加量化的"数据体"。性别、年龄、消费类别、消费价格、消费路径，所有的这些数据是更重要的"人"，客流量不再那么重要，客的特性很重要。社群营销就是目前盈展用于承接数据化分析的手段之一，例如办一个音乐类活动，会将通过社群领袖来到现场的人记录下来，之后有类似的活动就会对他们进行定向推广。

PCU 里的货品，在未来是一个引流的故事。如果是单纯的商品，那消费者在线上就可以买。之所以要到线下来，是因为只有在现场，他们才能感受到品牌的故事，获得一种精神满足。而 PCU 里的场，就将延伸为场景。我认为一个不能拍照分享的空间，是没有新意的。

实体商业将来的科技化能力一定会大量地提升，并不是像现在简单的免费的停车券或者简单地带你喝咖啡，未来的实体商业会有很多的空中和 VR、AR 的对话，甚至有可能去目标目的地之前已经发生了很多预消费的可能性。

未来的文化艺术，特别是本土的将成为我们的主流文化，所有未来本土的艺术都有可能跟不同的品牌进行深度跨界，现在每一年大概 300 多场展览中，100 多场都是跟本地艺术家有所关联。

注：引自《2021 未来城市峰会》主题演讲、《每日经济新闻》相关专访。

图片来源：徐洁 摄影

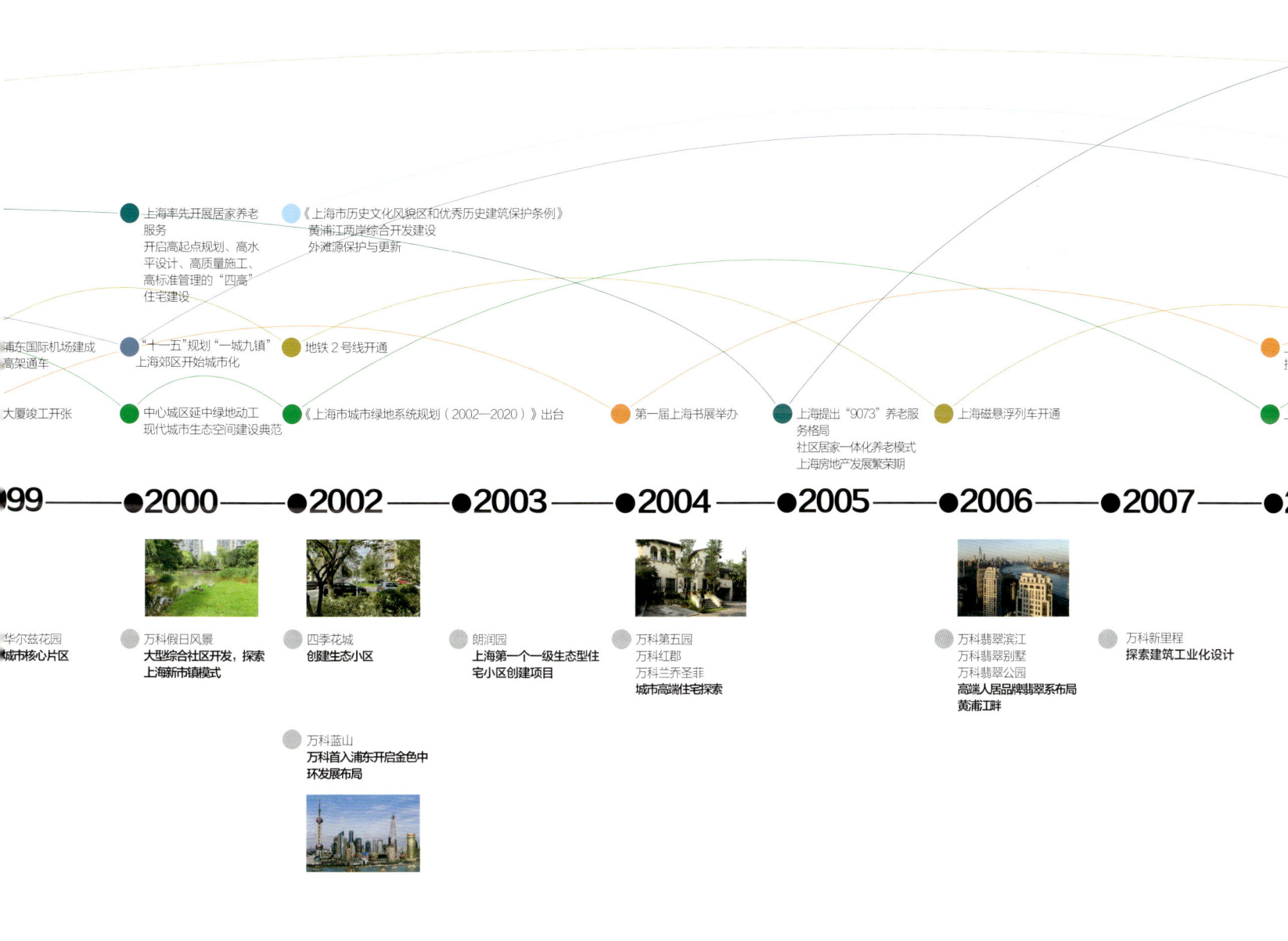

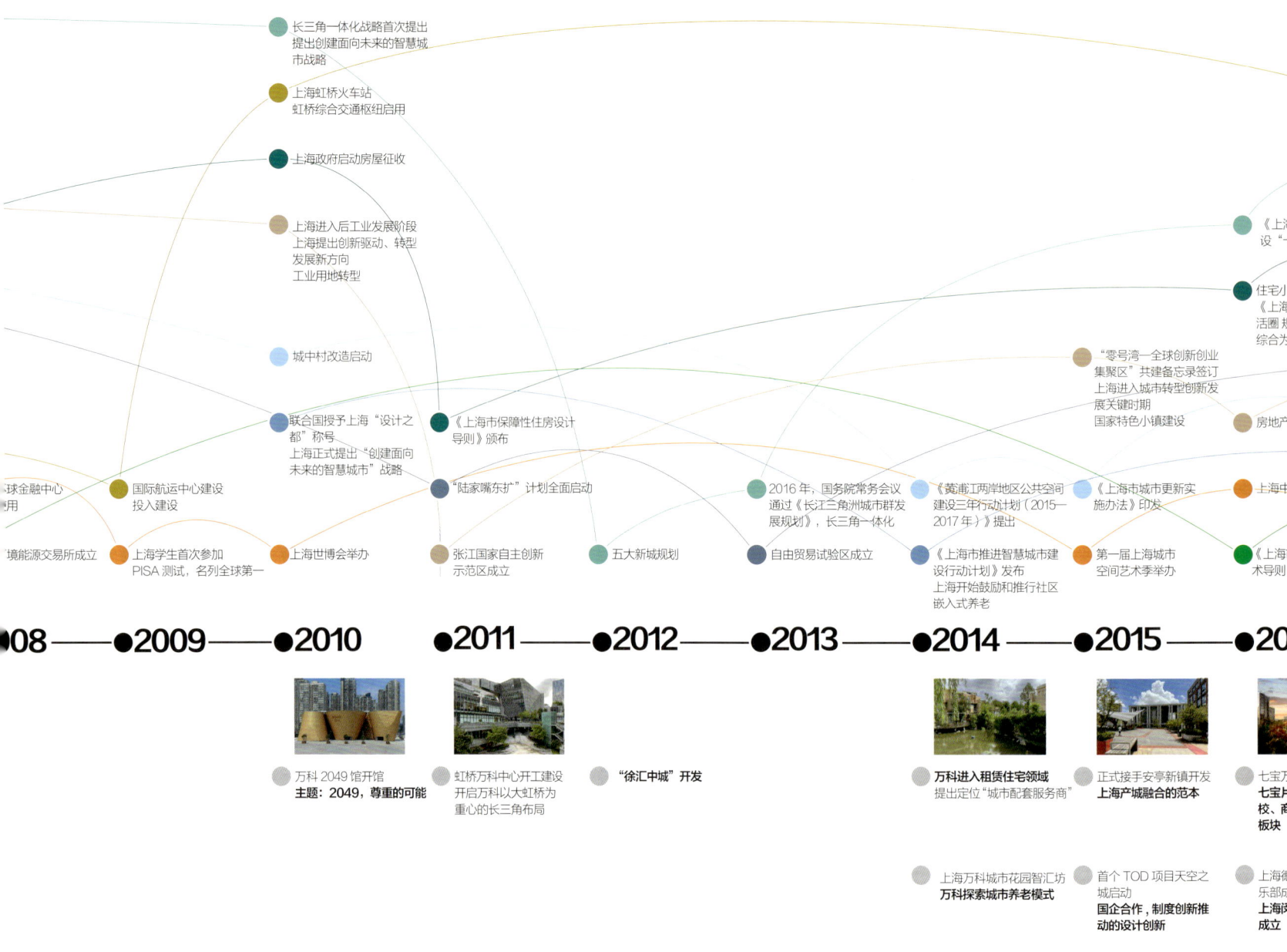

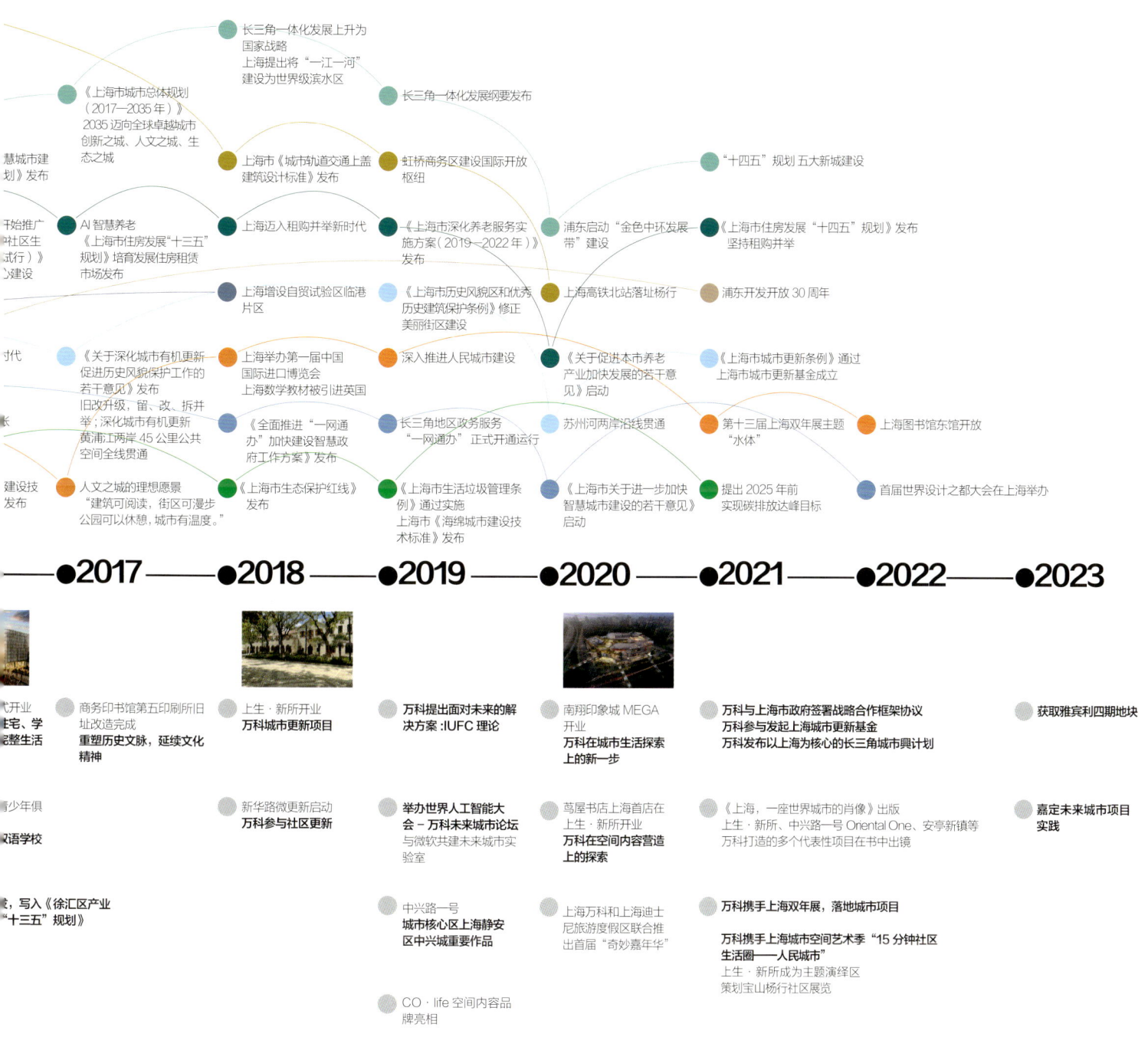

发展时期 / 全球卓越城市建设时期 2011 年至今

四方潮起，万众归心。上海不单单是中国人向往的城市，更是全世界都在注目的城市。在日新月异的世界中，上海不断追求变革和自我超越。

旧时承载了水的恩情，如今的建设者们将海绵城市的理念融入实践，让水和城市有机结合在一起；对于居住生活的不断求索带来了能实现原居安老的"嵌入式养老"模式；作为移民城市，上海对于各类文化和舶来品兼收并蓄，丰富的文化建设让人们的生活有腔有调；而对于未来的思索推进了城市服务的数字化转型。

而今海关大楼的钟声敲响了新世纪的第二个十年，以"卓越的全球城市"为主题，上海又在原先的建设基础上提出了宏伟的上海 2035 总体规划。面对充满着机遇和挑战的未来，上海不断进行着探索，它知道：要实现规划中的诸多目标，一方面，要以所绘蓝图为指引，建设具有中国特色的全球城市；而更重要的，则是扎根中国背景，建设具有国际情怀、与世界紧密连通的全球城市。

2007 年习近平总书记在上海工作期间概括了上海的城市精神："海纳百川、追求卓越、开明睿智、大气谦和，这里是上海。"随着时间的推移，这句短短的话语成了一张闪亮的名片，它是这座城市最为凝练的精神内核，是一个城市融贯中西所交出的完美答卷，也是一个城市迎接未来最为昂扬的姿态。

从浦东开发开放到世博会，从自贸区建设到进博会，如今的上海与隔海相望的世界各国联系愈发紧密。而随着科技的日新月异，海洋也早已从阻碍上海与世界交流的空间障碍，变成了连通两者的便捷纽带。从世界中来，到世界中去，来自中国东海岸的上海，正乘着大国崛起的疾风，扬起新时代的船帆，全速驶向前方那片全球化的深蓝。

结语 EPILOGUE

参考文献 REFERENCE

[1] 李彦伯. 城市历史街区的现代性——上海里弄住宅的发展及其镜鉴 [J]. 住宅科技，2013, 33(12):30-36.

[2] 卢汉超. 霓虹灯外：二十世纪初日常生活中的上海 [M]. 上海：上海古籍出版社，2004.

[3] 左琰，张飞武，马思雨. 从楼梯艺术看近代上海花园洋房建筑装饰风格演变 [J]. 建筑与文化，2020(6):42-45.

[4] 王受之. 骨子里的中国情结：万科·第五园说 [M]. 哈尔滨：黑龙江美术出版社，2004.

[5] 杨辰. 从模范社区到纪念地：一个工人新村的变迁史 [M]. 上海：同济大学出版社，2019.

[6] 杨辰. 社会主义城市的空间实践——上海工人新村 (1949—1978)[J]. 人文地理，2011, 26(3):35-40+64.

[7] 汪定曾. 关于上海市住宅区规划设计和住宅设计质量标准问题的探讨 [J]. 建筑学报，1959(7):13-16+39.

[8] 李振宇. 城市·住宅·城市：柏林与上海住宅建筑发展比较：1949—2002[M]. 南京：东南大学出版社，2004.

[9] 王仲谷. 愿"试点之花"常开，让生活更加美好——上海三林苑小区规划设计 [J]. 建筑学报，1996(7):11-16.

[10] 洪斌. 回归"生活世界"的上海居住小区新模式分析 [J]. 建筑师，2005(5):24-31.

[11] 郑露荞，伍江. 社区公共空间的生产——以大鱼社区营造发展中心的上海新华路社区营造实践为例 [J]. 新建筑，2020(4):81-85.

[12] 华霞虹，庄慎. 以设计促进公共日常生活空间的更新——上海城市微更新实践综述 [J]. 建筑学报，2022(3):1-11.

[13] 崔广录. 上海住宅建设志 [M]. 上海：上海社会科学院出版社，1998.

[14] 赵晶，陈华根，许惠平. 20世纪下半叶上海市居住用地扩展模式、强度及空间分异特征 [J]. 自然资源学报，2005(3):400-406.

[15] 黄啸. 上海第一批卫星城建设 [J]. 上海党史与党建，2010(2):18-20.

[16] 李文彬，陈浩. 产城融合内涵解析与规划建议 [J]. 城市规划学刊，2012(S1):99-103.

[17] 徐毅松，廖志强，张尚武，沈果毅，郑德高，陈琳，李继军，宋伟. 上海市城市空间格局优化的战略思考 [J]. 城市规划学刊，2017(S1):20-30.

[18] 夏骥. 上海郊区新城的历史演变与未来发展 [J]. 科学发展，2020(11):47-56.

[19] 迟英楠. 上海旧区更新改造的规划策略与机制研究 [J]. 上海城市规划，2021(4):66-71.

[20] 马宏，应孔晋. 社区空间微更新 上海城市有机更新背景下社区营造路径的探索 [J]. 时代建筑，2016(4):10-17.

[21] 钟晓华，周俭. 遗产在城市更新中的角色演变——解读上海中心城区"旧改"进程中的三个案例 [J]. 城乡规划，2012(1):113-120.

[22] 丁凡，伍江. 城市更新相关概念的演进及在当今的现实意义 [J]. 城市规划学刊，2017(6):87-95.

[23] 方彬，葛幼松. 街区制发展历程中的街区形态演变与街区适宜尺度探讨 [J]. 城市发展研究，2019(11): 34-40.

[24] 王之桐，刘静林. 嵌入式万科社区养老服务模式初步研究 [J]. 环球市场信息导报，2017(6):14-17.

[25] 常青. 旧改中的上海建筑及其都市历史语境 [J]. 建筑学报，2009(10):23-28.

[26] 李天纲. 海派文化的渊源及其传承 [J]. 书城，2021(9):5-16.

[27] 李天纲. 徐家汇—土山湾：上海近代文化的渊源 [J]. 基督宗教研究，2011(1):29-47.

[28] 张斌，卢永毅. 辩证的真实性：徐家汇观象台修缮工程 [J]. 建筑学报，2016(11):34-37.

[29] 刘智伟，邢同和，刘彬. 环境纪念性的建构——记上海龙华革命烈士纪念地项目 [J]. 当代建筑，2022(2):126-129.

[30] 王玥. 文化记忆视角下的上海徐汇滨江"西岸文化走廊"建设研究 [D]. 上海：上海社会科学院，2020.

[31] 王怡韫. "徐家汇源"与"徐家汇" [D]. 上海：上海师范大学，2016.

[32] 布朗. 上海 2020——西方学者观照中的上海与中国 [M]. 何芳，姜晓宁，译. 北京：外文出版社，2013.